강사 이펙트

와일드북
와일드북은 한국평생교육원의 출판 브랜드입니다.

강사 이펙트

초판 1쇄 인쇄 · 2025년 9월 15일
초판 1쇄 발행 · 2025년 9월 19일

지은이 · 박정원·이금순·조나민·이숙희·유정아·임미옥·송경희·김혜경
발행인 · 유광선
발행처 · 한국평생교육원
편 집 · 장운갑
디자인 · 박형빈

주 소 · (대전) 대전광역시 유성구 도안대로589번길 13 2층
       (서울) 서울시 서초구 반포대로 14길 30(센츄리 1차오피스텔 1009호)
전 화 · (대전) 042-533-9333 / (서울) 02-597-2228
팩 스 · (대전) 0505-403-3331 / (서울) 02-597-2229

등록번호 · 제2018-000010호
이메일 · klec2228@gmail.com
 instagram @wildseffect

ISBN 979-11-94710-10-3 (13190)
책값은 책표지 뒤에 있습니다.

잘못되거나 파본된 책은 구입하신 서점에서 교환해 드립니다.

이 책은 한국평생교육원이 저작권자의 계약에 따라 발행한 것이므로 저작권법에 따라 무단 전재와 복제를 금합니다. 이 책 내용의 전부 또는 일부를 이용하려면 반드시 저작권자와 한국평생교육원의 서면동의를 얻어야 합니다.

강사 이펙트

박정원·이금순·조나민·이숙희
유정아·임미옥·송경희·김혜경   공저

프롤로그

강사란 사전적 의미로 학교나 학원 따위에서 위촉을 받아 강의를 하는 사람, 혹은 모임에서 강의를 맡은 사람으로 정의한다. 그러면 강의는 무엇일까? 한자로 풀이하면 講義는 다음과 같다.

강(講) : 배우다, 익히다, 연구하다, 설명하고 풀이하다
의(義) : 옳다, 의롭다, 바르다

곧 강의(講義)란 옳고 의롭게 배우고 익혀서 잘 설명하는 행동을 뜻한다. 성균관대학교 오석원 교수는 강사란 먼저 자신의 몸가짐이나 마음가짐을 바르게 닦은 후에 남도 가르치며 궁극적으로 모든 사람이 행복한 삶을 누리도록 하는 사람이라고 하셨다.

'강사 이펙트'는 다양한 강의 분야에서 자신의 일을 사랑하고, 진실하고 성실하게 살아온 8인 8색의 강사 이야기를 담았다. 어떻게 지금의 강사의 일을 시작하게 되었는지, 자신이 하는 강의 분야 콘텐츠 소개나 각자가 생각하는 강사의 역할과 매력을 나누었다. 앞으로 강사의 삶을 준비하며 코치로서의 삶을 나누어 주신 분도 있다.

정원 논술로, 라이프 코치로, 글로벌 치유 강사로, 캘리그라피스트로, 다문화 교육자로, 그림책 푸드원예테라피스트로, 컬러테라피스트로, 책 쓰기 코칭가로 다양한 강의 콘텐츠를 접하며 서로에게도 많은 배움이 있었다. 이제 그 배움의 안내서인 '강사 이펙트'가 한 권의 책으로 출간되었다.

저마다 삶의 여정과 걸어온 길은 다르지만, 강사라는 직업에서 삶의 의미를 찾고, 주어진 시간에 최선을 다해온 여성 강사라는 공통점도 있다. 강사 아내이자 강사 엄마로 살아오느라 때로는 잃어버린 것들도 있다. 건강을, 터전을, 관계의 아픔을, 그럼에도 불구하고 흔들리지 않고, 때로는 흔들리면서도 이 길을 가는 소명과 보람도 담았다.

'왜 강사를 하고자 하는지', '앞으로 그 분야의 강사가 되려면 어떤 준비를 해야 하는지', '강사가 갖추어야 할 자질은 어떤 것이 있는지', '앞으로 강사로서 바람과 비전은 무엇인지' 개인의 에세이로 풀어보는 '강사 이펙트', 저마다 강사들의 진솔한 삶의 이야기로 친근하게 다가간다.

이 책은 동료 강사들에게는 "나도 그랬어." 하고 맞장구치며 공감하고, 8인의 강사 이야기 속에 자신의 경험이 떠올라 살며시 미소 짓기도 하고, 때로는 함께 마음 졸이고 안타까워하기도 할 것이다.

왜 강사의 길을 가고 있는지 자신에게 다시 한번 물으며, 강사로서 살아온 우리들의 삶을 돌아보는 추억을 선물하기를 기대한다. 동료 강사들의 이야기 속에 위로와 도전의 시간이 되기도 하고, 이 시대 강사로 살아가는 우리 모두에게 박수를 보내는 시간이 되길 소망한다.

한편 앞으로 강사의 길을 준비하거나 이제 막 강사의 세계로 진입하는 이들에게는 앞선 강사들의 삶과 다양한 강의 콘텐츠 속에 자신에게 맞는 분야를 탐색하거나 새로운 정보와 동기부여가 될 것이다. 선배 강사들의 이야기 속에 '아하~' 하는 깨달음과 나는 어떤 강사가 될 것인지 미리 그림을 그려보는 의미 있는 시간이 되면 좋겠다.

한 사람이 다른 누군가를 가르치는 강사로 서기까지 정석주 님의 '대추 한 알'의 시처럼 태풍도 지나고, 무서리 내리는 밤도 지나야 한다. 8인 8색의 강사들의 이야기가 저마다의 고유한 색깔로 어우러져 우리 사회를 보다 밝고 아름답게 비추는 빛이 되길 소망한다. 밤이 깊을수록 빛은 더욱 빛난다. 평생교육의 현장에서 배우고 가르치는 강사들의 삶 속에서 우리나라의 미래를 밝히는 한 줄기 작은 빛이 되길 기대한다.

2025년 8인 8색 강사들의 마음을 담아
저자 대표 **김혜경**

목 차

프롤로그   4

박정원

01 씨앗을 심다 - 시작을 선택하는 용기   12
02 뿌리를 내리다 - 준비된 내가 기회를 만나다   17
03 논리의 온기를 깨닫다 - 말과 글, 다름을 잇는 다리   21
04 줄기를 키우다 - 만남이 길이 되다   26
05 가지를 뻗다 - 말이 씨앗이라면 배움이 햇살이다   30
06 시련 속에서 다시 피어나다 - 잿더미에서 움튼 새벽의 힘   35
07 꽃이 피다 - 배움의 씨앗, 성장의 꽃으로   40
08 숲이 되다 - 작은 씨앗이 길이 되고 숲이 되다   44

이금순

01 작은 손, 큰 꿈   50
02 17년 경험에서 얻은 소통의 힘   55
03 아픔을 넘어 찾은 코칭의 길   59
04 사람을 변화시키는 세 가지 힘 : 믿음, 성장, 사랑   68
05 작은 변화가 만든 기적   73
06 두려움을 넘어 성장하는 코칭의 여정   78
07 전문 코칭 강사를 꿈꾸며   82
08 한국 코칭의 세계화   86

조나민

01 외교관을 꿈꾸던 아이, 피겨스케이트 강사가 되다	92
02 항공사의 신입사원, 까마득한 선배들 앞에 서다	96
03 자기 성찰의 시작, 글쓰기 지도	101
04 중국어 전국 1등, 강남의 영어 선생님이 되다	105
05 나는 세상에서 가장 소중한 존재 – 생명존중 교육	110
06 나를 위한 강의를 시작하다 – 에어로빅 강의	114
07 강사를 빛내줄 무기를 소개합니다	118
08 강사가 되려면 어떻게 해야 할까	122

이숙희

01 가르쳐주는 게 즐거워	128
02 강사 이숙희 "나는 깊숙~~~~희 선생님"	132
03 꽃처럼 향기 나는 삶으로	136
04 캘리그라피 강사 하기를 잘 했다	140
05 하마터면 지루해질 뻔했다	144
06 취미에서 직업으로~ 나의 실력을 알려라	148
07 마음을 나누는 캘리그라피	152

유정아

01 흐르는 강물은 방향이 없다	156
02 바다 위에 길을 낸다	161
03 거친 파도에도 등대는 흔들리지 않는다	167
04 끝없이 바다를 가르는 항해자	172
05 바다는 폭풍의 이유를 묻지 않는다	178
06 거친 파도에도 돛을 올려 물살을 가른다	183
07 심해의 깊이만큼 한계 없는 바다의 항로를 연다	189

임미옥

01 사랑이 나를 세우다	196
02 꿈을 꾸다	201
03 강사의 길을 가다	206
04 좋은 강사가 되려면…	212
05 내 삶에 잔잔한 감동의 물결	217
06 강사의 자기관리 - 좋은 강사는 자신을 사랑하는 강사	224
07 그림책 푸드원예테라피 강사, 꿈을 현실로 만드는 여정	227

송경희

01 유아학교 원장의 변신	234
02 컬러테라피를 만나다	239
03 컬러로 보는 명강사 되기	243
04 큰 그림 속의 한 조각의 퍼즐들	248
05 올리브처럼 이겨내다	253
06 컬러 분야의 강사가 되고 싶다면	258
07 나는 컬러 강사를 꿈꾼다	264

김혜경

01 친구 따라 강남 간다, 어쩌다 통계학	272
02 어느 엔지니어의 비애	276
03 벼룩시장에서 만난 산업교육 강사	281
04 땜빵 강사, 진실의 순간	286
05 살며 배우며, 가르치며 그리고 쉬며	292
06 은빛 갈치와 잊지 못할 선물	298
07 경력단절이 아닌 멀티 경력자로 거듭나다	303
08 암, 내게로 와 별이 되다	308

에필로그	312

나는 오늘도 그 길 위에서 배우고, 흔들리고, 성장하고,
그러면서 또 다른 줄기를 세우고 있다.

박 정 원

현) 정원논술 원장, 글나무아카데미 대표, 중·고교 토론논술 외부강사,
글과 말의 논리 '박정원의 구구구법칙' 교수법 개발, 고교 입시컨설팅,
그림동화작가 심리지도사, 심리유형분석사

박정원 작가 소개

01_씨앗을 심다 - 시작을 선택하는 용기

"여자는 남편이 벌어다 주는 돈으로 살림하는 게 가장 좋은 팔자인데, 우리 정원이는 그런 팔자는 아니네."

결혼 후 몇 해가 지나도록, 큰이모의 그 말이 마음속에 떠나지 않았다. 처음엔 웃으며 넘겼다.

"맞아요, 이모! 저는 그런 팔자가 아닌가 봐요."

그땐 가볍게 흘려들었지만, 이상하게도 그 말이 자꾸만 생각났다.

어쩌면 큰이모의 말이 맞았는지도 모른다. 남편이 벌어 온 돈으로 아이 키우고 집안 살림하며 사는 삶이 가장 편한 삶이라면, 나는 왜 그 길을 선택하지 않았을까? 아니, 어쩌면 애초부터 그 길은 내 길이 아니었던 건지도 모른다.

내 삶은 언제나 누군가가 그려 놓은 '이상적인 틀'에서 조금씩 벗어나 있었다. 그 틀에 억지로 나를 맞추기보다 나만의 속도로 천천히 걸어왔다. 그 과정에서 더 깊이 고민했고, 더 많이 배웠고, 그렇게 조금씩 성장해왔다. 그러던 어느 날, 문득 마음 깊은 곳에서 질문이 올라왔다.

'나는 어떤 삶을 원하지?'

그 질문은 내 안에서 점점 자라났다. 삶은 단거리 경주가 아니었다. 그건 마치 스테이크처럼 속까지 익히는 시간이 필요한 과정이었다. 스테이크는 센 불에 급히 익히면 겉은 타고 속은 설익는다. 삶도 마찬가지다. 빠르게 달리기보다, 낮은 온도에서 온기를 품으며 익어가는 삶.
나는 그런 삶을 원했다.

아이 둘을 키우며 참 많은 일을 경험했다. 처음엔 돈을 벌기 위한 일이었지만, 그 속에서 나만의 의미를 찾고 싶었다. 몬테소리 교구를 판매하며 부모들과 교육 이야기를 나누고, 아이들에게 책을 읽어줄 때면 왠지 모를 뿌듯함이 밀려왔다. 그런 순간들이 기뻤지만 마음 한켠은 비어 있었다.

그러던 어느 날, 삼성생명에서 FC(재무컨설턴트)로 일할 기회가 찾아왔다. '안정적인 직업'이라는 말에 설렜다. 고객에게 보험을 설명하는 일은 어렵지 않았지만, '워킹맘'의 현실은 생각보다 훨씬 버거웠다. 아이들을 돌보며 일을 병행하는 하루하루는 숨 쉴 틈조차 없이 빠듯했다. 나는 아이들을 위해, 그리고 나 자신을 위해 그 일을 내려놓았다.

하지만 현실은 녹록지 않았다. 결국 다시 일을 시작해야만 했다. 농협 하나로마트 앞, 뜨거운 불판 앞에서 메밀전을 부치며 지나가는 사람들에게 환한 미소로 메밀가루를 권했다. 그 순간에도 속으로는 끊임없이 나 자신에게 물었다.

"이게 정말 내가 원하던 삶이 맞을까?"

어느 날, TV에서 한 요리사가 스테이크를 굽는 장면을 보게 되었다. 그는 말했다.

"스테이크는 단순한 음식이 아닙니다. 원하는 맛을 내기 위해선 온도 조절과 충분한 시간이 필요해요."

그 말을 듣는 순간, 전율이 일었다. '그래, 내 삶도 이래야 했어.' 그제야 알았다. 나는 그동안 무엇을 위해 그렇게 달려왔는지도 모른 채 너무 바쁘게만 살아왔다. 제대로 익지 않은 스테이크처럼, 삶도 충분히 돌아볼 틈 없이 앞만 보고 내달리고 있었다. 그날 이후, 처음으로 진지하게 나 자신에게 물었다.

"나는 어떤 삶을 원하는가?"

그 질문에 답하고 싶었다. 그리고 그 답을 찾아 37세에 대학 입학을 결심했다. 많은 일을 경험했지만 때로는 학력이라는 벽 앞에서 문이 닫히곤 했다. 하고 싶은 일이 있어도 시작조차 할 수 없을 때 가슴이 막히고 답답했다.

어느 순간, 나 자신에게도 '배움의 기회'를 주고 싶다는 마음이 피어올랐다. 늦었다고 생각했지만 지금 시작하지 않으면 앞으로도 시작하지 못할 것 같았다.

그때 니체의 문장이 나를 흔들었다.

"모든 것의 시작은 위험하다. 그러나 무엇을 막론하고 시작하지 않으면 아무것도 시작되지 않는다."

망설임 끝에 남편에게 조심스레 말했다.

"여보, 대학에 가서 공부하고 내가 진짜 하고 싶은 일을 찾아보고 싶어."

반대할 거라 생각했다. 하지만 남편은 조용히 내 눈을 바라보며 말했다.

"지금 당장은 빠듯하지만, 당신이 진심이라면 늦지 않았어. 내가 도울게."

그 말은 따뜻하게 가슴에 내려앉았다. 망설임은 사라지고 설렘이 찾아왔다.

입학 준비는 쉽지 않았다. 오랜 시간 공부와 거리를 두고 살아왔기에 모든 게 낯설고 어려웠다. 하지만 두려움보다 기대가 컸다. 남편의 응원은 큰 힘이 되었고 내 안의 열정은 다시 살아났다.

'이 나이에 공부해서 무슨 소용이야?'

사람들의 시선이 걱정되기도 했다. 하지만 나는 흔들리지 않기로 했다.

'지금 하지 않으면 10년 뒤에도 같은 후회를 반복할 거야.'

그렇게 시작한 대학 생활은 내 삶을 다시 빛나게 했다. 가사와 학업을 병행하는 것은 쉽지 않았지만, 그만큼 배움은 간절했고 가치 있었다. 나는 멈춰 있는 사람이 아니었다. 스스로 길을 내며 나만의 속도로 나아가는 사람이었다.

그리고 그 길 위에서, 드디어 '강사'라는 삶을 만났다.

02_뿌리를 내리다 - 준비된 내가 기회를 만나다

대학교에 입학하고서야 비로소 새로운 세상이 열렸다. 그전까지는 아이 키우고 집안을 돌보며 하루하루를 살았다. 하지만 배움의 문턱을 넘자, 잊고 있던 에너지가 되살아났다.

대학 1학년 때, 한 학우의 소개로 유아 및 초등학생을 대상으로 책 읽기 습관을 길러주는 독서지도 활동을 시작했다. 처음엔 단순한 경험일 거라 여겼지만, 아이들과 함께 책을 읽고 이야기를 나누는 시간이 너무도 즐겁고 특별했다. 그건 결코 단순한 일이 아니었다. 조심스럽게 '교육'이라는 길에 첫발을 내디딘 특별한 순간이었다.

물론 처음부터 확신이 있었던 건 아니다. 하지만 한 가지는 분명했다. 아이들과 눈을 맞추고 생각을 나누는 그 시간이 무엇보다 행복했다는 것. 그 행복을 따라 한 걸음, 또 한 걸음을 내디뎠다. 어느새 나는 교육이라는 길 한가운데 서 있었다. 그러면서 욕심도 생겼다. 단순히 책을 읽어주는 것에서 그치고 싶지 않았다.

아이들이 글의 줄거리에만 머무르지 않고, 그 너머를 질문하고 상상하며 자기 생각의 씨앗을 발견하길 바랐다. 그리고 그 씨앗이 자라 날 수 있도록 곁에서 함께하고 싶었다.

그 무렵, 나는 '독서 논술'이라는 개념을 처음 접했다. 책을 단순히 읽는 것이 아니라, 생각을 정리하고 자기 언어로 표현하는 힘을 기르는 과정이었다. 그 순간, 내가 가야 할 길이 선명해졌다.
'그래, 이 길이라면 내가 바라는 교육을 실현할 수 있겠구나.'

대학교 3학년 무렵, '대교 솔루니'의 교육 프로그램을 알게 되었다. 그들의 교육 철학에 깊이 공감했고, 어느새 '이곳에서 교사로 일하고 싶다.'라는 간절한 바람이 생겼다. 하지만 채용 조건은 '대졸 이상'. 그 한 줄이 내 발을 멈칫하게 했다.
"나는 아직 학위를 마치지 않았다는 이유로, 지원조차 할 수 없는 걸까?"
머뭇거리려는 찰나, 내 안에서 단호한 목소리가 들려왔다.

"나는 학위가 아닌 실력으로 나를 증명하자."

그 순간 떠오른 문장이 있었다.
"기회는 준비된 사람에게 찾아온다."
루이 파스퇴르의 이 말은 단순한 명언이 아니라, 내 결심을 현실로 끌어올린 한 줄이었다. 망설일 시간은 없었다. 나는 직접 지국의 국장님께 면담을 요청했다. 머리보다 마음이 앞섰고, 긴장 속에서도 진심만은 흔들리지 않았다.

"저는 현재 학업을 이어가며 교육자로 성장하기 위해 꾸준히 노력 중입니다. 교육에 대한 열정이 크며 솔루니의 교사 양성 과정은 제게 꼭 필요한 길이라 생각합니다. 아직 학위를 마치진 않았지만, 내년에 졸업 예정이고, 충분히 해낼 자신 있습니다. 기회를 주신다면 아이들에게 긍정적인 영향을 주는 교사가 되겠습니다."

국장님은 내 말보다 태도와 확신을 봐주셨다. 그리고 결국, 추천서를 써주셨다. 그 후 4박 5일간의 합숙 시험을 거쳐 최종 합격. 합격 통보를 받았을 때, 나는 눈을 감고 속으로 되뇌었다.

'이건 단지 결과가 아니라, 내가 선택한 길의 시작이다.'

그 선택이 내게 가르쳐준 건 단순했다. 학벌이 아니라, 진심과 실력이 사람을 움직인다는 것.

그리고 교육은 단순한 정보 전달이 아니라, 마음과 마음이 연결되는 과정이라는 것.

나는 스스로에게 증명하고 싶었다.

"배움은 학력이 아니라, 살아가는 방식이다."

대학에서 공부하며 그 믿음은 더욱 단단해졌다. '교육이야말로 내가 가야 할 길'이라는 확신이 마음 깊은 곳에 뿌리를 내렸다. 37살에 시작한 대학 진학은 누군가에겐 늦은 선택처럼 보였을지 모른다. 하지만 바로 그 늦은 시작 덕분에, 나는 진짜 '나의 길'을 만날 수 있었다. 만약 그때 대학 진학을 결심하지 않았다면, 나는 여전히

'무엇을 원하고, 어디로 가야 할지'를 고민만 하며 머물러 있었을지도 모른다. 그날의 선택은 내 인생을 바꿨고, 그렇게 나는 '교육자'라는 이름으로 살아가기 시작했다.

03_논리의 온기를 깨닫다 - 말과 글, 다름을 잇는 다리

"선생님, 저는 글쓰기가 정말 어려워요."
"논술을 잘하면 말도 잘하게 되나요?"
"논술이 꼭 필요할까요? 글을 못 써도 상관없는 거 아닌가요?"

논술 수업을 시작하면 빠지지 않고 듣게 되는 질문들이다. 많은 학생들에게 논술은 '어렵고 부담스러운 과목'이다. 하지만 나는 매번 강조한다. 논술은 단순히 글쓰기 기술을 배우는 수업이 아니라 세상을 깊이 바라보고 자신을 표현하는 힘을 기르는 과정이라고.

논술은 생각하는 힘, 말하는 힘, 그리고 살아가는 힘을 길러준다. 주장을 세우고, 근거를 마련하며, 타인의 입장을 존중하고 조율하는 경험은 결국 더 나은 인간으로 성장하게 만드는 기초 체력과도 같다. 그래서 나는 논술이 단순한 입시 과목이 아니라, 삶의 도구라고 생각한다.

몇 년 전, 한 학생이 조심스럽게 내게 다가왔다. 늘 말수가 적고, 눈을 잘 마주치지 않던 아이였다. 그날도 한참 망설이던 아이는 작은 목소리로 말했다.

"선생님…… 저는 사람들 앞에서 말하는 게 너무 힘들어요."

알고 보니, 아이는 초등학교 때 발표 중 실수한 뒤로 사람들 앞에 서는 것 자체가 두려웠다. 반 친구들의 놀림, 발표 후의 멍한 공기, 말이 막히는 순간의 당황스러움… 그 모든 기억이 아이의 자신감을 짓누르고 있었다.

나는 아이에게 부드럽게 말했다.

"논술은 말솜씨보다 생각을 정리하는 방식이 더 중요해. 우선 글로 천천히 써보자."

그날 이후, 아이는 조심스럽게 한 줄, 한 단어씩 생각을 글로 꺼내기 시작했다. 처음엔 한 문장을 써내는 데에도 시간이 오래 걸렸지만, 차츰차츰 자신의 주장과 근거를 정리하고, 반대 의견에도 차분히 대응하는 연습을 이어갔다.

그러던 어느 날, 아이는 눈을 반짝이며 말했다.

"선생님! 오늘 학교에서 처음으로 발표했어요!"

손을 들어 자신의 의견을 말했고, 친구의 반박에도 당황하지 않고 설명을 이어갔단다.

"친구들이 제 말을 듣고 고개를 끄덕였어요. 선생님, 저…… 정말 기분이 좋아요."

그 아이는 이후 학교 토론 대회에 도전했다. 나는 그 모습에서 '논술'이 단지 글을 쓰는 능력을 넘어서, 한 사람의 마음과 자존감을 세워 주는 따뜻한 도구가 될 수 있음을 다시금 느꼈다.

논술은 '얼마나 아는가'보다 '어떻게 바라보는가'를 묻는다. 그리고 그 시선은 곧,
"나는 어떤 사람인가?", "나는 왜 그렇게 생각하는가?"라는 질문에서 시작된다.
이 질문들에 스스로 답할 수 있어야, 타인에게도 자신의 생각을 온전히 설명할 수 있다.

나는 수업 시간에 '갑훅질'이라는 활동을 운영한다. 갑훅질은 '갑자기 훅 들어오는 질문'의 줄임말이다. 학생들은 예상치 못한 질문을 받고, 즉흥적으로 자신의 생각을 정리하고 표현해야 한다.
예를 들면 이런 질문이다.
"내가 추구하는 아름다움이란 무엇인가요?"
"올해의 나를 한 단어로 표현해 보세요."
"내 인생의 제목을 붙인다면 어떤 제목을 쓰고 싶나요?"

처음에는 머뭇거리던 아이들도 점차 자신의 생각을 꺼내기 시작한다. '정답'이 없다는 것을 알게 되면, 더 자유롭게 자신을 들여다보게 된다. 이 경험은 단순한 말하기 연습이 아니라, 자신을 이해하고 타인을 존중하는 훈련이 된다. 논리는 교과서에만 있는 개념이 아니다. 우리의 말과 행동, 그리고 선택의 순간마다 논리는 살아 숨 쉰다.

첫째가 6학년, 둘째가 4학년이던 어느 날, 두 아이가 '고슴도치를 키우자'며 PPT를 만들어 나를 설득했다.

"고슴도치는 냄새가 나지 않아요."

"손이 많이 가지 않아요."

"케이지 안에서 키울 수 있어서 돌보기 쉬워요."

아이들은 그들만의 논리를 세워 근거를 제시했고, 질문에 당당히 답했다. 그 상황이 기특하면서도 놀라웠다. 하지만 나에게 진짜 중요한 건 '고슴도치를 키울지 말지'가 아니었다.

나는 아이들에게 물었다.

"끝까지 책임질 수 있을까?"

우리는 가족회의를 열었다. 반려동물은 단순한 즐거움이 아니라, 하나의 생명을 돌보는 책임이라는 점을 함께 나누었다. 그 과정을 통해 아이들은 감정에 치우치지 않고 논리와 책임 사이에서 균형을 배우기 시작했다. 그렇게 우리 가족은 고슴도치를 키우기로 결정했다. 그 선택은 가족이 함께 논리적으로 소통하며 성장한 작지만 의미 있는 경험이었다.

논술은 내 생각만을 말하는 것이 아니라, 다른 생각과 조율하는 힘을 기르는 일이다. 논리는 때로는 날카롭지만, 다리를 놓듯 따뜻하게 다름을 연결해주기도 한다.

내가 존경하는 법륜 스님의 '즉문즉설'을 보면 논리는 때때로 사람의 마음을 어루만질 수 있는 따뜻한 힘이라는 걸 느끼게 된다.

어느 날 한 학생이 스님께 말했다.

"저는 열등감이 심하고, 공부할 의욕이 없어요."

보통은 "그래도 공부는 해야지."라고 말할 법한 상황이었다. 하지만 스님의 대답은 달랐다.

"공부하기 싫으면 안 해도 돼."

뜻밖의 말이었지만, 이어진 설명은 가슴 깊이 와닿았다.

"공부는 억지로 하는 게 아니다. 열등감을 극복하려면 '잘나야 한다.'라는 생각을 내려놔야 한다. 나는 나다. 비교하지 말고, 있는 그대로의 자신을 받아들이라."

이 말 속에는 단순한 위로가 아니라, 깊고 따뜻한 논리가 있었다.

논술 수업은 경쟁의 장이 아니라, 함께 배우고 함께 자라는 공간이다. 아이들이 스스로를 돌아보고, 타인의 의견을 경청하며, 다름 속에서 배움을 찾는 수업. 그 안에서 논리는 따뜻한 도구가 되고, 글쓰기는 자신을 들여다보는 창이 된다.

나는 학생과 깊이 소통하며, 옳고 그름을 따지기보다 배움의 즐거움을 전하고, 무엇보다 학생의 성장을 진심으로 기뻐하는 교사이고 싶다.

그리고 아이들이 자신을 이해하고, 타인을 존중하며, 더 넓은 시선으로 세상을 바라보는 힘을 가지길 바란다. 논술은 그 힘을 기르는 따뜻하면서도 강력한 과정이다. 그렇기에 나는 오늘도 한 편의 글을 쓰듯 아이들과 생각을 나눈다.

04_줄기를 키우다 - 만남이 길이 되다

2013년 4월, 평범했던 하루에 한 통의 전화가 걸려왔다.
"안녕하세요, 박정원 선생님! 고색중학교입니다. 2학년 학생들을 대상으로 논술 수업을 진행해 주실 수 있을까요?"
그때는 단순한 문의 전화인 줄 알았다. 하지만 지금 돌아보면, 그 전화 한 통이 내 인생의 새로운 장을 여는 시작이었다.

처음으로 교단에 섰다. 고색중학교, 그곳이 나의 강사 인생 출발점이었다. 대교 눈높이 선생님 중 한 분이 나를 추천해 주셨지만 정작 그분이 누구인지는 아직도 모른다. 이름 모를 추천 덕분에, 나는 새로운 세계의 문 앞에 설 수 있었다.
처음엔 두려움이 컸다. 하지만 아이들의 눈빛, 솔직한 반응, 예기치 않은 질문들 속에서 오히려 내가 더 많은 걸 배웠다. 수업은 일방적으로 가르치는 시간이 아니었다. 서로의 삶과 시선이 만나 따뜻하게 교감하는 시간이었다.

그 길 위에서 한 사람을 만났다. 고색중학교의 주은하 사서 선생님. 그분은 내게 또 하나의 문을 열어주셨다. 수원 매탄고등학교 도서관에서 진행되는 '성인 대상 힐링 독서 프로그램'을 소개해 주신 것이다. 두려움과 설렘이 교차했다. 중학교에서 수업하는 것도 벅찬 나였기에, '성인 대상 강의'는 큰 도전이었다. 하지만 그 기회를 붙잡았고, 그 선택은 내 안에 또 다른 줄기를 키우기 시작했다.

작은 시작이 새로운 길이 되었다. '힐링 독서' 수업은 매탄고의 '사제동행 독서 프로그램'으로 확장되었고, 이후 용인 서천고, 수원 이의고, 화성 진안중으로 이어졌다. 새로운 수업은 늘 낯설었지만, 그 안에서 나는 더 깊이 고민하고, 더 성실하게 준비하고, 더 진심으로 마주하려 했다. 한 사람과의 만남이 또 다른 인연으로 이어지고, 하나의 수업이 또 다른 세계로 나를 이끌었다.

강사의 길은 결코 혼자의 힘으로 이룬 것이 아니었다. 누군가의 따뜻한 한마디, 믿어준 시선, 뒤에서 건넨 손길이 지금의 나를 만든 것이다. 그래서 나는 지금도 마음속으로 되된다.
'언젠가 나도 누군가에게, 그런 첫 기회를 열어주는 사람이 되고 싶다.'라고.

수원 매탄고등학교에서 진행한 힐링 독서 프로그램은 내게 특별한 시간이자 마음의 흐름이 바뀌는 전환점이었다. 그때 처음으로 성인을 대상으로 책을 매개로 마음을 나누는 강의를 했다. 우리는 에크하르트

톨레의 『지금, 이 순간을 살아라』, 루이스 L. 헤이의 『치유』를 함께 읽으며, 책보다 더 깊은 삶의 이야기를 나누었다.

무엇보다 인상 깊었던 건 참가자들의 따뜻한 눈빛과 조심스레 꺼내던 진심 어린 말 한마디 한마디였다. 수업은 매번 '버츄 카드'를 한 장 뽑으며 시작했고, 다섯가지 '감사일기'를 적는 시간으로 마무리했다. 그리고 마지막 날, 직접 써온 '셀프 칭찬 50가지' 중 일부를 조심스럽게 꺼내어 발표했다. 그 속엔 누구도 대신 써줄 수 없는, 자기 자신만의 소중한 말들이 담겨 있었다.

"완벽하진 않아도 하루를 성실하게 살아낸 나, 충분히 잘했어."
"힘들어도 아이들 앞에서는 웃으려 애쓴 나, 정말 잘하고 있어."

그 진심이 담긴 고백들을 들으며, 나는 마음이 뭉클해졌다. 그들은 자신을 돌보는 언어로 삶을 다시 쓰고 있었고, 나는 그 곁에서 함께 배우고 있었다.

그로부터 몇 년이 지난 어느 날, 한 통의 연락이 왔다.
"선생님, 아직도 감사 일기를 쓰고 있어요. 그때 선생님 덕분에 제 삶이 달라졌어요. 선생님은 제 인생의 멘토예요."

닉네임 '용기'님이었다. 그녀는 8년 전, 감사 일기를 통해 스스로를 다시 믿기 시작한 사람이었다. 지금도 그 마음을 이어가고 있다는 사실이 너무나 벅차게 다가왔다.

'강의는 가르침이 아니다. 서로의 삶을 나누고 함께 성장하는 일이다.'

나는 그녀를 통해 그 사실을 또 한 번 배웠다.

힐링 독서 프로그램에서는 참가자들이 '닉네임'을 사용했다. 실명이 아닌 스스로에게 주는 작은 선물 같은 이름. 나는 '긍정천사'라는 닉네임을 선택했다. 삶이 아무리 바쁘고 고단해도 긍정을 잃지 않고, 따뜻한 기운을 전하는 사람이 되고 싶었기 때문이다.

그리고 '용기'라는 이름을 선택한 한 참가자가 있었다. 그녀는 말했다.

"삶에서 더 많은 용기를 내고 싶어서요. 저 자신에게 그렇게 다짐하고 싶었어요."

그녀는 지금도 '용기'라는 이름으로 자신의 삶을 힘 있게 걸어가고 있다.

내가 강사로 살아온 이 길 위에는 언제나 사람이 있었다. 내게 기회를 준 사람, 함께 배운 사람, 내게 마음을 내어준 사람. 강의할 때마다 깨닫는다. 사람의 마음을 움직이는 건 지식이 아니라 진심과 공감이라는 것을.

나는 오늘도 그 길 위에서 배우고, 흔들리며, 성장하고 있다. 그리고 그렇게 또 하나의 줄기를 세운다.

05_가지를 뻗다 - 말이 씨앗이라면 배움이 햇살이다

"나는 왜 교육자가 되었을까?"

강의를 하다 보면 가끔 스스로에게 이런 질문을 던진다.
수업이 반복되어도 마음은 늘 뜨겁고, 아이들과의 만남에서 느끼는 작은 변화들이 내 안의 불씨를 지켜준다.
아마 이 일이 나에게는 천직이기 때문일 것이다.
내가 이 길을 걷기 시작한 이유, 그리고 지금도 계속 이 길을 걷고 싶은 이유는 아주 오래전 마음속에 새긴 다짐에서 비롯되었다.

어릴 적, 우리 집은 다정한 말보다는 일상의 말들이 더 익숙했다.
"사랑해"보다는 "밥 먹어라", "빨리 자라" 같은 말이 일상이었다.
엄마는 늘 바쁘고 말투도 단호했다.
어느 날, TV 속 연예인이 어머니에게 "엄마, 사랑해요."라고 말하는 장면을 보았다.
그 짧은 한마디가 이상하게도 가슴 한쪽을 뭉클하게 울렸다. 태어나 처음 느껴보는 낯선 감정이었다.

그 순간 마음속에 다짐했다.

"내가 받지 못한 말을 내 아이들에게는 꼭 전하자."

그래서 지금, 나는 사랑을 말로 건네는 엄마다.

하지만 강의를 하며 깨달았다. 학생들이 원하는 것은 따뜻한 말 한마디만이 아니라는 것을. 그들은 가슴 깊이 남는 진짜 배움의 경험을 갈망하고 있었다.

기억 속 어린 시절 한 장면이 떠오른다. 엄마에게 시원한 미숫가루 한 잔을 타드리고 싶었던 어느 여름날, 작은 손으로 컵을 들었다가 그만 놓치고 말았다. 그리고 그 순간 돌아온 엄마의 외침.

"호랑이 씹어 물어갈 놈!"

그 말이 가슴을 찔렀다. 그저 엄마를 기쁘게 해드리고 싶었을 뿐인데, 따뜻함 대신 외로움이 가슴을 덮었다. 그날 밤, 나는 생각했다.

'엄마가 정말 나에게 화가 난 걸까?'

'나는 사랑받고 있는 걸까?'

그 어린 마음엔, 사랑이란 말로 표현되어야만 진짜인 줄 알았다. 하지만 시간이 흐른 지금은 안다. 엄마도 나를 사랑했음을. 다만 그 사랑이 말로 표현되지 않았을 뿐이다.

그래서 나는 더욱 단단히 다짐했다. 교육은 지식을 쌓는 일이 아니라, 마음을 울리고 생각을 키우는 과정임을.

어느 날 한 학생이 수업 후 조심스럽게 말했다.
"선생님, 제가 쓴 글이 별로죠……? 저 원래 글 잘 못 써요."
문장은 서툴렀고 맞춤법도 군데군데 틀려 있었지만, 그 글 속에는 아이의 진심이 고스란히 담겨 있었다. 나는 말했다.
"아니야. 너만의 생각이 담긴 글이야. 그게 가장 중요한 거야." 그 한마디에 아이의 눈빛이 달라졌다. 인정받는 경험이 아이 안의 가능성을 비추기 시작했다.

철학자 아리스토텔레스는 말했다.
"교육은 지식을 전하는 것이 아니라, 가슴을 움직이는 일이다."
그래서 나는 매 수업마다 다짐한다.
'내 수업이 누군가에게 상처가 아닌 울림으로 남기를.'

나는 학생들이 지식 그 자체보다, 생각하는 힘, 말하는 힘, 그리고 함께 나누는 힘을 갖추길 바란다. 그래서 논술 수업에 변화를 주기 시작했고, 그 중심에는 '비경쟁 독서토론'이 있다.
이 수업 방식은 '성취'보다 '성장'에 초점을 맞춘다. 아이들은 서로의 의견을 경청하고 정답이 아닌 다양한 관점을 탐색하고, 자연스럽게 논리적 사고와 표현력을 키워간다.
논술은 단지 '잘 쓰는 수업'이 아니다. '나는 어떤 사람인가'를 찾아가는 여정이고, 그 여정은 타인의 생각을 통해 더 넓고 깊어진다. 강사는 가르치는 사람이 아니라, 배움의 방향을 비추는 사람이다.

내가 알려주는 것이 아니라, 학생들이 스스로 발견하고 성장할 수 있도록 돕는 일. 그게 바로 내가 생각하는 '교육'이다. 그렇게 오늘도 아이들과 함께 배우며, 한 그루 나무가 가지를 뻗듯 더 넓은 세상과 연결되고 있다.

강사의 권태기를 이겨내는 3가지 실천

1. 새로운 배움을 찾아라.
- 익숙한 루틴을 벗어나 새로운 교육법이나 수업 구조를 연구하자.
- 내가 배우고 성장할 때, 수업도 함께 살아난다.

2. 참여자의 입장에서 다시 보기.
- 학생에게 논술은 어떤 의미일까?
- '논술 = 논리'가 아니라, '논술 = 삶을 표현하는 힘'이라는 관점으로 수업을 바라보면 아이들의 반응도 달라진다.

3. 나만의 강의 철학을 정립하라.
- 나는 왜 강의하는가? 무엇을 전하고 싶은가?
- 강의 철학은 강사의 '뿌리'다.
뿌리가 단단하면 어떤 환경에서도 흔들리지 않는다.

수업이 반복될수록 질문은 더 깊어진다.
"내 수업은 지금, 누군가에게 어떤 빛을 남기고 있는가?"
그 질문 앞에서 흔들리지 않기 위해, 나는 오늘도 말이라는 씨앗을 심고, 배움이라는 햇살을 아이들에게 건넨다.

06_시련 속에서 다시 피어나다 - 잿더미에서 움튼 새벽의 힘

"교사는 무엇을 가르치는 사람일까?"

지식을 전하는 사람일까, 아니면 마음을 건네는 사람일까.

나는 그 질문에 대한 답을 거의 모든 것을 잃은 순간에야 비로소 깨달았다.

그날은 3월 토요일 아침이었다. 어머니 칠순 잔치를 앞두고, 나는 평소처럼 샤워 중이었다. 남편은 출근했고, 중2와 초6 두 아들은 늦잠을 자고 있었다. 평온해야 할 조용한 아침, 갑자기 들려온 '타다닥타다닥' 불길한 소리.

순간 직감이 스쳤다. 무언가 심상치 않았다. 욕실 문을 열고 나오자 눈 앞에 펼쳐진 건 믿을 수 없는 광경. 주방에서 검은 연기와 불길이 치솟고 있었다.

"불이야!!!"

한순간 온몸이 굳었다. 그러나 정신을 가다듬고 떨리는 손으로 119를 눌렀다.

"우리 집에 불이 났어요! 아이들이 안에 있어요!"

속옷조차 입을 틈 없이 아이들을 급히 깨워 재촉하며 함께 건물 밖으로 뛰쳐나왔다. 밖에서는 이웃들이 놀란 눈으로 우리를 바라보고 있었다. 나는 맨발로 숨도 제대로 쉬지 못한 채 서 있었다.

정신이 아득했지만 아이들이 옆에 있다는 걸 확인하고 남편에게 전화했다.

"여보, 집에 불이 났어…… 우리 지금 밖이야. 애들은 괜찮아. 나도 무사해."

애써 침착하려 했지만 목소리는 떨렸다.

그날, 우리 집은 그대로 타버렸다. 책도, 가족사진도, 가구도, 아이들과 수업하던 공간도 모두 잿더미가 되었다.

그때, 한 학부모님이 다가왔다. 우리 모자를 자신의 집으로 데려가더니, 조용히 속옷을 건넸다. 그리고 나를 꼭 안아주며 말했다.

"선생님, 다행이에요. 모두 무사해서…… 그게 가장 중요한 거예요."

그 품에 안기자 꾹꾹 눌러왔던 눈물이 터져 나왔다. 말없이 안겨 울면서 나는 속으로 되뇌었다. '그래, 살아 있다는 것만으로 감사하자.'

아파트 관리소에서는 청소 아주머니들이 쓰던 작은 공간을 임시 거처로 내주었다. 정신은 멍했고 해결할 일들은 끝이 없었다. 파출소 조사, 인테리어 상담, 손해사정사와의 미팅까지. 하나하나가 버거웠지만, 나는 쉴 틈 없이 눈 앞의 문제부터 풀어나갔다. 주저앉을 여유도 없었다. 그 순간 내가 할 수 있는 건 오직 해결에 집중하는 것뿐이었다.

남편과 함께 파출소 조사를 마치고 돌아오니 친정 식구들이 와 있었다. 가족들을 보는 순간, 나를 붙들고 있던 마지막 힘줄이 끊어진 듯 언니 품에 안겨 그대로 기절했다. 눈을 떴을 때, 가족들이 나를 꼭 안고 있었다. 따뜻한 온기 속에서 비로소 내가 살아 있음을 느꼈다.

"괜찮아, 우리가 함께 있잖아."
그 한마디에, 막혔던 숨이 풀렸다.
'그래, 나는 혼자가 아니야.'

그날 밤, 잿더미가 된 집으로 돌아와 주저앉아 한참을 울었다. 이곳은 단순한 집이 아니었다. 배움이 자라고 사랑이 머무는 나의 보금자리였다.
절망 속에서 나를 다시 일으킨 건, 가족의 사랑과 이웃들의 따뜻한 마음이었다. 어느 학부모님은 조용히 현금 봉투를 건넸다.
"선생님께서 우리 아이에게 해 주신 것에 비하면, 이건 너무 작아요."
어떤 분은 정성스레 만든 밑반찬을, 또 어떤 분은 둘째 아이 체험학습 가는 날 김밥 도시락을 챙겨주셨다. 누군가는 학용품을, 또 누군가는 아이들 옷을 가져다 주었다.

"선생님, 수업은 걱정 마세요. 우선 몸부터 챙기세요."

그 말들이 한겨울 속 따뜻한 담요처럼 내게 다가왔다.

심지어 솔루니 팀장님과 국장님, 동료 선생님들까지 정성을 모아 현금 봉투와 편지를 보내주셨다. 쪽지에는 이렇게 적혀 있었다.

"앞으로는 좋은 일만 있을 거예요."

"우리가 함께 있어요. 잊지 마세요."

"선생님, 세상엔 따뜻한 사람이 많다는 걸 기억해 주세요."

나는 그날 확실히 알았다.

"나는 단지 교사가 아니라 누군가의 이웃으로 살아가고 있었구나."

"나도 누군가에게 의미 있는 사람이었구나."

얼마 후, 조심스레 방문 수업을 재개했다. 어느 날 한 어머니가 조용히 물었다.

"선생님…… 많이 힘드셨죠?"

나는 미소 지으며 고개를 끄덕였다. 그 순간, 아이들이 쪽지를 내밀었다.

"선생님이 없으면 수업이 재미없어요."

"선생님 덕분에 글쓰기가 즐거워졌어요."

"선생님, 수업 계속해 주세요!"

나는 그 작은 쪽지를 오래 바라보았다. 그건 단순한 메모가 아니었다. 내가 걸어온 시간, 아이들과 나눈 진심이 남아 있다는 증거였다. 그 순간, 마음속 깊이 깨달았다.

'그래, 내가 걸어온 길은 헛되지 않았어.'

그날의 화재는 내게 가장 소중함이 무엇인지 다시 깨닫게 해 주었다. 그건 집도 물건도 아닌, 곁에 있어 준 사람들이었다. 그리고 다시 일어서게 만든 건, 그들의 따뜻한 사랑이었다.

이제 나는, 그 따뜻함을 다시 누군가에게 건네고 싶다. 교사로서, 이웃으로서, 누군가의 버팀목으로서. 그것이 내가 다시 학생들 앞에 설 수 있었던 이유이고, 앞으로도 변치 않을 나의 교육 철학이다.

07_꽃이 피다 – 배움의 씨앗, 성장의 꽃으로

"원장님, 상담을 어떻게 하면 입회율을 높일 수 있을까요?"

많은 원장님들과 강사님들이 내게 같은 질문을 건넨다. 그럴 때마다 잠시 생각한 뒤 말하곤 한다.

"저도 처음부터 완벽하진 않았어요. 다만 경험 속에서 조금씩 다듬어왔을 뿐이에요."

사실 나는 몬테소리 교구 영업과 삼성생명 FC 경험 덕분에 처음부터 낯선 사람과 대화하고 설득하는 데 두려움은 없었다. 하지만 학부모 상담은 확실히 결이 달랐다. 단순히 상품 소개나 계약 성사가 아니라, 아이의 성장과 삶에 관한 진지한 이야기를 나누는 자리였기 때문이다.

이 차이를 깨달은 후, 나는 단순히 '잘 설명하는 법'을 넘어 '진심을 어떻게 전할 것인가'를 고민하기 시작했다.

시간이 흐를수록 알게 됐다. 상담이란 결국 말솜씨나 전략보다 먼저 마음을 다해 듣고 공감하는 일이라는 것을. 학부모들은 입회 여부보다 먼저 '이 사람이 우리 아이를 진심으로 바라보는가'를 본다. 그리고 그 마음이 전해질 때, 자연스럽게 신뢰가 쌓이고 강사의 진정성은 천천히 그러나 깊이 전달된다.

상담 방향을 그렇게 정비했고, 2016년, 교습소 개원 후 1년 6개월 만에 입회 상담 성공률 98%라는 성과를 얻었다. 하지만 나에게 더 오래 남은 것은 숫자가 아니라, 아이를 믿고 맡겨준 학부모님들의 따뜻한 눈빛이었다.

"선생님이라면, 우리 아이를 잘 이끌어주실 것 같아요."

그 한마디는 늘 내 마음에 새겨진다. 이 길이 얼마나 큰 책임과 깊은 신뢰 위에 서 있는지 일깨워주는 말이다.

상담의 본질은 결국, "함께 걸어가도 좋습니다."라는 약속이다. 학생 한 명, 한 명을 만날 때마다 나 역시 배우고 성장한다. 강사로서도, 한 사람으로서도. 나는 수업에서도 같은 마음을 품는다. 아이들이 배움 앞에서 움츠러들지 않도록, 자신의 생각을 자유롭게 펼칠 수 있도록.

그래서 나는 '박정원의 구구구 법칙'을 개발했다.

- 구분하기 – 글의 주제와 핵심 정보를 파악하고 질문 의도를 분석해 이해력을 높인다.
- 구조 짜기 – 다양한 구조를 익히고, 주제에 따라 유연하게 적용하는 능력을 기른다.

● 구술하기 – 정리된 생각을 자신의 언어로 설명하고, 발표 연습을 통해 사고 흐름을 명확히 하며, 토론과 면접에도 대비한다.

아이들은 글쓰기 기술만 배우는 것이 아니라, 생각하고 표현할 줄 아는 사람으로 자라기 시작했다.

어느 날 한 학생이 내게 말했다.
"선생님, 예전엔 글 쓸 때 너무 막막했는데, 지금은 어떻게 써야 할지 알 것 같아요."
또 다른 학생은 면접장에서 긴장하지 않고 또박또박 자신의 생각을 말했다며 환한 얼굴로 내게 달려왔다.
아이들의 변화 속에서 나는 확신했다. 내 수업이 아이들에게 '표현하는 힘'을 키워주는 진짜 배움의 시간이 되고 있다는 것을. 그리고 그럴 때마다 다시금 깨닫는다. 말은 씨앗이고, 배움은 햇살이라는 걸. 내가 건네는 작은 말 한마디가 아이들의 마음에서 자라 언젠가 꽃이 되어 피어난다는 것을.

2024년, 그동안의 상담 경험을 '1억뷰N잡' 플랫폼에 담아 『초보 원장님도 입회 성공률 100% 실전 화법 노하우』라는 강의로 정리했다.
"상담은 기술이 아닙니다. 공감과 신뢰의 과정입니다."
이 말은 지금도 상담할 때마다 마음속에 되새기는 문장이다. 이 강의는 상담을 두려워하던 강사님들에게 '할 수 있다.'는 용기와 '이렇게 하면 된다.'는 구체적인 방향을 전하고 싶어 만든 강의였다.

현장에서 작은 변화들을 만들어가는 강사님들의 이야기를 들을 때면 나 역시 처음 상담 전화를 받으며 손끝이 떨리던 순간이 선명하게 떠오른다.

강사의 길은 단순한 가르침이 아니다. 학생과 학부모의 신뢰를 얻고, 그 신뢰 안에서 나도 성장해가는 여정이다. 그 길 위에서 나는 울고, 웃고, 넘어지고, 다시 일어섰다. 그리고 어느 날, 내가 심었던 말의 씨앗들이 아이들의 마음에서 조용히 꽃을 피우고 있음을 느꼈다.

이제 나는 '강사 이펙트'라는 이름으로 이 모든 과정을 함께 나누고 싶다. 이 책이 누군가에게는 흔들리는 날, 마음을 다잡게 해 주는 작은 나침반이 되고, 또 다른 누군가에게는 자신만의 씨앗을 심을 용기를 건네는 한마디가 되기를 바란다.

강사의 길을 걷는 당신, 어떤 씨앗을 심고, 어떤 꽃을 피우고 싶은가? 나는 오늘도 글나무정원사로서 배움의 길 위를 천천히, 그러나 단단하게 걸어간다.

08_숲이 되다 - 작은 씨앗이 길이 되고 숲이 되다

강사의 길을 걸어오며 나는 수많은 씨앗을 심고, 가지를 뻗었다. 작은 새싹이 자라 어느새 한 그루 나무가 되었다. 하지만 이 길은 내 힘만으로 걸어온 길이 아니었다. 아이들, 학부모님들, 동료 강사들, 그리고 보이지 않는 곳에서 손을 내밀어준 많은 분들 덕분에 나는 이 자리까지 올 수 있었다.

처음 강사의 길에 들어섰을 땐 혼자라고 느꼈다. 두려웠고, 모든 게 서툴렀다. 그러나 시간이 흐를수록 깨달았다. 이 길은 혼자의 길이 아니라 '함께 걷는 길'이라는 것을. 아이들과 함께 배우고, 학부모님들과 고민을 나누고, 동료 강사들과 경험을 나누며 조금씩 조금씩 성장해온 길이었다.

나는 계획형 인간이 아니다. 완벽한 계획보다는 '한 번 해볼까?' 하는 마음으로 시작하는 사람이다. 처음 학원을 열 때도 시장조사도 부족했고, 홍보는 전단지부터 시작했다. 그런데 놀랍게도 그 부족한 시작이 내 커리어를 만들었다. 뛰어들었기에 배울 수 있었고, 부딪혔기에 성장할 수 있었다.

누군가는 말한다.
"완벽하게 준비되면 시작할 거예요."
하지만 나는 이렇게 말하고 싶다.
"80%면 충분해요. 나머지 20%는 시작하면서 채워집니다."
완벽을 기다리다 기회까지 놓치지 않기를. 작더라도 한 걸음 내딛는 순간, 그 발걸음이 숲이 되는 시작이 될 수 있다.

이번 스승의 날, 한 제자가 감사 인사를 톡으로 전해왔다.
"선생님 수업은 단순히 논술을 배우는 시간이 아니라, 세상을 바라보는 눈을 넓히고 생각하는 힘을 기르는 시간이었습니다. 글쓰기뿐만 아니라 사람을 대하는 태도까지 배울 수 있었습니다."
또 한 어머니는 상담 중 이런 이야기를 전했다.
"선생님, 우리 아이가 수업을 듣고 나서 말이 많아졌어요. 그게…… 좋은 변화라는 걸 느껴요."

그 순간, 나는 마음 깊이 깨달았다. 내가 건넨 말 한마디, 수업 하나가 한 아이의 삶과 가족 관계에 따뜻한 변화를 만들 수 있다는 것. 그래서 나는 더 이상 혼자가 아니다.
내가 걸어온 이 길엔 이미 수많은 뿌리가 서로 닿아 있고, 지금은 아이들과 동료들이 또 다른 씨앗을 심고 있다.

그걸 떠올릴 때마다 마음이 뭉클해진다. 우리는 함께 자라고 있다.

강사가 되려는 누군가에게, 꼭 전하고 싶은 말이 있다.

"지금, 많이 두렵고 막막하죠? 저도 그랬어요. 하지만 걱정하지 마세요. 그 마음만으로도 이미 시작은 된 거예요."

"혼자라고 느껴질 때도 멀리서 당신을 응원하는 숲이 있다는 걸 잊지 마세요."

"실패해도 괜찮아요. 다시 심으면 돼요. 그리고 그 씨앗은 언젠가 반드시 자라납니다."

글나무정원사의 강사 철학

1. 배움은 함께 흐른다.
   - 강사는 가르치는 사람이 아니라, 함께 배우는 사람이다.

2. 교육은 관계다.
   - 학생, 학부모, 동료와의 연결이 진짜 배움의 시작이다.

3. 씨앗은 나무가 되고, 나무는 숲이 된다.
   - 한 사람의 성장은 또 다른 성장의 씨앗이 된다.

나는 이제 혼자가 아니다. 함께 성장한 아이들, 따뜻한 마음으로 곁을 지켜준 학부모님들, 그리고 늘 곁에서 응원해 주는 동료 강사들과 함께 우리는 숲이 되었다. 그 숲은 앞으로도 더 깊어지고 넓어질 것이다.

"당신도 강사의 길을 걷고 싶은가?"

그렇다면 지금, 당신이 마음속에 품고 있는 그 작은 씨앗 하나면 충분하다. 망설이지 말고, 당신만의 씨앗을 심어보자. 그 씨앗이 어느 날 꽃이 되고, 그 꽃이 다시 숲이 되는 순간, 우리 같은 숲 어귀에서 마주하게 되기를. 나는 그날을 기다리며, 오늘도 말과 마음을 가꾸는 정원사로 살아간다.

사람을 변화시키는 세 가지 힘
첫째, 믿음 – 가능성을 믿고 도전하도록 돕는 것
둘째, 성장 - 스스로 답을 찾고 성장할 수 있도록 돕는 것
셋째, 사랑 - 진정한 관심과 공감으로 함께 하는 것

이금순

현) 예스쿨 대표, 라이프코치(KPC자격 보유), 디지털튜터 강사예정,
심리분석상담사 1급, 인지행동심리상담사 1급, 심리상담사 1급
전)한노협멘탈코치

이금순 작가 소개

01_작은 손, 큰 꿈

"셋째딸."

이 말은 나를 설명하는 가장 간단하고도 복잡한 이름이었다. 여섯 남매 중 셋째로 태어난 나는 언제나 관심의 중심에서 비켜나 있었다. 사랑과 관심이 부족한 유년기 속에서, 나는 그렇게 '보이지 않는 아이'로 자라났다.

우리 집은 할머니와 부모님, 1남 5녀, 총 아홉 식구가 함께 살았다. 늘 빠듯한 살림 속에서 나는 자연스레 가장자리로 밀려났다. 그럴수록 사랑과 관심을 받고 싶은 마음은 더 커져만 갔다.

부모님의 사랑을 얻기 위해 나는 어른들이 좋아할 만한 일을 해야 했다. 공부를 잘하거나, 상을 받아오거나, 집안일을 도와야 했다. 그중에서 내가 할 수 있는 것은 바로 집안일이었다. 빨래, 청소, 농사일까지 거들며 부모님의 관심과 사랑을 받으려 애썼다.

'봄이 오면 왜 마음이 바빠지고 무거워질까?'
시골의 봄은 새로운 시작을 알리는 계절이지만, 그만큼 해내야 할 일이 산더미처럼 쌓여 있었다. 논에는 모를 심고, 밭에는 씨앗을 뿌리며 바쁘게 지냈다. 농기계 없이 손으로 일해야 했기에, 나는 자주 조퇴를 하며 부모님의 일을 도왔다.

그때 받은 칭찬은 내게 큰 위안이 되었다.

"금순이가 참 잘해."라는 말은 내 존재 가치를 느끼게 해 주었고, 나도 부모님의 사랑을 받는다고 생각했다. 하지만 때때로 어린 나에게는 그것들이 벅차게 느껴졌다. 고사리 같은 손으로 감당하기에는 힘든 순간도 많았고, 일도 더디게 진행되기 일쑤였다. 사랑받기 위한 노력은 때로 버거웠지만, 현실의 결핍이 깊어질수록 나는 오히려 더 단단해졌다.

그 과정을 통해 사람은 사랑을 갈망하며 존재 가치를 증명하려는 그 힘 속에서 성장한다는 사실을 조금씩 깨달았다.

'결핍 속에서 내 꿈은 어떻게 자랐던 걸까?'

7살 때, 유치원 다녀오는 길에 동생 기저귀를 사 오라는 심부름을 받았다. 유치원과 집은 4km 떨어져 있었고, 어린아이 걸음으로는 약 1시간이 걸렸다. 하지만 그날, 기저귀 한 봉지는 내 작은 손에 너무 컸다. 한 걸음 내디딜 때마다 봉지는 땅에 닿았고, 오른손, 왼손, 다시 오른손. 작디작은 손으로 번갈아 들며 나는 4km를 걸었다. 마치 지금의 휴지 30롤을 들어야 하는 듯한 느낌이었다. 매일 걸어 다니던 1시간의 거리가 그날은 두 배로 느껴졌다.

무거운 기저귀를 들고 집으로 돌아가면서 나는 생각했다.

'나는 나중에 커서 차를 살 거야.'

그 상상은 힘든 짐을 지고 돌아가는 길에서 나를 위로해 주었고, 차를 타고 편안하게 이동하는 모습은 그 순간의 고된 마음을 달래주었다.

7살의 나는 언젠가 차를 갖는 것이 내 꿈이 될 것이라는 희망을 품게 되었고, 그 꿈은 나의 삶을 이끌어가는 작은 등불처럼 빛났다. 어린 시절, 꿈은 단순히 먼 미래의 희망이 아니라 결핍을 채우기 위한 나만의 특별한 방식이었다.

결핍이 만든 열망과 스승의 영향

10대에 접어들며 나는 결핍이 가득한 환경 속에서도 다양한 꿈을 꾸게 되었다. "돈이 없으면 무시당하고 같은 형제라도 돈이 있어야 우애를 지킬 수 있다."라는 엄마의 말은 내 마음에 깊이 새겼다. 여유 없는 살림 속에서 힘들게 돈을 벌어야 한다고 믿었던 엄마는 항상 바쁘셨고 그래서 학교행사에는 자주 참석하지 못했다. 특히 운동회 날, 엄마의 빈자리는 더 크게 느껴졌다.

동네 아줌마의 등에 업혀 1등을 했지만, 그 순간 기쁨보다는 마음 한편의 허전함이 더 오래 남았다. 엄마는 미안한 마음을 에둘러 표현했지만 어린 나에게 그 말은 위로가 되지 않았다.

"엄마가 업고 뛰었으면 1등을 못 했을 텐데, 잘하는 아줌마 덕분에 달리기에서 1등 한 거야."

그 말속에서 나는 엄마의 부재를 느꼈고, 그 순간은 서글프기만 했다. 돈을 벌기 위해 희생한 엄마의 시간을 떠올리며 나는 마음속으로 다짐했다.

'나는 꼭 성공할 거야. 내 일 열심히 하면서, 좋은 엄마가 될 거야.'
라고.

엄마의 잦은 부재로 인한 학창 시절 나의 결핍은 성공하고 싶다는 열망으로 이어졌다. 그 결과, 장래 희망을 적는 곳에 '사업가'가 되겠다고 썼다. 나는 사업을 통해 돈을 많이 벌고 싶었고, 그런 꿈이 나를 앞으로 나아가게 하는 힘이 되었다.

어린 나이의 결핍은 나에게 꿈을 꾸게 했지만 이러한 꿈들을 바른 길로 이끌어줄 인생의 스승을 만나는 것도 중요하다. 내 학교생활에서 긍정적인 영향을 준 인물은 바로 담임선생님이었다.

선생님은 모든 아이를 똑같이 사랑하고 비교하지 않으셨으며, 내가 다니던 시절 차별과 체벌이 만연했던 상황에서도 유일하게 그러한 것이 없었던 분이었다. 학급 친구들을 데리고 와서 농사 일손을 돕고, 친구들과 잘 지내라고 모두 함께 점심을 먹게 하시는 등 배려 깊은 행동으로 우리 사이의 유대감을 더욱 깊게 해 주셨다.

학급 친구들이 사이좋게 지내길 원하셨던 선생님은 강가에 가서 물놀이 수업도 진행하셨고, 일 년 동안 씨를 뿌려 우리가 키운 채소로 음식을 만들어 함께 나누어 먹는 시간을 가지기도 했다. 이러한 활동들은 학교생활을 특별하게 만들어 주었고, 나는 그 속에서 사랑과 지원을 느끼며 더 큰 꿈을 품게 되었다.

　결핍 속에서도 나를 지지해 준 선생님의 사랑은 내가 누군가에게 긍정적인 영향을 주고 싶다는 꿈으로 이어졌다. 마야 안젤루는 "결핍은 우리를 강하게 만들고, 그 결핍 속에서 우리는 꿈을 꿀 수 있다."라고 말했다. 우리는 살면서 원하든 원치 않든 어려움과 부족함을 겪을 수 있다. 이러한 모든 경험은 결국 우리의 성장과 발전에 중요한 자원이 되며, 더욱 강해지도록 돕는다.
　내가 겪었던 경험들은 나 자신뿐만 아니라 다른 사람들에게도 긍정적인 영향을 미친다고 생각한다. 강사가 되어 각자가 자기 삶에서 의미 있는 변화를 끌어낼 수 있도록 돕고 싶다.

02_17년 경험에서 얻은 소통의 힘

소통의 힘

코로나 이전, 나는 17년 동안 인력 아웃소싱과 채용 대행업에 종사하며 주로 생산 현장직에 초점을 맞추어 일했다. 다양한 배경을 가진 근로자들과의 만남을 통해 그들의 사연과 꿈을 듣고 많은 경험을 쌓았다. 힘든 환경 속에서도 최선을 다해 일하는 그들의 모습은 나에게 큰 힘과 동기를 주었으며, 더 나은 사람이 되고 싶다는 마음이 생겼다.

매일 새로운 사람들을 만나 이력서를 보며 그들이 어떻게 살아왔는지, 어떤 삶을 원하는지, 무엇을 중요하게 여기는지를 고민하게 되었다. 각자의 이력서는 단순한 경력이 아닌 그들의 꿈과 도전이 담겨 있음을 깨달았다. 직업은 생계를 위한 수단뿐만 아니라 개인의 특성과 삶의 방향성을 정하는 중요한 요소임을 알게 되었다.

이력서에는 구직자의 경력, 교육 배경, 자격증 등이 나열되어 있다. 면접 과정에서는 지원자들의 숨겨진 감정과 소망을 발견할 수 있다. 각 지원자가 우선시하는 조건은 매우 다양하다. 안정적인 근무 환경이나 적절한 보상을 중요하게 여기는 이도 있고, 함께 일하는 사람들과의 관계를 중시하는 이도 있다. "일보다 사람이 힘들면 견딜 수 없어요."라는 말은 구직자들이 직장 내 인간관계를 얼마나 중요하게 생각하는지를 잘 보여준다. 이는 단순히 업무의 어려움보다 동료들과의 관계가 직장 생활에 미치는 영향이 크다는 것을 알 수 있다.

오랜 시간 면접을 보면서 가장 많이 들었던 말이 기억난다. 많은 면접자가 "실장님은 다른 채용 담당자와 다르세요."라는 말이다. 이는 내가 단순히 경력이나 능력을 평가하지 않고, 그들의 이야기를 진심으로 듣고 이해하려고 노력했기 때문이다.

보통의 면접에서는 "왜 그 회사를 퇴사했나요?"라는 질문이 자주 등장하지만, 나는 그대신 "그곳에서 일하면서 가장 좋았던 것 한 가지 이야기해 주세요."라는 질문을 던지곤 했다. 이 질문은 지원자들이 자기 경험을 진솔하게 이야기 할 기회를 제공했고, 자연스럽고 편안한 대화로 이어졌다.

진정한 인간관계

구직자의 내면에 귀 기울이며 면접을 진행해야 인력을 채용한 후에도 이직률을 낮출 수 있다. 고용회사에 인력을 투입한 후에는 매일 근로자의 출근 시간에 맞추어 회사로 찾아갔다. 낯선 환경에서 그들이 어떤 각오를 지니고 있는지, 그리고 새로운 직장에서 어떤 감정을 느끼고 있는지를 살펴보는 것이 중요했다. 이러한 노력이 쌓여가면서 현장의 소리를 귀담아듣던 거래처 사장님은 아웃소싱 관리자인 나를 알아봐 주셨고, "아웃소싱 관리자를 스카우트해."라는 말씀을 하셨다.

거래처 사장님은 나를 현장에서 가장 필요한 사람이라고 평가해 주셨다. 이는 나에게 큰 자부심을 주었고, 앞으로도 근로자들의 목소리를 계속해서 반영하여 더 나은 작업 환경을 만들겠다는 결심을 더욱 굳건히 하게 했다.

반면에 누군가는 내게 이렇게 말했다.

"너는 안 해도 되는 일을 굳이 만들어서 해."

이 말은 나에게 깊은 생각을 하게 했다. 내가 근로자들의 목소리를 듣고 그들의 이야기를 존중하는 것이 정말로 필요한 일인지, 아니면 내가 하는 일이 필요 없는 일이라고 여겨지는 건 아닌지 고민하게 했다.

고민은 했지만, 나는 내 방식대로 매일 찾아가서 근로자들과 인사하고 소통하는 것이 맞다고 생각했고 이를 실천했다. 그들의 이야기를 듣고 함께 대화하는 과정에서 나는 더 나은 작업 환경을 만들기 위한 방법을 찾을 수 있다고 확신하게 되었다.

17년간의 경험은 나에게 진정한 인간관계의 소중함을 깨닫게 해주었으며, 사람들과 소통하고 그들의 성장에 기여할 수 있는 밑거름이 되었다. 그러나 적합한 인재를 찾는 것은 어려운 일이었고 코로나 팬데믹으로 인해 사업이 더욱 힘들어져 결국 사업을 정리하게 되었다.

이제 나는 강의를 통해 내 경험과 교훈을 나누고자 한다. 사람들의 이야기에 귀 기울이고 진정으로 소통하는 방법을 가르쳐 후배들이 자신의 꿈과 목표를 찾도록 돕고 싶다. 강의를 통해 전달할 수 있는 것은 단순한 정보가 아니라 경험에서 우러나온 진솔한 메시지이며, 이를 통해 사람들이 자신의 가능성을 발견하고 성장할 수 있도록 돕는 것이 나의 목표이다. 17년의 경험이 누군가에게 긍정적인 영향을 미칠 수 있기를 바란다.

03_아픔을 넘어 찾은 코칭의 길

팬데믹으로 인한 변화

팬데믹이 시작되면서 나는 새로운 마케팅 공부를 시작했다. 17년간의 경력을 뒤로하고 새로운 일을 하고 싶다는 갈망이 있었고, 막연히 교육 사업에 대한 니즈가 생겼다. 하지만 예상보다 길어진 팬데믹은 오프라인 학습 기회를 줄여갔다.

결국 팬데믹을 계기로 오프라인에서 온라인으로 빠르게 전환되었고, 나는 블로그, 유튜브, 인스타그램, 틱톡, 라이브커머스 등 다양한 온라인 강의를 통해 새로운 배움의 기회를 얻었다. 무료부터 유료 강의까지 들으며 배움의 갈증을 채웠고, 아는 것이 많아질수록 하고 싶은 일도 늘어났다. 하지만 가장 가까운 가족과 지인들은 내 선택을 이해하지 못했다.

"네 나이에 웬 공부냐?"

그들에게 나는 그저 뜬구름을 잡는 사람처럼 보였다.

"오늘 뭐 해? 점심 먹자."

"나 오늘 강의가 있어서 시간이 안 돼."
"그래, 알았어."

짧은 대화 속에서도 가족들의 속마음이 전해졌다.
'학교 다닐 때는 잠만 자더니, 다 늙어서 공부에 빠졌네.'
나는 사람들과 함께 시간을 보내고 싶었지만, 인생 2막을 준비하기 위해 디지털 세상에 몰입하고 있었다. 가족들은 나를 마치 피라미드 사업에 빠진 사람처럼 보았다.

그런데도 배움의 크기가 커지면서 주변의 소리는 점점 희미해졌다. 내가 배운 것을 누군가와 나누고 싶은 마음이 더욱 커졌기 때문이다.

여러 가지 배움 중에서 디지털 튜터라는 직업이 내 적성에 잘 맞았다. 빠르게 변화하는 세상에서 큰 매력을 느꼈다. 김미경 강사님의 514 챌린지에 참여하면서 디지털 튜터, 그린 인플루언서, ESG(환경·사회·지배구조)라는 3가지 자격증을 꼭 따고 싶다는 목표가 생겼다. 나는 마치 벽돌을 하나씩 깨듯이 차근차근 이 자격증들을 취득해 나갔다.

나눔을 좋아하는 나는 배운 것을 누군가와 나누고 싶어 70세가 넘은 엄마에게 인스타그램 사용법과 인터넷 뱅킹을 가르쳐주었다. 처음에는 어려워하셨지만, 이제는 스스로 사진도 올리고 간단한 거래도 하시는 모습을 보며 큰 보람을 느끼고 있다.

코칭과의 만남

나는 그저 새로운 세상에서 배움을 즐기고 있었다. 다양한 강의를 통해 코칭이라는 분야를 알게 되었다. 상담은 익숙했지만 '코칭'과 '코치'라는 개념은 생소하게 느껴졌다. 운동선수를 지도하는 코치에 대한 이해는 있었기에, '누군가를 지도하는 건가?'라는 궁금증이 생겼다. 그래서 코칭을 더 깊이 이해하기 위해 상담을 신청하고 코치님과 전화로 만났다.

"코칭이 뭔지 궁금해서요."
"아, 코칭이 궁금하셨군요. 궁금해진 계기가 있으실까요?"
"네, 요즘 이것저것 배우고 있는데 무엇을 해야 할지 모르겠어요. 코칭이 내 안의 답을 찾아준다고 해서 궁금해졌습니다."

그 순간, 나는 이미 코칭을 받고 있었다. 코치님은 내 말을 경청하고 반영한 뒤 질문을 이어갔고, 40분간의 대화는 순식간에 지나갔다. 그 대화를 통해 '우리가 가진 모든 답은 우리 안에 있다.'라는 중요한 사실을 깨닫게 되었다.

내 고민이 자연스럽게 드러나면서 그동안 꺼내지 못했던 이야기들도 풀어놓을 수 있었다. 코칭이 끝난 후 가장 먼저 떠오른 생각은 '나도 코치님처럼 되고 싶다.'였다. 지금까지 느껴보지 못한 편안함 속에서 내 이야기를 온전히 들어주고 공감해 주는 코치님의 모습이 너무 닮고 싶었다. 그 재능을 배우고 싶다는 강한 욕구가 생겼다.

코칭은 자신이 원하는 것을 함께 발견하는 과정이며, 그 여정에 코치가 함께하는 것이다.

코칭 수업과 실습을 거치며 내 안의 고민과 걱정들이 하나씩 해결되었고, 에너지가 올라갔다. 동시에 코칭을 하면서 배움이 더욱 깊어졌다. 이 과정에서 '코칭이 내 인생의 무기가 될 것 같다.'라는 확신이 들었고 전문적인 코치가 되기로 다짐했다.

암 진단

그러던 어느 날, 코치 입문 과정의 자격증(KAC) 시험을 앞두고 유방암 진단을 받았다. 순간 머릿속이 하얘지고 아무런 생각도 들지 않았다.

"내가 어쩌다 암에 걸린 거지?"
"나 열심히 살았는데……."

허탈감이 밀려왔다. 내 몸은 아무런 통증도 없이 멀쩡했는데 암이라니…… 정기적으로 건강검진도 받고 있었으며 체력에도 자신이 있었고 가족력도 없었다. 그런데도 암 진단을 받아 당황스러웠다.
예상치 못한 소식에 모든 것이 무너져 내렸다. 열정도 희망도 자신감도 모두 사라지는 듯했다. "위대한 삶에는 위대한 시련들이 따른다."라는 말이 떠올랐다. 나는 죽음이 멀리 있는 것이라고 생각했지만, 순식간에 그것이 내 삶에 다가온 것만 같았다.

'얼마나 위대한 삶을 살게 하려고 지금 나에게 이런 시련을 주는 것일까?'

그 의문이 머릿속을 스쳐 지나갔고, 멀리만 보였던 죽음이 갑자기 눈앞에 닥친 듯한 절망감이 밀려왔다.

모든 것이 원망스러웠다. 내가 살아온 모든 순간이 허무하게 느껴졌고, 앞만 보며 달려온 내가 한심스럽게 여겨졌다. 암이라는 병을 스스로 받아들이지 못하는 가운데, 가족에게 알리는 것은 더욱 가혹했다. 이제 사춘기에 접어드는 연년생 아이들에게 암 소식을 전해야 한다는 생각이 너무나 죄스럽게 다가왔다. 마치 내가 죄를 짓는 것처럼 말하기조차 힘들었고, 그로 인해 민폐를 끼친 것 같다는 생각에 괴로웠다.

누군가가 나를 불쌍하게 여길까 두려웠고, 나는 괜찮은데 암이라는 다른 시선으로 나를 보는 것이 싫었다. 그런 시선들이 내 마음을 더 아프게 했고 그것이 암 투병의 여정에 더 큰 무게를 더한 것 같다.

그럼에도 불구하고 긍정적인 생각을 가지려 노력했다. 매일 가슴을 쓰다듬으면서 나 자신에게 조심스럽게 말했다.

"나는 점점 좋아지고 나아지고 있어"

"내 몸의 세포, 조직, 혈액 모두 감사해"

"암! 이 녀석아, 방 뺄 날이 얼마 남지 않았어. 그동안 잘 지내자."

수술을 앞두고 긍정적인 마음으로 희망을 키웠다. 수술에 대한 두려움 대신 자신감을 갖고, 치료 후 건강해질 미래를 기대하며 모든 상황에 감사했다. 이러한 긍정적인 마음가짐은 놀라운 결과를 가져왔다. 항암 치료 없이 방사선 치료만으로 암 치료를 진행할 수 있었다. 암 수술과 치료 과정은 쉽지 않았다. 재발과 전이 예방, 빠른 회복을 위해 몸과 마음을 다잡아야 했다. 체력이 떨어지면서 마음도 약해졌고, 가족들의 걱정과 관심이 오히려 큰 부담으로 느껴지기도 했다.

평소 연락이 뜸했던 엄마가 매일 전화를 걸어 안부를 물었다.

"몸은 어때?"

"응, 괜찮아."

"아무것도 하지 마. 애들 시켜."

걱정스러운 마음으로 전화한 엄마의 진심보다 '애들 시켜.'라는 말이 더 불편하게 느껴졌다. 엄마는 수술 날 병원에도 오지 않았고, 퇴원 후에도 한 번도 찾아오지 않았다. 미안한 마음을 서툴게 표현하는 모습에 더욱 서운함이 느껴졌다. 어린 시절부터 내가 참여했던 여러 행사에 부재중이었던 엄마는 이번에도 여전히 내 곁을 지켜주지 않았다.

암 진단은 단순히 신체적 고통을 넘어, 오랫동안 억눌려 있던 서러운 감정을 폭발시키는 계기가 되었다. 암을 제거하는 수술과 함께 내 감정도 함께 터져 나왔다. 수술 후에도 감정적인 고통은 쉽게 사라지지 않았다. 암을 경험하면서 몸의 고통보다 마음의 아픔이 더 크게 느껴지는 순간들이 많았다. 일상 속 작은 일에도 예전과는 다르게 서운함과 속상함이 점점 크게 느껴졌다.

그러던 어느 날, 코칭 수업을 듣던 중 코치님이 '최근 가장 많이 화가 났던 일을 적어보세요.'라고 하셨다. 나는 엄마와 있었던 속상한 일을 떠올리며, 그 감정을 들여다보기 시작했다.

엄마에게 느끼는 서운함은 나에게 큰 감정적 영향을 미쳤다. 그 상황을 돌아보며 내 마음속의 복잡한 감정들을 정리해 보았다. 속상함, 불안, 그리고 때로는 혼란스러운 마음이 교차했다. 내 감정을 깊이 들여다보니 '엄마에게 사랑받고 싶다.'라는 내 어린 마음을 발견하게 되었다.

이제 나는 엄마라는 대상자가 아닌, 나 스스로 내 안에 있는 어린 마음을 사랑하고 보듬어주기로 마음먹었다. 그래서 매일 나를 사랑하고 아끼는 방법을 찾기 시작했다. 거울을 보며 "나는 나를 사랑해."라고 소리 내어 말하고, 양팔을 교차해 나를 꼭 안아주었다.

그와 동시에 불쑥 찾아오는 서운하고 화나는 감정들이 어디서부터 시작되는지 탐구하기 위해 셀프코칭을 하게 되었다. 나는 나 자신에게 조심스레 질문을 건넸다.

'지금 내가 느끼는 감정은 무엇이지?'
'화가 나는 이유가 뭘까?'

이런 질문들을 통해 나는 내 감정의 뿌리를 찾으려 노력했다. 예를 들어, 특정한 상황에서 느꼈던 서운함이 실제로는 나의 기대와 현실 간의 차이에서 비롯된 것임을 깨달았다. 이 과정에서 어떤 경험들이 나에게 상처를 주었는지 떠올리며, 그때의 감정을 다시 마주하게 되었다. 감정에 이름까지 붙여 보았다. 내가 엄마에게 서운했던 때의 감정 이름은 "실망"이었다. 내가 느낀 실망감은 단순히 엄마의 행동 때문만이 아니라, 내가 원하는 사랑과 관심이 충족되지 않았기 때문이라는 것을 알게 되었다.

이러한 통찰은 인생 2막을 시작하며 코칭 과정을 배우고 내 안의 답을 찾으려는 여정에서 큰 힘이 되었다. 암이라는 시련 속에서도 나는 다시 일어설 수 있었다. 그 시간들은 내 안에 숨겨져 있던 사랑과 자신감을 하나씩 꺼내게 해주었다. 그 경험은 결국, 누군가에게 희망이 될 수 있다는 사실을 나에게 가르쳐주었다.

앞으로 이 길을 계속 걸으며 몸과 마음이 아픈 이들에게 희망과 용기를 주는 코치가 되고 싶다. 내 경험과 배움을 바탕으로 강사로서 더 다양한 지식과 통찰력을 쌓아가며, 이제 사람들과 직접 소통하고 그들이 자기 내면에서 답을 찾도록 돕고 싶다.

나는 앞으로도 계속해서 코칭의 실력을 끊임없이 키워나가고, 독서와 글쓰기를 통해 지혜를 쌓으며, 다양한 사람들의 이야기를 경청하겠다. 이를 통해 더 많은 사람에게 긍정적인 영향을 미치는 강사가 되겠다는 목표를 위해 최선을 다할 것이다. 이 여정을 통해 나는 더 깊은 이해와 사랑으로 가득 찬 코치이자 강사가 되어, 많은 이들에게 진정한 희망과 변화를 전하고 싶다.

- 디지털튜터 : 디지털 소외계층의 디지털 문맹 탈출을 위해 일생 생활에 필요한 스마트폰, 태블릿 PC등 모바일 기기 활용법을 안내하는 새로운 직업(MKYU)
- 그린인플루언서 : 급격한 기후 변화에 대한 정보와 지식을 바탕으로 기후환경변화의 위험, 생활 속 대처 방법을 교육하고, 환경보호 캠페인을 기획 및 운영하여 일상생활 속에서 실천할 수 있는 기후환경보호 예방법을 SNS 등에 알리는 역할 (MKYU)
- ESG인플루언서 : 기업과 정부의 ESG 활동의 가치를 찾아내 온라인 콘텐츠를 제작 공유하고 SNS를 통해 사회 전반의 가치와 지속가능성을 향상하는 역할을 수행하는 사람(MKYU)

04_사람을 변화시키는 세 가지 힘 : 믿음, 성장, 사랑

"당신이 인생에서 중요하게 생각하는 가치는 무엇인가요?"

이 질문을 듣는 순간, 머릿속이 하얘졌다. 나는 한 번도 내 삶의 가치를 깊이 고민해 본 적이 없었다. 40년을 살아오면서 주어진 대로 살아왔다는 생각에 순간 멈춰 섰다. '내 가치?'라는 물음이 머릿속을 맴돌았다. 나는 그 답을 애타게 찾고 있었다.

코칭은 나를 돌아보게 했다.
나는 어떤 사람인가?
나는 무엇을 좋아하는가?
내가 원하는 것은 무엇인가?

마치 숨바꼭질하듯 내 내면을 살펴보며 찾은 가치는 믿음, 성장, 사랑이었다.

첫째, 믿음 - 가능성을 믿고 도전하도록 돕는 것

코칭에서 믿음은 고객이 자신의 무한한 가능성을 발견하고 자기 자신을 신뢰하며 성장할 수 있도록 돕는 과정이다.

많은 사람이 도전을 앞두고 '나는 할 수 있을까?'라는 두려움을 가진다. 이때 필요한 것은 확신 어린 응원과 지지이며, 코치는 고객이 자신을 신뢰할 수 있도록 용기를 북돋아 주는 역할을 한다.

책을 좋아하던 한 고객이 유료 독서 모임을 운영하고 싶어 했다. 그녀는 무료로 독서 모임을 진행해 왔지만, 유료로 전환하는 것을 두려워했다.

"아무도 신청하지 않으면 어떡하죠?"

그녀는 불안한 마음으로 물었다.

게다가, 본인조차도 유료 독서 모임에 참가해 본 경험이 없어 더욱 자신감이 없었다. 하지만 그녀는 충분한 실력을 갖추고 있었고, 독서 모임에 대한 진심도 누구보다 강했다. 주변 사람들은 그녀가 유료로 운영해도 될 만큼 훌륭하다고 생각했지만, 정작 본인은 자신을 믿지 못하고 있었다.

여러 차례 코칭을 진행하며 그녀는 자신을 믿고 원하는 모습을 구체적으로 그려보기 시작했다. 스스로 대안을 찾으며 한 걸음씩 차근차근 나아간 결과, 유료 독서 모임을 시작할 수 있었다.

버지니아 새터는 "우리가 할 수 있다고 믿는 만큼 우리의 가능성도 커진다."라고 말했다. 이 말처럼, 그녀가 자신을 믿기 시작하면서 점차 변화를 받아들이게 되었고 불안보다 가능성에 집중하게 되었다.

그녀는 자신의 역량을 믿고 새로운 도전에 나섰고, 그 용기 있는 선택은 유료 독서 모임을 성공적으로 이끄는 발판이 되었다.

자신을 믿는 순간, 변화는 시작된다. 나는 사람들이 자신의 가능성을 신뢰하고 한 걸음씩 나아갈 수 있도록 돕는 코치가 되고 싶다. 믿음이 변화의 시작이기 때문이다.

둘째, 성장 - 스스로 답을 찾고 성장할 수 있도록 돕는 것
코칭의 철학은 '사람은 스스로 답을 가지고 있다.'라는 믿음에 기반한다. 내면의 잠재력을 끌어내어 자신이 해결책을 찾도록 돕는 것이 코칭의 핵심이다.

대부분의 사람은 조금 더 나은 삶을 원한다. 어제보다 나은 내일을 꿈꾸지만, 많은 경우 생각에만 머물러 실천하지 못한다. 작은 습관을 변화시키는 것이 성장의 시작이며, 이를 통해 점차 더 나은 삶을 만들어갈 수 있다.

하루를 무의미하게 보낸다고 느끼던 한 고객이 있었다. 그녀는 "시간이 그냥 흘러가고, 나를 위해 의미 있는 시간을 보내지 못하는 것 같아요"라며 고민을 털어놓았다. 자신에게 유익한 시간을 보내고 싶었지만, 막상 무엇을 해야 할지 몰랐고, 어떻게 시작해야 할지도 막막해 했다.

코칭을 통해 그녀는 자신이 진정으로 원하는 것이 무엇인지 찾아가기 시작했다. 여러 대화를 거치며, 그녀는 책을 읽거나, 일기를 쓰거

나, 짧은 운동을 하는 것이 의미 있는 시간이 될 수 있다는 점을 깨달았다.

그녀는 작은 실천부터 시작하기로 했다. 하루 10분이라도 자신을 위한 시간을 확보하기로 정하고, 매일 자기 전 10분 동안 책을 읽거나, 하루를 돌아보는 시간을 갖기로 했다. 처음에는 쉽지 않았지만, 꾸준히 실천하며 하루하루를 더 의미 있게 보내고 있다는 성취감을 느끼기 시작했다.

작은 변화가 모이면 큰 성장을 만든다. 나는 사람들이 스스로 답을 찾고, 한 걸음씩 나아가며 성장할 수 있도록 돕는 강사가 되고 싶다.

셋째, 사랑 – 진정한 관심과 공감으로 함께 하는 것

코칭은 사람과 사람 사이에서 이루어지는 과정이며, 그 중심에는 '사랑'이 있다. 코칭에서 진정한 관심과 공감은 필수적이며, 이를 통해 코치는 단순한 조언자가 아닌 고객과 함께 성장하는 파트너가 된다.

우리는 각자 고민과 아픔을 안고 살아간다. 때로는 누군가가 진심으로 이야기를 들어주는 것만으로도 큰 위로가 될 수 있다.

사랑이 있는 코칭은 단순한 문제 해결을 넘어, 고객이 스스로를 소중히 여기고 더 나은 방향으로 나아갈 수 있도록 돕는 과정이다.

자존감이 낮다고 느끼는 고객이 있었다.

"나는 항상 부족해요. 아무리 노력해도 만족스러운 결과가 나오지 않아요."

그는 자신의 노력보다 결과에 집중하며 자신을 자책하고 있었다.

코칭 과정에서 나는 그의 말을 온전히 들어주고, 그의 감정을 충분히 공감해 주었다. 그리고 그가 자신에게 전하는 말을 돌아볼 수 있도록 도왔다.

"같은 고민을 하는 친구에게 뭐라고 말해 주고 싶나요?"

그는 잠시 생각에 잠기더니 떨리는 목소리로 말했다.

"괜찮아, 충분히 잘하고 있어."

그 말을 입 밖에 내는 순간, 그의 눈에는 눈물이 고였고, 곧이어 참아왔던 감정이 터져 나왔다. 사랑이 담긴 한마디는 그가 자신을 따뜻하게 바라볼 수 있는 계기가 된다. 코칭에서 사랑은 고객이 자신의 가치를 발견하고 자신을 소중히 여길 수 있도록 돕는 힘이 된다.

믿음, 성장, 사랑은 내가 코칭을 통해 배운 중요한 가치들이다. 세 가지 가치는 강사로서 나의 역할에 그대로 녹아있다. 강사는 단순히 지식을 전달하는 사람이 아니라, 학습자가 자신의 가능성을 믿고 도전하며 성장할 수 있도록 돕는 사람이어야 한다.

강사의 임무란 학습자의 잠재력을 발견하고, 새로운 도전의 길을 두려움 없이 걸어갈 수 있도록 든든한 지원을 하는 것이다.

코칭을 통해 배운 '믿음', '성장', '사랑'을 강의와 교육에 반영하여, 학습자들이 자신의 가치를 인정하고 더 나은 미래를 향해 나아갈 수 있도록 돕는 것이 나의 사명이다.

나는 일상 속 변화를 돕는 존재가 되고 싶다. 코칭과 강의의 만남이 학습자들에게 더 깊은 변화를 끌어낼 수 있기를 바라며, 그 변화의 여정에 함께 할 준비가 되어 있다.

05_작은 변화가 만든 기적

지인의 추천으로 우울증을 겪고 있는 고객을 만나게 되었다. 그는 오랫동안 우울감을 느껴왔고, 병원에 다닌 경험도 있었다. 하지만 여전히 답답함 속에서 벗어나지 못했다. 그래서 그는 코칭을 통해 행동 변화를 이루고 싶다고 했다.

첫 코칭 날, 우리는 전화로 처음 인사를 나누었다. 편안한 분위기 속에서 대화를 시작했다.

"안녕하세요, 고객님. 만나서 반갑습니다."
"안녕하세요. 저는 우울증이 있어요."
"네, 전해 들었어요."
"코칭을 통해 저를 바꿔보고 싶어서 신청했어요. 그런데 쉽지 않아요. 전화벨 소리를 듣고 겨우 일어났어요."

그의 말에서 힘겨움이 묻어났다. 전화벨 소리를 듣고 겨우 몸을 일으켰다는 것은, 단순한 행동이 아니라 그에게는 큰 노력이 필요한 일이었을 것이다.

"벨 소리를 듣고 일어나셨다니 감사하네요. 저와의 시간 약속을 지키셨네요."

"약속했으니까 일어나야죠."

그의 대답에서는 예상치 못한 책임감과 성실함이 느껴졌다.

나는 그에게서 희망을 보았다. 그리고 자연스럽게 궁금해졌다.

'이분은 어떤 분일까?'

나는 그가 지닌 내면의 힘과 가능성이 궁금했다. 이 작은 변화가 더 큰 변화를 만들어낼 것이라는 확신이 들었다.

코칭 대화는 예상보다 길어졌다. 그는 오랜 시간 마음속에 담아두었던 이야기들을 하나둘 꺼내놓았다. 그러다 문득 말이 길어진 것이 신경 쓰였는지 조심스럽게 말했다.

"제가 너무 오래 이야기한 것 같아요. 죄송해요."

그의 목소리에는 미안함과 안도감이 동시에 묻어 있었다. 이미 그는 스스로 답을 찾아가고 있었다. 대화를 마치기 전, 그는 망설이다가 조심스레 말을 꺼냈다.

"밖에 나가는 건 두렵지만, 집안에서 운동은 할 수 있을 것 같아요."

그 순간 그의 목소리에는 이전과 다른 작은 확신이 서려 있었다. 온전히 경청 받고 인정받는 과정에서 그는 스스로 답을 찾아내고 있었다.

나는 부드럽게 물었다.

"집안에서 어떤 방법으로 운동하시겠어요?"

그는 잠시 고민하더니 마치 자신에게 약속이라도 하듯 답했다.

"전에 사둔 운동 기구가 있어요. 먼지만 쌓여 있었는데…… 그걸 꺼내서 해볼게요."

나는 고개를 끄덕이며 물었다.

"좋아요! 운동 후 제가 어떻게 알 수 있을까요?"

그는 살짝 웃으며 말했다.

"코치님께 운동 후 카톡 보내도 될까요?"

"그러면 바로 알 수 있겠네요."

첫 코칭 대화에서 무기력하던 그는 '운동을 하겠다.'라는 행동 의지를 보였다. 그것은 단순한 약속이 아닌 그가 스스로 선택한 변화의 시작이었다.

변화의 순간들

코칭이 계속되면서 그는 조금씩, 그러나 확실하게 변해갔다. 식욕이 없어 종일 거의 먹지 않던 그는, "아침은 아직 힘들지만, 두 끼 정도는 먹고 있어요."라고 말했다.

집 밖을 두려워하던 그는 짧은 시간이나마 산책을 나서기도 했다. 웅크리고 지내던 어느 날, 뜻밖의 이야기를 꺼냈다.

"직장을 한번 찾아볼까 해요."

말뿐만 아니라 실제로 아버지의 일을 도우며 한 걸음 더 나아갔다.

그가 자신의 목표를 향해 한 걸음씩 나아가는 모습을 보며 나는 속으로 생각했다.

'정말 대단한 분이다!'

그의 변화는 코치와의 약속 때문이 아니라 스스로와의 약속이었다. 자신을 다시 믿고 회복하는 과정이었다.

노자는 "위대한 여정은 단 한 걸음에서 시작된다."라고 했다. 나는 그의 첫걸음이 언젠가 더 큰 변화로 이어질 것을 믿는다. 이번 경험에서 얻은 중요한 교훈은, 큰 변화를 위한 첫걸음이 바로 작은 변화라는 점이다. 처음에는 사소해 보여도 결국 삶에 큰 변화를 가져온다.

얼마 전 그와 통화를 하게 되었다. 그는 밝고 쾌활한 목소리로, "코치님께 전화 드리고 싶었어요."라고 말했다. 새롭게 일을 시작하면서 바빠서 연락을 못 하고 있었다며 자신의 근황을 전해 주었다.

그가 전한 소식은 정말 놀라웠다. 그는 우울증 약도 끊고, 새롭게 일을 시작했다는 이야기를 해 주었다. 코칭 대화 이후 많은 변화가 있었고, 이제는 새로운 삶을 살고 있다고 전했다. 그 과정에서 코칭 대화가 많이 생각났다고 하며, 가끔 녹음해 두었던 코칭 대화를 다시 들으면서 의지를 다졌다고 덧붙였다.

그가 이어서 이렇게 말했다.

"코치님께 내 얘기를 할 수 있어서 좋았어요. 내 얘기를 그렇게 들어주는 사람이 없었거든요."

그는 처음에는 자신의 이야기를 하고 싶어 하는지조차 인지하지 못했지만, 이후에 그 사실을 깨달은 것 같다. 자신이 그동안 담아두었던 이야기를 꺼내면서 스스로에 대한 변화가 시작된 듯하다.

나는 강사로서 사람들에게 이러한 첫걸음을 내딛도록 돕길 원한다. 변화는 거창하지 않으며 작은 한 걸음부터 시작된다는 메시지를 전달하고 싶다. 내 목표는 사람들에게 "작은 변화가 큰 변화를 만든다"라는 신념을 전하고, 그들이 자신만의 변화를 만들어갈 수 있도록 돕는 것이다.

06_두려움을 넘어 성장하는 코칭의 여정

코칭에는 만족이 없다. 늘 부족함을 느끼고, 더 나은 코칭을 하고자 하는 욕심이 생긴다. 내가 건네는 질문에 따라 고객의 내적 여행지가 달라지기 때문이다.

코칭 질문이 더 깊어질수록 고객의 생각이 전환되고, 깊은 알아차림이 일어난다. 코칭을 하면 할수록 더 나은 코칭을 위해 끊임없이 탐구하게 된다.

나는 진정한 코치로 성장하고자, '코칭다움'을 실천하며 끊임없이 자신을 돌아본다.

코칭다움이란 고객과의 관계 구축, 적극적 경청, 그리고 의식 확장을 통해 고객의 성장을 지원하는 것이다.

코칭 대화가 끝나면 '내가 이런 질문을 했더라면' 하는 아쉬움이 생긴다. 그 아쉬움을 곱씹어 보기도 하며 더 좋은 질문을 고민하게 된다. 그 과정에서 코칭의 깊이가 더해지고, 다음 대화에서는 더 나은 질문을 던지려는 노력이 이어진다.

코칭 중 슬럼프가 찾아오기도 한다. 스스로 만족스럽지 않은 대화를 느낄 때면 부족함에 대한 갈증이 커진다. KPC(Korea Professional Coach) 자격 준비를 하면서 슬럼프를 겪었다. 실력이 기대만큼 늘지 않는 것 같아 답답했고, 내 코칭이 제대로 된 방향으로 가고 있는지 회의감도 들었다.

실습과 피드백 속에서 부족한 점들이 더욱 부각되었고, 부담감 때문에 머릿속에 있는 질문조차 입 밖으로 나오지 않았다.

한 번은 고객과의 대화 중 질문을 하지 못하고 멈춰버렸다. 그 순간 "죄송해요, 죄송해요."라는 말만 되풀이하며 큰 압박감을 느꼈다. 이러한 경험은 나에게 코칭 질문을 잘해야 한다는 부담감을 더욱 키웠고, 코칭의 순간이 힘들게만 느껴졌다.

'과연 내가 자격증을 딸 수 있을까?'라는 심적 부담은 코칭을 하지 않는 지경까지 이르렀다. 매일 코칭을 하며 체화해도 모자라는 실력인데, 코칭을 멈춘 것이다.

코칭을 멈추니 압박감만 커졌다. 대신 내 자신과 셀프코칭이 시작되었다. 나는 자신에게 다양한 질문을 던지기 시작했다.

셀프코칭의 시작

'왜 나는 코칭을 멈추었는가?'
'나는 무엇을 이루고 싶은가?'

'왜 내가 이 일을 하고 싶은가?'

그 과정에서 깨달았다. 나는 단순히 완벽한 결과를 원했던 것이 아니라, 진정성 있는 대화를 통해 사람들의 변화를 돕고 싶었다.

그 순간 다시 마음먹고 1일 한 번의 코칭을 실천하는 목표를 세웠다. 잘하려는 마음보다는 매일 습관처럼 코칭을 해서 체화하고 배우겠다는 태도로 접근했다.

처음에는 두려움이 남아 있었지만, 시간이 지나면서 부담보다는 배움으로 가득 차게 되었다. 고객들의 작은 변화와 깨달음을 마주할 때마다 계속해서 진행하길 잘했다는 생각이 들었다.

중요한 것은 완벽한 질문보다 진정성 있는 태도라는 걸 깨닫게 되면서 하루하루 쌓인 경험들이 나를 다시 성장시키고 있었다.

두려움을 극복하며 얻은 자신감

멈췄다고 느낀 순간에도 나는 계속해서 내 안에서 셀프코칭을 이어갔다. 두려움과 불안을 극복하며 자기 이해를 깊게 해나갔고, 끊임없이 나에게 질문을 던졌다. 그 답을 찾아가는 과정을 통해 점차 두려움을 이겨내고 자신감을 얻었다.

마침내 다시 시작된 코칭을 통해 진정한 의미와 중요성을 깨달았다. 완벽하지 않아도 괜찮으며, 중요한 것은 '사람들을 돕겠다는 진심이다.'라는 것을.

윈스턴 처칠의 말처럼 "성공은 결코 최종 목표가 아니다."라는 사실을 깨닫게 되었다. 나는 이 과정을 통해 완벽한 결과보다는 지속적인 성장과 배움이 중요하다는 것을 이해하게 되었고, 이를 통해 다시금 용기를 얻어 앞으로 나아갈 수 있었다.

앞으로 강사로서 이 경험들은 큰 도움이 될 것이다. 각기 다른 배경과 필요를 가진 사람들에게 내가 배운 기술들을 활용해 스스로 답을 찾도록 돕겠다. 내가 내면의 두려움을 극복한 경험은 강사로서 사람들과 더 의미 있고 깊은 관계를 형성하는 데 도움이 될 것이다. 나는 이제 '배운다'는 마음가짐으로 계속 성장해 나가며, 사람들에게 더 나은 방향으로 나아갈 수 있도록 돕기 위해 준비하고 있다.

07_전문 코칭 강사를 꿈꾸며

"좋은 코치가 되기 위해선 무엇이 필요할까?" 나는 그 해답을 찾기 위해 코칭을 제대로 배우는 길을 택했다. 한국에서는 (사)한국코치협회(KCA)와 국제코치연맹(International Coaching Federation)이 대표적인 교육기관으로, 여러 가지 방법으로 코칭 자격증을 취득할 수 있다.

이 두 기관은 각기 다른 교육 프로그램과 인증 과정을 제공하여 예비 코치들이 자신의 역량을 키우고 전문성을 갖출 수 있도록 돕는다.

한국코치협회의 자격과정

나는 (사)한국코치협회에서 자격 과정을 공부하기로 결정했다. 한국코치협회의 코치 자격은 KAC(Associate), KPC(Professional), KSC(Supervisor)의 3단계로 나뉘며, 단계마다 필요한 교육과 실습 시간을 이수한 후 시험을 통해 인증받는다.

KAC 단계에서는 기본적인 코칭 기술과 프로세스를 익히는 것이 주된 목표다. 기초교육 20시간과 실습 50시간 이상 이수한 후 서류 접수, 필기시험, 실기시험의 세 단계를 거쳐 KAC(Korea Associate Coaching) 자격증을 취득한다.(자격 조건은 상황에 따라 변경될 수 있으니, 반드시 협회에서 확인하기 바란다.)

이를 통해 나는 처음으로 고객과의 대화에서 자신감을 얻었고, 기본적인 질문 기법도 익힐 수 있었다.

KPC 단계에서는 보다 심화한 내용과 다양한 기법을 배워 고객의 니즈에 맞춘 맞춤형 전략을 개발하는 데 집중한다. 이 과정에서는 60시간의 심화 교육 및 200시간 이상의 실습이 요구되며, 서류접수와 시험 과정을 거쳐 KPC(Korea Professional Coaching) 자격증을 취득하게 된다. (자격 조건은 상황에 따라 변경될 수 있으니, 반드시 협회에서 확인하기 바란다.)

특히 이 과정에서 다양한 사례 연구와 실제 상황에서의 대처 능력을 키우며, 고객이 원하는 목표를 달성할 수 있도록 돕는 기술을 익혔다.

KSC 단계에서는 후배 코치를 양성하고 멘토링 역할을 수행할 수 있는 역량이 요구된다. 이 과정은 150시간의 교육 시간 800시간(유료 500시간 필수)의 실습 시간이 요구된다. (자격 조건은 상황에 따라 변경될 수 있으니, 반드시 협회에서 확인하기 바란다.) KSC는 리더십 및 교육 방법론에 대한 학습도 병행하여 단순히 개인의 성장을 넘어 다른 사람들의 성장에도 기여할 수 있는 전문가가 되는 것을 목표로 한다.

나는 KSC를 따기 위해 교육 과정을 신청했으며, 유료 코칭을 확대하기 위해 노력하고 있다. 또한 코칭과 상담 관련 책을 읽으면서 지식을 쌓고 있다. 이러한 노력을 통해 더 나은 코치가 되고자 지속해서 성장해 나가고 있다.

코칭의 핵심 요소

코칭에 있어 중요한 세 가지 요소는 코치다움, 공감 그리고 자기 성찰이다. 모든 과정에서 가장 핵심적인 것은 '코치다움'이다. 이는 고객과의 신뢰 관계를 구축하는 데 필수적이며 경청, 공감 능력, 문제 해결 능력 및 자기 성찰이 포함된다. 경청은 고객의 이야기를 진정으로 이해하고 그들의 감정을 존중하며 그들이 표현하는 것 이상의 의미를 파악하려는 노력이 필요하다. 이러한 태도는 고객이 편안하게 자신의 생각과 감정을 나누도록 도와주며, 깊이 있는 대화를 끌어낼 수 있게 한다.

공감 능력은 매우 중요하다. 고객이 자신의 문제를 깊이 탐구하도록 도와주고 변화를 원하도록 하는 데 큰 역할을 한다. 문제 해결 능력은 다양한 관점에서 문제를 분석하고 창의적인 질문들을 통해 고객 스스로가 답안을 찾도록 유도하는 것이다.

마지막으로 자기 성찰은 자신의 강점과 약점을 인식하고, 끊임없이 성장하려는 노력을 의미한다. 나는 이러한 태도를 기르기 위해 독서, 명상, 글쓰기를 꾸준히 실천하고 있다.

독서를 통해 새로운 관점과 사례를 배우며 사고의 폭을 넓히고, 명상으로는 마음의 소음을 잠재우며 집중력을 높인다. 글쓰기는 내 감정과 생각을 정리하고 스스로를 돌아보는 데 큰 도움이 된다.

자기 인식과 성장

아리스토텔레스가 말했듯 "자기 자신을 아는 것이 모든 지혜의 시작이다." 이러한 노력 덕분에 나는 더 깊이 있는 지원을 제공할 수 있게 되고, 나 자신도 계속 성장할 기회를 얻고 있다.

나의 최종 목표인 KSC(Supervisor) 자격증 취득 이후에는 후배들에게 효과적인 코칭 기법뿐만 아니라 자기 성찰이라는 중요한 가치를 전파함으로써 그들이 자기 잠재력을 최대한 발휘하도록 돕고 싶다.

결국 코칭은 단순히 기술이나 지식을 전달하는 것이 아니라 사람들의 삶에 긍정적인 변화를 가져오는 과정이다. 예비 강사로서 나는 이러한 과정을 통해 더 많은 사람이 자신의 가능성을 발견하고 활용하도록 도울 것이다.

앞으로도 배움을 멈추지 않고, 내 경험을 나누며 사람들의 성장을 이끄는 코치이자 강사로 나아가겠다.

08_한국 코칭의 세계화

코칭의 대중화

나는 코칭을 통해 사람들의 삶에 긍정적인 변화를 돕고 싶다. 이를 위해 첫 번째 목표는 한국에서 코칭의 대중화를 이루는 것이다. 가까운 지인이나 가족에게 코칭에 관해 이야기할 때, 그들이 "코칭이 뭐야?"라는 질문을 많이 한다. 나는 최대한 쉽게 설명하려 하지만, 여전히 낯설게 느끼곤 한다.

코칭이란 무엇인지, 그리고 왜 중요한지를 알리는 것이 나의 첫 번째 과제라고 생각한다. 많은 사람이 상담과 코칭의 차이를 이해하지 못하고 있으며, '코치'라는 개념이 운동선수나 전문 분야에서만 사용된다고 오해하는 경우가 많다. 이러한 인식 차이를 극복하기 위해 나는 더 많은 사람에게 코칭의 중요성과 가치를 알리고 싶다.

상담은 이미 대중화되어 굳이 설명할 필요가 없지만, 코치는 일반적인 삶에서 목표 설정이나 개인 발전을 돕는 역할로 상대적으로 덜 알려져 있다. 나는 개인들이 작은 목표를 세우고 이를 실천하면 자신감을 얻고 삶의 질이 향상될 것이라고 믿는다.

전문적인 코치는 목표 설정과 실행 과정을 지원하며 개인들이 자기 잠재력을 최대한 발휘하도록 돕는다.

특히 라이프 코칭은 매우 중요한 역할을 한다. 라이프 코칭은 개인이 자신의 생각과 바람을 명확히 하고, 이를 실현하기 위한 구체적인 방안과 계획을 세우도록 돕는다. 이 과정에서 고객은 스스로 자신에 대해 깊이 이해하고, 원하는 변화를 이루기 위한 행동 대안을 찾아가게 된다.

예를 들어, 직장에서 스트레스를 관리하거나 인간관계를 개선하고자 하는 고객이 스스로 해결책을 찾도록 도와주는 것이 코칭의 핵심이다.

나는 한국 사회 전반에 걸쳐 코칭이라는 개념이 널리 퍼질 수 있도록 노력할 것이며, 더 많은 사람이 자신의 가능성을 발견하고 발전할 수 있기를 바란다.

일본 기업에서는 일부 회사가 전문 코치를 고용하여 직원들의 개인적 발전과 팀워크를 강화하고 있다. 한국에서도 점점 더 많은 기업이 이러한 접근 방식을 활용하고 있으며, 특히 큰 회사나 중견기업에서는 리더십 개발 및 직원 성장과 팀워크 향상을 위해 전문 코치를 고용하는 사례가 증가하고 있다.

"혼자서는 갈 수 있지만 함께라면 더 멀리 갈 수 있다"처럼, 코치는 개인의 발전뿐만 아니라 전체 팀과 조직 성과를 높이는 데 큰 도움이 된다. 교육 분야에서도 학생들은 목표 설정 및 달성을 통해 동기를 부여받는다.

라이프 코칭 역시 중요한 역할을 한다. 이는 개인이 자신의 목표와 가치관을 명확히 하고 실현하기 위한 계획을 세우도록 지원한다.

앞으로도 나는 한국 곳곳에서 코칭의 중요성을 알리고 대중화하는 데 지속적으로 힘쓸 것이다. 사람들이 자기 잠재력을 발견하고, 성장할 수 있는 기회를 갖도록 돕는 것이 내가 걷고자 하는 길이다.

한국 코칭의 세계화

두 번째 목표는 한국 코칭의 세계화이다. 다양한 문화 속에서 사람들에게 도움을 주고 싶으며, 다른 나라의 새로운 또는 경험 있는 코치들에게 한국 코칭 기술과 기법을 소개하고 공유하길 원한다. 이를 통해 서로 다른 문화 간 교류가 이루어지고 전 세계적으로 더 많은 사람이 한국 코칭을 받을 수 있기를 희망한다.

특히, 나는 국제적인 워크숍이나 세미나를 통해 한국 코칭의 이론과 실습을 널리 알리고자 하는 꿈을 가지고 있다. 이러한 활동은 각국의 코치들이 서로의 경험과 지식을 나누며 함께 성장할 기회를 제공할 것이다. 하지만, 나는 아직 배우고 성장하는 과정에 있으며, 세계화를 향한 꿈을 이루기 위해 꾸준히 준비하고 있다.

실제로 1년 넘게 매일 영어 공부를 하며 한국 코칭을 체화하고 실력을 키우는 데 집중하고 있다.

앞으로는 국제 워크숍과 세미나에 참석해 각국 코치들과 경험을 나누고, 교육 프로그램 개발과 온라인 플랫폼 구축에도 참여하고 싶다.

이러한 목표를 향해 한 걸음씩 나아가며, 지금 할 수 있는 일에 최선을 다할 것이다.

긍정적인 영향력

내 모든 활동은 한국 코칭이 국제적으로 인정받는 데 기여하고, 다양한 문화권에 긍정적인 영향을 미치는 데 목적이 있다.

앞으로도 지속적인 노력으로 더 많은 사람들이 자신의 잠재력을 발견하고 성장의 기회를 누릴 수 있도록 돕는 강사가 되겠다.

이를 통해 각자가 한국 코칭을 직접 경험하며, 삶의 의미 있는 변화를 만들어갈 수 있도록 최선을 다할 것이다.

좋아하는 일을 하고,
하는 일을 좋아할 때 우리 존재는 빛이 난다는 것.
포기하지 않는 꾸준한 노력은 반드시 결실을 맺는다는 것.

조나민

글로벌 치유 강사테이너를 꿈꾸는 배우이자 강사. 글쓰기, 부모 교육, 푸드테라피, 생명존중, 기후 위기, 외국어, 에어로빅 강사
전) 아시아나항공 사내 강사

조나민 작가 소개

01_외교관을 꿈꾸던 아이, 피겨스케이트 강사가 되다

나는 교육열이 강한 집안의 네 자매 중 막내로 태어났다. 부모님께서는 6.25 전쟁을 치른 시절이었지만 어려운 환경 속에서도 명문대를 졸업하셨다. 공부에 대한 열정이 많은 만큼 자녀들에 대한 기대도 각별했다.

"언니는 밖에 나가면 항상 예쁘고 똑똑하다고 칭찬 듣지."라고 부모님이 언니들을 칭찬하시면, 나는 언니들이 부러웠다. '나도 인정받고 싶어!' 하는 생각이 강해졌다. 훌륭한 사람이 되고 싶었다. 나에게 훌륭한 사람이란 부모님의 기대에 부합하는, 공부를 잘하는 사람이었다.

초등학교 3학년 시절 적성검사에서 법정계열에 적합하다는 결과를 받고 막연히 변호사를 희망했다. 중학교 3학년 때에는 중국어를 시작하면서 엄마의 어릴 적 꿈이었던 외교관이 되기를 꿈꾸었다. 중국어 특기로 대학에 들어가면서 고시 공부보다는 외국어 공부가 좋아 통역사가 되고 싶기도 했다. 사람들을 만나고, 말을 하며 소통하는 직업이 나에게는 필요하다고 생각했다.

그러나 나에게 처음으로 월급을 준 직업은 뜻밖에도 피겨스케이팅

강사였다. 20대부터 스케이팅을 즐기셨던 어머니 덕분에, 나는 초등학교 2학년 겨울 방학 때 피겨스케이팅을 시작했다.

내 고향 대전에는 실내 스케이트장이 없던 시절, 겨울마다 가던 보문산 야외 링크는 내 꿈을 키워준 아주 소중한 공간이었다. 태어나서 처음 정식으로 강습을 받은 곳이기도 했다.

강습을 받은 이후 세 언니와 함께 버스를 타고 보문산 스케이트장에 가는 것은 매 겨울 손꼽아 기다리는 이벤트가 되었다. 스케이트화를 꺼내 끈을 묶을 때가 되면 설렘에 작은 가슴이 쿵쾅거리고 손이 떨렸다. 빨리 신발을 신고 한껏 내 기량을 펼치고 싶은 마음이 들었다. 인정욕구가 강했던 나는 대중적이지 않은 피겨스케이팅을 잘한다는 것에 커다란 자부심을 느꼈다.

중학교 3학년 때 동네에 실내 스케이트장이 생겼고 그곳에서 다시 강습을 받기 시작했다. 계절에 관계없이 스케이트를 타며 본격적으로 기술을 배웠다. 열심히 연습해 보니 소질도 있는 것 같아 선수를 하고 싶은 생각도 들었다. 아버지와 상의했다.

"아빠, 피겨스케이팅 선수를 하면 어떨까?"
"운동은 1등이 되지 않으면 힘들어."

고등학교 1학년 때 야구를 하다가 그만두신 아버지께서는 만류하셨다. 사실 스케이팅이 좋았지만 많이 늦기도 했다. 나는 이제 막 스핀(회전 기술)을 제대로 배우기 시작했는데, 나보다 다섯 살 넘게 어린 친구들은 벌써 화려한 공중 점프를 능숙하게 구사하고 있었다.

그렇게 무겁지 않게 고민해 본 선수의 길은 접었지만 피겨스케이팅을 통해 체력, 균형감각, 유연성을 기를 수 있었다. 뿐만 아니라 지금도 수영과 마라톤을 즐기는 기초 체력과 댄스, 요가를 가르치는 밑바탕이 되었다. 이때 갈고 닦은 운동 감각으로 지금도 새로운 운동에 도전하는 것이 두렵지 않다.

매번 기술을 연습할 때마다 도전과 실패를 반복하며 마침내 성공하는 경험도 했다. 스핀을 연습할 때 '오늘은 두 바퀴만 돌아보자!'라는 식으로 목표를 세웠다. 기술이 잘 안 되는 순간의 그 좌절된 실패감, 허탈함도 많이 경험했다. 그럴 때마다 속으로 '할 수 있다!'를 외치며 스스로를 격려했다. 이 소중한 경험은 훗날 힘든 시기가 찾아올 때마다, 특히 입시 및 취업 준비를 할 때 큰 자산이 되었다.

그러던 어느 날, 어릴 때부터 간직해온 인정욕구를 열정으로 바꾸어 열매를 맺는 순간이 왔다.

"초급반은 나민이가 맡아서 해라."

나에 대한 믿음이 있던 선생님께서 수업을 맡겨 주셨다. 태어나 처음 해 본 아르바이트였다. 몇 년간 강습생 입장에서 열심히 배운 것이 전부였는데, 감사한 일이고 좋은 기회였다.

아이들과 함께 하는 것은 즐거웠다. 무엇보다 내가 좋아하는 피겨스케이팅을 가르치는 것이 행복했다. 단체 강습을 받던 아이들 중에 개인 지도를 요청하는 학생도 생겼다.

한 학생의 어머니는 나를 따뜻하게 챙겨주시며 "선생님 덕분에 우리 아이가 피겨스케이팅을 참 좋아하게 되었어요."라고 감사한 마음을 전하셨다. 참 보람 있는 순간이었다.

수업 중간중간 쉬는 시간에는 혼자 연습을 했다. 연습을 하고 있으면 아이들이 그냥 놔두지 않았다.
"선생님, 안아 주세요.", "선생님, 놀아 주세요."라고 한다. 그럴 때마다 나는 "자, 그래. 이제 연습 놀이 해 볼까?" 하며 자연스럽게 배운 내용들을 복습 혹은 예습 시키면서 연습으로 유도했다. 선생님이 먼저 열심히 연습하니 아이들도 자연스럽게 따라 했다. '보여주는 것보다 더 좋은 교육은 없다.'라는 말이 실감 나는 순간이었다.

당시에도 유명했던 대전의 성심당과 베스킨라빈스에서도 아르바이트를 했었는데 그 시급보다 강사의 시급이 다섯 배 정도 높았다. 게다가 가르치면서 느끼는 성취감은 희열이었다. 스스로 계속 나아가고 발전할 수 있다는 것이 무엇보다도 좋았다. 강사의 매력을 알게 된 대학생으로서의 첫 겨울방학이었다.

뭔가 열심히 배우면 가르칠 수 있다는 생각이 들자 나의 기술을 많이 발전시키고 싶어졌다. 가르치기 위해, 잘 가르칠 수 있을 때까지 배우려는 자세가 생겼다. 평생 강사로 살고 싶은 나의 첫걸음은 이렇게 시작되었다.

02_항공사의 신입사원, 까마득한 선배들 앞에 서다

중학교 시절 선생님께서 "발표 잘하는 사람 나와봐.", "책 잘 읽는 사람 손 들어봐." 하시면 친구들이 나를 추천하곤 했다. 수줍음이 많은 나였지만 책 읽는 것을 좋아해서 학교 다녀오면 항상 책을 읽었던 덕분인 것 같다. 친구들의 지지 덕분에 앞에서 이야기를 하다 보니 점차 재미를 느끼게 되었다. 나에게 집중이 모이는 순간의 긴장된 쾌감이 있었다.

고등학교 반장 선거 때에는 스스로 매긴 번호로 "기호 1번 조나민입니다."라고 공약 발표를 해 반장이 되기도 하고, 이야기를 읽어주는 시간에는 서술된 글을 내 나름대로 대화체로 만들어 재미있게 읽어주면서 주목을 받기도 했다.

하지만 사회에 나오니 판이 달랐다. 어린 시절 여러 가지 꿈을 키워왔던 나는 결국 금호아시아나 그룹에 입사하여 항공사 직원이 되었다. 입사 후 그룹 공채 신입사원 교육을 받을 때였다. 한 달 동안의 합숙 훈련 끝에 임원진 앞에서 하는 발표회의 사회자를 뽑는다고 지원을 받았다.

　해 보고 싶었다. 하지만 아나운서 준비를 했다는 동기가 있었고, 그 동기에게 기회가 주어졌다. 왠지 주눅이 드는 시점이었다. 하지만 그때는 단지 나의 때가 아니었을 뿐이었다.

　아시아나 항공에서 강사로서의 첫 경험은 생각보다 빨리, 입사 2년 차에 주어졌다. 언젠가 회사를 그만두게 되면 중국어나 영어 강사를 하리라는 생각을 했었는데, 회사 안에서 그 기회가 찾아왔기에 반갑고 영광이었다.

　근무하던 인천공항서비스지점의 총괄 부서에서 향후 바뀌게 되는 수속 시스템을 소개하는 기회였다. 십수 년 동안 공항 업무를 해 온 선배들에 비해 턱없이 부족한 배경 지식으로 날카로운 질문이 들어올 때에는 정말 당황스러웠다. 그래도 무사히 교육을 마치고 나니 보람과 함께 얼떨떨한 희열이 느껴졌다.

　얼마 후 김포국제공항에서 중국 베이징에 취항하면서 중국어를 전공한 나는 김포공항으로 발령이 났다. 때마침 김포공항에서는 서비스 강사를 모집하는 중이었다. 서비스 교육을 오래 한 선배가 있었는데 후임을 찾고 있었고, 나는 서둘러 메일을 보냈다.

　"입사하면서부터 꼭 서비스 강사를 하고 싶었는데 제가 이 일을 할 수 있을까요?"

　발령 난 지 얼마 되지 않아 서로 잘 알지 못하는 사이였지만 선배는 나의 적극적인 자세를 예쁘게 봐 주셨다.

"지원해 줘서 고맙고 반갑다. 막 전입 왔지만 이런 열정을 보니 충분히 잘할 수 있을 것 같아."

선배의 응원에 용기를 얻었고, 회사에서 실시하는 강사 양성 교육을 이수 받아 강사로 활동할 수 있는 기회를 얻게 되었다. 다른 지점에서는 서비스 강사 경쟁이 꽤 치열했는데 우리 지점에서는 지원한 사람이 나뿐이었다는 것도 큰 행운이었다. 역시 기다리면 때가 오는구나. 기회를 잡은 내가 스스로도 대견했다.

교육을 시작하니 쉽지만은 않았다. 인천에서 교육했던 경험과 마찬가지로 공항에서 십수 년 근무한 베테랑 선배들 앞에서 막 전입해 온 직원이 서비스 마인드 관련 교육을 했으니 정말 부족한 점이 많았을 것이다.

게다가 교육 시간은 오전 조 직원들이 아침 6시부터 시작하는 오전 업무를 마치고 식사를 한 후인 10시였다. 잠이 쏟아지는 시점이다. 다들 피곤한 얼굴로 어쩔 수 없이 참석해서 앉아 있다가 끝나자마자 마파람에 게 눈 감추듯 사라지곤 했다.

"성인 교육은 꼭 선물을 준비해야 해. 동기부여가 필요하거든."

선배의 조언을 듣고 간식 선물도 준비하며 직원들의 집중을 끌어내려고 애썼다. 선물을 걸고 퀴즈를 내면 직원들 얼굴이 밝아지며 눈빛이 더 반짝였다. 이렇게 수업 분위기를 활기차게 하기 위해 다양한 콘텐츠와 이벤트를 준비하려 노력했다.

어떤 날은 교육을 마치고 부정적인 강의 평가서를 받아 들고는 한없이 작아지는 나와 마주하기도 했다. 업무 외 개인 시간을 내어 열심히 준비했는데, 억울하기도 했다. 심란했던 오후, 마음이 통하는 후배와 커피숍에 앉아 속상했던 마음을 털어 놓았다.

"긍정적인 생각이 정말 중요한 것 같아요."

들을 때에는 별 감흥이 없고 오히려 실망스러웠던, 너무 뻔한 말이었다. 그러나 뻔한 만큼 그 말은 진리이다. 후배의 이 말을 지금도 가끔 떠올린다. 자라온 환경에 의해, 생존본능에 의해 어쩔 수 없이 우리는 얼마나 방어적이며 부정적으로 세상을 보는가. 그렇기에 무슨 일이든지 긍정적인 면을 부각해 봐야 어느 정도 균형적인 시각을 맞출 수 있다. 어떤 비판이라도 내가 잘 받아들여 개선해 나간다면 나에게 이로운 조언으로 활용할 수 있는 것이다.

상처에도 강해지며, 긍정적으로 마인드 컨트롤을 하면서 강의에 조금씩 자신감과 재미가 붙었다. 그러던 중 회사의 더 많은 직원들을 대상으로 직무 교육을 할 기회가 생겼다. 공항 시스템이 바뀌는 것을 먼저 공부한 후 교육 시키는 Task Force Team에 발령이 난 것이다. 아시아나항공 취항지 전 지점의 공항 직원들을 교육하며 만날 수 있다는 것은 정말 설레는 일이었다. 미주, 유럽, 동남아 직원들은 영어로, 중국 지점 직원들은 중국어로 교육했다.

서비스 교육이 아닌 당장 적용해야 하는 직무 교육이다 보니 아무래도 직원들의 열의가 강했고, 세계 각지에서 모인 직원들의 서로에 대한 호기심과 설렘이 어우러져 더 신바람 나는 교육의 장이 되었다.

내가 공부한 새로운 시스템의 적용 방법들과 업무지식을 아낌없이 쏟아부어 강의를 하고 직원들과 교류하던 이 기간은 아시아나항공에 재직하는 동안 가장 보람된 시간이었다.

1년 파견 후 지점으로 돌아온 후에는 교육 범위가 더 넓어져 육아휴직 기간에 자격을 취득한 요가 교육도 맡아서 할 수 있었다.

뭔가를 먼저 배워서 다른 사람을 가르칠 수 있다는 것은 참 기쁜 일이다. 그러기 위해서는 역시 많이 배워야 한다. 좋은 선생님은 곧 좋은 학생이다. 요즘은 찾아보면 교육청, 평생 교육원, 구청 등에서 실시하는 좋은 교육들이 참 많다.

덕분에 퇴사 후에는 강의를 많이 들으러 다녔다. 홈페이지를 찾아 내가 듣고 싶은 교육을 신청하고 참가하는 것이 일상이 되었다. 그러던 중 용산 가족센터에서 실시한 교육에서 펀펀힐링센터의 김혜경 대표님을 만나게 되었고, 연구원을 신청하면서 푸드테라피, 환경 교육 등을 할 기회도 얻었다. 한국자살예방센터의 정택수 교수님을 소개 받아 생명존중 교육도 시작했다. 이렇게 나의 강사 생활의 또 다른 막이 열렸다.

03_자기 성찰의 시작, 글쓰기 지도

초등학교 3학년에 재학 중인 아들의 학기 초 상담 때 선생님께서 말씀하셨다.

"일기를 쓰긴 쓰는데 일정한 틀에 맞춰서 형식적으로 쓰더라고요."

그러셨던 선생님께서 몇 주가 지난 후, 일기장에 직접 코멘트를 적어주셨다.

"모든 일기들이 정말 훌륭해요."

글 쓰는 방법을 배워서 적용한 것의 결과가 생각보다 빨리 나타났다. 정말 뿌듯했다. 내가 적용한 방법은 바로 권귀헌 작가님의 글쓰기 지도법이었다.

'초등 글쓰기 비밀 수업', '부모와 아이의 소통 일기' 등 글쓰기 분야의 책을 여러 권 출간하신 권귀헌 작가님을 아이의 초등학교 학부모 교육에서 만났다. 강의를 듣고 내 나름의 요령을 더해 아이에게 적용했고, 효과가 나타나자 학부모를 대상으로 자녀 글쓰기 지도법 강의도 할 수 있었다.

글쓰기, 특히 손글씨의 중요성은 아무리 강조해도 지나치지 않다. 삶의 질은 글쓰기에 의해 좌우된다고 해도 과언이 아니다.

캐나다의 신경외과 의사 와일더펜필드는 '대뇌피질 호문쿨루스'라는 모형을 처음으로 만들었다. 인간의 대뇌피질을 중심으로 하는 감각신경과 운동신경이 각기 다른 신체 부위와 얼마만큼 연결되어 있는지 크기로 대응시켜 나타낸 모형이다.

손의 크기가 가장 크게 묘사되어 있는데, 실제로 손은 운동, 감각, 기억, 언어와 관련된 뇌와 30% 이상 연결되어 있다고 한다. 손을 많이 사용하고 자극하게 되면 그만큼 뇌의 많은 부분이 자극되는 것이다.

그리고 손으로 글씨를 쓰면 몰입을 경험할 수 있다. 뇌의 다양한 영역이 활성화되면서 고도의 집중력이 발휘되기 때문이다. 특히 전두엽의 활성화로 감정을 컨트롤하는 능력이 향상되어 정서적 안정감도 느낄 수 있다. 배우 김혜수는 항상 책상 위에 빈 종이를 두고 생각이 복잡할 때 낙서를 한다고 한다. 적는 과정에서 복잡한 생각들이 정리되고 안정감이 생기기 때문이다.

플로리다대학의 로라 다인하트 교육학과 교수가 초등학교 3학년 144명을 조사한 연구에서도 4살부터 꾸준히 손 글씨를 써온 학생의 95%가 그렇지 않은 학생에 비해 성적이 30% 정도 높았다고 한다. 그렇기에, 부모님이 자녀에게 물려줄 중요한 자산 중 하나는 글쓰기이다.

그렇다면 이토록 중요한 글쓰기와 친해지기 위한 구체적인 방법은 무엇일까?

첫째는 공간, 먹거리, 주제를 갖추어 주는 것이다. 공간은 집도 좋고 꼭 집이 아니더라도 편하게 글을 쓸 수 있는 환경이면 된다. 예를 들어 떡볶이 가게, 카페 등에서 아이들이 좋아하는 간식을 준비한 후 주제를 정해서 하나씩 글을 써보도록 한다.

주제는 쉬운 것부터 시작하는 것이 좋다. 마트나 아이스크림 가게에 들러 장을 본 것에 대한 글쓰기 등 일상적인 것부터 시작한다. 글을 쓰는 것이 어려운 것이 아니라 누구나 편하게 쓸 수 있다는 인식을 주고, 글을 쓸 기회를 먼저 만들어 주면 된다.

둘째는 일기 쓰는 것을 도와주는 것이다. 일기를 쉽게 쓰기 위해 처음에는 이것저것 글감이 될 만한 것들을 말해 준다. 그러면 아이는 "아!" 하고 그중에서 하나를 정해 스스로 글을 써 내려간다. 그다음에는 글감을 스스로 찾도록 기다려 준다. 무엇을 쓸지 고민하던 아이도 5분 정도 생각하면 보통 쓸거리가 떠오른다.

글감 찾는 연습을 하다 보면 일상생활에서 아이가 일기 쓸 만한 일들이 무엇인지 관심을 가지고 보게 된다. 그러면서 관찰력이 길러지게 된다. 나의 어릴 적 기억도 난다. 일기를 잘 쓴다고 칭찬을 많이 받았던 초등학교 5학년 때, 피아노 학원에 가는 길에 길가에 무심히 나뒹구는 쓰레기들을 보았다.

그것을 본 그날의 일기 주제는 '환경 문제'가 되었다. 소재들은 정말 곳곳에 널려있다. 그것을 잡아내는 정성과 문장으로 풀어낼 약간의 노력만 있으면 글쓰기는 쉬워진다.

글감을 찾은 후에는 육하원칙에 따라 그 상황을 구체화하도록 해

준다. 그리고 상황마다 느낌이 어땠는지 생생하게 표현하도록 한다.
"기분이 어땠어? 그래서 어떻게 했어?" 하고 물어봐 준다. 생각과 느낌에 따라 내가 했던 그다음의 행동도 연결시켜 떠올려본다.

아이의 글은 자연스럽게 살이 많이 붙어 풍부해졌다. 감정 표현도 단순히 '좋다.'에서 '뛸 듯이 기쁘다.', '뿌듯하다.', '기대된다.' 등으로 구체화되었다. 마무리에 '다음에 또 하고 싶다.'라는 말을 반복적으로 쓸 때에는 좀 더 개선하고 싶은 점은 없었는지 물어봐 준다. 그러면 다음에는 또 새로운 어떤 것을 하고 싶다는 구체적인 방안이 나온다. 이렇게 글쓰기는 아이에게 생각과 경험의 폭을 넓혀 주고 더 성장하게 하는 밑거름이 된다.
아이의 글쓰기 방법을 배우고 나서 나는 질문했다.
"어른들부터 실천할 수 있는 방법은 없을까요?"
"화날 때, 감정이 올라올 때 글을 써 보세요."

2022년 1월에 시작해서 매일 감정일기를 쓴 지 어느덧 3년이 넘었다. 정리가 되지 않던 머릿속의 생각들을 글로 쓰다 보면 생각들도 정리가 되고, 나의 감정을 좀 더 객관적으로 바라볼 수 있게 된다. 일단 시작해야 한다. 세바시의 김민식 PD님의 "화날 때 인상을 쓰지 말고 글을 쓰라."라는 말이 참 와닿는다. 감정을 인식하고 명료화하는 데 더없이 좋은 글쓰기, 앞으로도 계속 누구나 쉽게 쓸 수 있는 글쓰기에 대한 강의를 하며, 글쓰기 전도사가 되고 싶다.

04_중국어 전국 1등, 강남의 영어 선생님이 되다

중국어에 흠뻑 빠지며 시작된 다개국어로의 도전

"금상이라고요? 제가요?"

중국어를 시작한 지 2년이 조금 안 되었을 때, 경북대학교 주최 외국어경시대회에서 금상을 받았다는 소식을 들었다. 전국 1등 목표는 없었고, 그저 중국어가 재미있고 좋아서 매일 중얼거리며 공부했을 뿐이었다. 친구들과 밥을 먹는 점심시간에도 이어폰을 귀에 꽂고 있었다. 거울 앞에서 홀로 중국어 말하기를 연습하다 보면 어느 새 새벽 4시가 훌쩍 넘기도 했다.

이후 서울대학교, 한국외국어대학교에서 주최한 외국어경시대회에서 입상하며 중국어 특기생으로 서강대학교 입학에 성공했다.

입학 후 각종 영어 원서들을 접하면서 영어 실력이 매우 중요하다는 것을 알게 되었다. 외국어 욕심이 유독 많은 나는 영어 실력이 중국어만큼 되지 않는다는 것이 너무나 속이 상했다. 제2외국어는 가산점이 되는 것이지 영어가 밑받침되어 주지 않으면 안 되는 것만 같았다.

아시아나항공에 입사 후 수시로 미국을 여행하며 원어민에게 현지 영어를 마음껏 습득해 보겠노라고 다짐했다. 집 근처의 영어 학원 '월스트리트 인스티튜트'에도 등록했다. 일반 영어 학원과는 달리 종일 학원에서 공부할 수 있는 프로그램으로 구성되어 있었다. 혼자 영상을 보거나, 넓은 홀에서 사람들과 이야기하는 수업 시간이 있었고, 원어민 선생님께 1:1 지도도 받을 수 있었다. 1년 넘는 기간 동안 집과 회사, 학원을 오가며 영어 실력을 키웠다.

회사에서 외국인 손님과 영어를 쓸 기회가 많았던 것도 큰 도움이 되었다. 외국인 손님을 응대할 때에 형식적인 대화만 나누기에는 너무 아쉬웠다. 그것 외에 한마디라도 간단한 일상대화를 건네고 피드백을 받는 것이 참 재미있었다. 신선한 소통은 업무의 피로감을 잊게 해 주는 비타민이었다. 언어뿐 아니라 그 나라의 문화까지 체험하는 순간이기도 했다.

영어에 조금씩 자신감이 붙으며 다른 외국어에도 도전하고 싶어졌다. 외국어에 몰입하며 미지의 세계가 열리는 느낌은 행복을 넘어선 황홀경이다.

회사에서 많이 쓰는 일본어는 따로 학원을 다니며 공부했다. 벨리댄스에 빠지면서 가사가 궁금해서 아랍어도 시작하게 되었다. 계속 사용하는 것이 중요하기 때문에 매일 조금이라도 공부를 하고, 외국어를 써서 가족이나 외국인 친구들과 이야기 한다. SNS에도 여러 언어를 사용하여 기록한다. 인공지능이 아무리 동시통번역을 해 준다고 해도, 새로운 언어를 배우는 것은 곧 사고와 세계의 확장이기에 무척 의미 있는 일이다.

반복과 노력으로 영어를 가르칠 수 있게 되다

초등학교 6학년 때 본격적으로 영어를 시작한 나에게는 걸리는 것이 있었다. 그것은 발음이었다. 다행히 아시아나항공에 근무할 당시 공항에서 수속을 진행하며 같은 말을 하루에 수십 번 반복했다. 그것이 발음 향상에 지대한 도움을 주었다.

당시 수영을 하면서 체력 관리를 하다가 수영장에서 영어를 가르친다는 선생님을 만났다. 나는 영어 학습에 대한 어려움을 토로했다.

"매일 외국인을 만나도 거의 같은 말만 써요."

내가 안타까워하자 "그렇다면 적어도 발음이 좋아집니다."라고 말씀해 주셨다.

정말 그랬다. 같은 말을 한두 번 하는 것과 열 번, 백 번, 천 번 하는 것은 아주 큰 차이가 있다. 매번 정확히 발음하려고 노력하면서 말이다. 매일 쓰는 말의 발음에 자신이 생기자 다른 말들도 자연스럽게 따라왔다. 서비스 영어를 넘어서 다양한 일상 회화를 자유롭게 구사하고 싶어 세계 최대 영어 스피치 클럽인 '토스트마스터즈'에 등록하여 다니기도 했다.

새로운 열정을 찾기 위해 회사를 그만둔 후 구직 사이트에서 눈에 들어오는 일을 발견했다. 바로 영유아를 대상으로 영어를 도구로 우뇌를 개발시키는 교육 기업 '브레인 나우'였다. 플래시카드, 음악과 함께 영어로 계속 이야기를 해 주는 방식이었다. 그동안의 노력을 거쳐 영어 발음과 회화에 자신이 있던 나는 면접을 통과할 수 있었다.

압구정 직영점에서 뵙게 된 원장님, 부원장님과 함께 의욕적으로 일을 시작했다. 교육계인 만큼 동료들도 강사로 오래 일하신 분들이었다. 항공사 동료들과 만날 때와는 또 다른 공감대가 생겼다. 선생님을 구하는 와중에 수업 문의가 밀려왔고, 원장님께서는 간곡하면서도 부담스럽지 않게 수업을 더 부탁하곤 하셨다.

'내가 참 필요한 곳이구나!'

대기업과는 달리 나의 존재감이 매우 큰 곳이었다. 자존감이 올라갔고 책임감도 더 크게 느껴졌다. 오랫동안 경쟁에 익숙해진 데다 경쟁에 밀려 의기소침했던 나에게 원장님께서는 '선생님들은 모두 각자의 강점이 있다.'라며 한 명 한 명 소중히 대해 주셨다.

나의 강점은 어떤 상황에서도 차분함이라고 해 주셨다. 강사는 언제든 예기치 않은 상황에 놓이기 마련이다. 회사에서 오랜 기간 강사로 일한 덕을 톡톡히 볼 수 있었다.

여기에 더해 에너지 넘치는 부원장님으로부터 아이들을 대하는 디테일을 배워 한층 재미난 수업을 할 수 있었다.

한 체험 수업에서 아이와 게임을 하는 시간이 있었는데, 부원장님께 배운 대로 진지하게 몰입하며 리액션을 크게 넣어 주었다. 아이에게 져주는 상황에서도 이마를 짚으며 속상해하는 모습을 보이자 아이가 신나서 깔깔 웃었다. 나도 덩달아 즐거워졌다.

유리창을 통해 수업을 지켜보고 계시던 어머니께서는 그날 바로 등록하셨고, 나중에 수업 시간이 조정되면서 나와 함께 할 수 없게 되자 몹시 아쉬워하셨다. 나 역시 아쉬움과 동시에 사랑받는 강사가 되어감에 감사했다.

그렇게 6개월 정도 자신감과 열정을 가지고 재미있게 일하던 중, 호주에 있는 친언니의 초대를 받아 아이와 브리즈번에 6주 동안 머무를 기회가 생겼다. 호주에서는 아이가 초등학교를 졸업할 때까지 항상 보호자가 옆에 있어야 한다. 지금 아니면 다시 오지 않을 때라며 육아에 전념하는 언니의 모습을 보고 나의 마음이 움직였다.

'지금 내가 일할 시기가 아니구나!'

아이와 함께 할 수 있을 때 조금이라도 더 함께 하고 싶어졌다. 오래오래 일하고 싶었던 처음의 다짐은 내려놓고 시원섭섭하게 그만두었다. 그래도 길지 않은 시간 동안 영어를 가르치는 경험을 통해 배운 것이 참 많았다.

'Do what you love, love what you do.'

좋아하는 일을 하고, 하는 일을 좋아할 때 우리 존재는 빛이 난다는 것. 포기하지 않는 꾸준한 노력은 반드시 결실을 맺는다는 것.

아이에게 영어로 하던 대화도 영어 수업을 하고 나니 더 풍부해졌다. 앞으로도 지속적으로 영어와 다른 외국어를 사용하여 내 콘텐츠를 전달하는 강의를 하고 싶다.

05_나는 세상에서 가장 소중한 존재 - 생명존중 교육

통계청에 따르면 지난 해(2024년) 국내에서 스스로 목숨을 끊은 사람의 수가 총 1만 4,439명으로 잠정 집계되었다고 한다. 남성이 1만 341명, 여성은 4,098명으로 남성이 두 배 이상 많았으며 연령별로는 50대가 21.0%로 가장 많았다. 2003년 이후 OECD 국가들 중 지속적으로 최고 수준이다. 특히 미래의 꿈나무들인 청소년들이 4명 중 1명이 자살을 생각할 정도로 심각한 상황이다.

이 불명예에서 벗어나기 위해 정부는 마음 건강 증진 교육을 지원하고 있다. 서울특별시 북부교육청에서는 2025년 중점학년(초5, 중1, 고1)에게 생명존중 교육 연 6차시를 필수로 실시하도록 정했다. 앞으로도 생명존중 교육의 수요는 꾸준히 증가할 것이다.

생명존중 강의를 위해 학교에 방문하기 전에는 설렌다. 천진하고 초롱초롱한 눈망울들이 기다리고 있다. 내가 어릴 적에도 이런 수업이 있었으면 얼마나 좋았을까 생각해 본다. 심리적인 어려움을 겪어본 나에게 청소년들의 상처를 조금이나마 보듬는 경험은 의미 있는 일이다.

나 스스로를 치유하는 기회이기도 하다.

어느 날 수업에서 유난히 어두운 표정의 한 아이가 눈에 띄었다. 자세도 구부정했다. 언뜻 봐도 의욕이 없는 것처럼 보였다. 찬찬히 아이들을 둘러보면서 이야기하다가 각자 지금 어떤 것 때문에 힘든지 마음을 나누었다. 조용하던 아이가 입을 열었다.

"사람들이 저보고 못생겼대요."

깊은 상처와 슬픔이 느껴졌다. 나는 그 말을 곧이곧대로 듣지 말라고, 우리 학생은 누구보다 예쁘고 소중한 사람이라고 말해 주었다. 수업이 끝나고 우연히 교실 앞에서 마주쳤을 때에는 꼭 안아 주었다.

우리 마음에 화살이 박히는 일은 하루에도 몇 번이고 일어날 수 있다. 중요한 것은 우리가 그 화살을 가지고 스스로에게 2차, 3차 가해를 하지 않는 것이다.

영화 '쇼생크 탈출'로 유명한 미국의 국민 배우 모건 프리먼은 "남들에게 무시당하고 비판 받았을 때 꼭 마음이 상할 필요는 없다. 상처를 입히는 건 상대방이 아니라 무시하지 못하는 내 감정이다."라고 했다. 그 순간은 이미 지나갔는데 그 말을 곱씹어서 스스로에게 상처 주는 사람은 오로지 자신이다. 그러기에는 나 자신이 얼마나 소중한가. 82억 인구 중 단 한 사람이다.

혹시 그런 나 자신에게 단점만 많다는 생각이 든다면 모든 일에는 양면성이 있음을 되새겨 볼 필요가 있다. 단점도 뒤집어 생각하면 장점이 된다. 예를 들어 단점이 너무 소심한 것이라고 하면, 신중하고 조심스러운 장점이 있다고 할 수 있다. 살이 찐 것을 단점이라고 할 수도 있겠지만 튼튼하고 편안해 보이는 인상으로 장점이 될 수도 있다.

도무지 장점으로 바꿀 수 없을 듯한 단점이 있다면 지폐를 떠올려 보자. 지폐가 구겨지거나 더럽혀져도 가치는 똑같은 것처럼, 우리가 어떤 단점이 있더라도 인간으로서의 가치는 변하지 않는다.

이렇게 소중한 내가 행복해지려면 어떻게 해야 할까? 스트레스는 피할 수 없으며 스트레스가 없는 삶이 꼭 좋은 것도 아니다. 미꾸라지가 있는 연못에 메기를 풀어놓으면 미꾸라지들이 메기에게 잡아먹히지 않기 위해 더 열심히 먹고 헤엄쳐 건강해진다는 '메기 이론'은 이미 유명하다. 과일나무도 둥치에 톱질을 하면 생존에 위협을 느껴 더 튼실한 과일을 맺는다고 한다. 이렇듯 스트레스는 받아들이기에 따라 삶의 촉진제이자 활력소가 될 수 있다.

같은 맥락으로 스트레스를 조절하며 긍정적인 취미활동을 시작할 수 있다. 글쓰기부터 운동, 대화, 명상, 기도, 음악, 독서, 영화, 산책, 햇빛 쬐기, 노래 부르기 등 다양하다. 행복한 시간을 스스로 만들어 보내다 보면 힘든 순간들이 잘 정화가 되면서 조금씩 단단해지는 나를 발견할 것이다. 힘든 순간이 없는 사람이 아니라 힘든 순간을 받아들일 수 있는 힘도 생길 것이다.

"세상에 행복해 보이는 사람들이 많은 이유는 그들이 그저 스쳐 지나가는 사람들이기 때문이다."라고 기욤 뮈소가 말했다. 다른 사람의 생활을 우리가 종일 옆에서 자세히 볼 수 없기 때문에 행복하다고 생각한다. 우리 모두 견디기 힘든 순간이 있지만 살아있기 때문에 어찌 보면 무척 자연스러운 일이다. 중요한 것은 그 모든 순간을 담담히 받아들일 수 있는 멘탈을 가지는 것이다.

"로카 사마스타 수키노 바반투"
(모든 생명체가 행복하고 자유롭기를)
수업을 마치고 나올 때마다 요가에서 배운 만트라를 되뇌어 본다. 생명존중 교육을 통해 모든 학생들이 조금이라도 더 행복하고 자유로워지기를 기원한다.

06_나를 위한 강의를 시작하다 - 에어로빅 강의

　수능이 끝난 다음 날, 동네 에어로빅 학원에 등록을 했다. 그것이 나와 에어로빅의 첫 만남이었다. 초등학교 3학년 때부터 학교 캠핑 행사가 있을 때마다 장기자랑 시간을 눈이 빠지게 기다렸다. 무대에서 춤추기를 좋아하는 나는 에어로빅의 재미에 푹 빠졌다.
　시작한 지 한두 달 만에 고등학교 3년 동안 찌워 온 살도 훅 빠졌다. 대학교에 들어가서는 아침 시간 혹은 공강 시간을 이용하여 에어로빅 학원에 나갔다. 항공사에서 교대 근무를 하면서도 에어로빅 학원에 다녔다. 근무 시간과 겹치지 않을 때만 갈 수 있었는데, 갈 수 있는 날 전날 밤에는 운동복을 챙겨놓고 '내일이 빨리 왔으면 좋겠다.'라며 설레는 마음으로 잠들곤 했다.

　결혼 후 아이를 낳고 집에 있다 보니 우울감이 찾아왔다. 너무 쉼 없이 달려왔나 보다. 감사하게도 남편이 공군사관학교에 복무 중이어서 교내 관사에 거주하며 각종 체육시설을 이용할 수 있었다. 남편이 출근하기 전, 퇴근한 후의 시간을 틈타 러닝머신을 뛰고 수영을 하고,

배드민턴도 쳤다. 하루를 살아갈 에너지를 주는 시간이었다.

하지만 한번 찾아온 우울은 나를 종종 괴롭혔다. 퇴사 후 집에 있는 시간이 본격적으로 많아지면서 나는 진퇴양난에 빠졌다.

"가슴 뛰는 일을 찾아 나서겠어요!"

말은 당당하게 하고 15년 다닌 회사를 박차고 유유히 나섰지만, 나에게 찾아온 것은 끝없는 불안과 불안을 회피하기 위한 무기력이었다. 수소문해서 좋다는 정신과 병원에 찾아갔다.

"눈뜨면 너무 졸려요."

"운동을 해서 잠을 깨야지."

역시 답은 운동이었다. 공군사관학교에서 나를 살게 해 준 운동. 우울은 수용성이라고 했다. 땀을 흘려 씻어내야 한다. 그러고 보니 몇 년 전 꽤 유명한 복싱장에 간 적이 있었다. 그곳에서 세계 챔피언을 키우고 계시는 김한상 관장님을 만날 수 있었다. 복싱은 생각보다 재미가 없어서 2개월 만에 그만두었지만 관장님의 마지막 말씀은 귓가에 생생하게 남아있다.

"움직여야 되는 몸이니까, 복싱 아니라도 어떤 운동이든 꼭 계속해!"

그렇다. 운동은 나에게 선택이 아니라 필수였다. 강사 과정에 등록하기 전, 주민센터 에어로빅 강좌에 먼저 등록했다. 십여 년 만에 다시 에어로빅에 재미를 붙였다. 에어로빅을 하는 평일이 정말 즐겁고 감사했고, 주말이 되면 '월요일은 언제 오나?' 하고 기다렸다.

모든 일에 양면성이 있다고 했던가. 그렇게 좋아하다가 어떤 날은 정말 가기 싫었다. 나에게는 좀 더 강제성이 필요할 것 같았다. 아침에 에어로빅을 안 하면 하루가 온통 우중충한 회색이었다.

의무적으로 운동을 나갈 수밖에 없는 에어로빅 선생님이 부러웠다. 난 나를 위해 가르치는 사람이 되어야 했다. 지체 없이 에어로빅 자격증을 취득하기로 결심하고 에어로빅 협회를 수소문해 등록했다.

정식으로 배우기 시작한 에어로빅은 훨씬 어렵고 재미가 없었다. 그동안 배웠던 에어로빅은 정말 흥미 위주이자, 취미 수준이었다. 학술적으로 들어가니 동작이 하나하나 정확해야 했다. 게다가 다음 순서를 미리 알려주는 '예령'을 하려면 순서를 완벽하게 외워야 했다. 좋아하는 일이자 꼭 필요한 일이라 생각한 배움의 길이 이렇게 고될 줄은 몰랐다.

그러던 중 나보다 앞서 자격증 준비를 시작한 A와 B를 만나게 되었다. 나에게는 운명 같은 만남이었다. 나보다 한 살 많은 A는 두 아이를 키우고 살림을 도맡아 하면서도 교육생의 평균 속도보다 서너 배는 빠른 속도로 시험을 준비했다. 외우기 힘든 동작은 수업이 끝나고 A가 빠짐없이 알려 주었다. 무엇보다 인상 깊었던 것은 A의 강한 정신력이었다. 국가 대표 출신의 선생님께 두 시간씩 수업을 듣고 나면 몹시 지치곤 했는데, 그때마다 "정신이 육체를 지배한다."라며 초긍정 마인드로 무장하게 해 주었다.

나보다 열 살 많은 B는 의류 회사를 운영하며 보험 설계, 미용 등을 배우는 와중에도 꾸준히 동작을 연습하고 외웠다. 유연성도 순발력도 떨어질 나이에 새로운 도전을 하는 모습이 존경스러웠다. 의욕이

꺾였었지만 두 선배님 사이에서 힘이 났다. 모두들 바쁜 생활 속에서도 틈을 내 열심히 자격증 준비를 하고 있었다.

동기들을 만난 후 자격증을 준비하는 과정이 훨씬 즐거워졌다. 4~5개월 잡고 시작했지만, 마음만 먹으면 언니들과 하룻밤이라도 새워서 마스터할 수 있을 것 같았다. 자신감이 반이라고 그렇게 나는 수월하게 자격증 준비를 마칠 수 있었다.

뇌 과학자 장동선과 뇌와 춤의 심리학적, 신경과학적 관계에 대해 꾸준히 연구해온 신경과학자 줄리아 크리스텐슨이 쓴 〈뇌는 춤추고 싶다〉에 따르면 뇌를 오랫동안 건강하게 유지하기 위해서는 세 가지 조건이 필요하다고 한다. 다양한 사람들을 많이 만나고 교류하기, 운동을 하고 몸을 많이 움직이기, 자신의 감정을 억누르지 말고 표현하기인데 춤을 추면 이 세 가지가 모두 충족된다고 한다. 나의 운명적인 인연 선배 언니들과 함께 평생 에어로빅 강사를 하고 싶다.

07_강사를 빛내줄 무기를 소개합니다

순수한 호기심이 담긴 친근함

지식을 전달하기 이전에 강사는 호감을 주는 사람이어야 한다. 싫어하는 선생님의 과목을 공부하기 싫은 경험을 누구나 한 번쯤 해보았을 것이다. 반면에 좋아하는 사람을 보면 우리는 따라 하고 싶어진다.

그러면 어떻게 호감을 줄까? 데일 카네기는 〈인간관계론〉에서 상대방의 호감을 사는 방법은 순수한 관심을 '먼저' 보이는 것이라고 했다. 먼저 관심을 가지고 학생들에게 다가가야 한다.

아시아나항공에서 친근함으로 직원들에게 먼저 다가가 강의 성과가 좋았던 경험이 있다. 새로 바뀌는 공항 시스템을 국내외 공항 직원들에게 교육하는 강사팀에 선발되었을 때의 일이다. 강사들 대부분이 교육할 때 본인 소개는 간단히 하고 바로 본론으로 들어갔지만, 나는 PPT 자료까지 따로 만들어 내 소개를 먼저 정성껏 했다. 이어 모든 직원들이 차례로 일어나서 자기소개를 하는 시간을 마련했다.

그동안 공항에서 근무하며 세계 각지 공항의 일면식도 없는 직원들과 연락할 일들이 많았다. 탑승객에 대한 정보를 출도착 공항에서 공유해야 하기 때문이다. 그래서 이름과 사진으로만 알고 있는 직원들이 많았는데, 그들에 대해 더 알 수 있는 기회를 놓칠 수는 없었다.

벨리댄스를 하는 사진도 넣어 먼저 자유분방하게 내 소개를 했더니 직원들도 한결 편안하게 본인과 각자의 나라에 대해 이야기했다. 그때는 귀를 쫑긋하여 집중해서 듣고, 궁금한 점은 메모해 놓았다가 물어보았다. 직원들 역시 궁금한 것을 거침없이 질문했다. 허물이 없어지며 개인적인 관심사는 물론 직무에 관한 내용도 활발하게 소통할 수 있었다.

그렇게 3~4일의 열띤 교육 후 직원들의 시험 성적은 우수했고, 강사에 대한 평가도 매우 긍정적이었다. 덕분에 파견 기간이 끝난 후에 추가 교육 요청을 받기도 했다. 출산 휴가를 앞두고 있어 아쉽게도 교육을 더 하지는 못했지만 강사 명단에서 나를 선택해 연락을 준 것이 기뻤다. 강사의 순수한 관심이 담긴 친근함이 빛을 발하는 순간이었다.

전문성

친근함으로 마음을 열었으면 이제 나의 분야에 전문성이 필요하다. 전문성을 키우기 위해서는 내 분야에 대한 진정한 애정과 열정을 가지고 계속 전진해야 한다. 한때 우리 아이를 가르치시던 피아노 선생님께서는 학사 후 석사, 박사까지 하고 계셨다. 가르치면서도 배움을 멈추지 않고 끊임없이 새로운 이론을 적용하셨다. 이 선생님처럼 꼭 학위를 따지 않더라도 학회, 워크숍 등을 통해 끊임없이 배움을 유지할 수 있다.

"정말 좋아하는 일이라고 생각했는데 하기 싫을 때가 있어요."

가끔 이런 하소연을 할 때가 있다. 나도 그렇다. 스스로 타고난 댄서라고 생각했는데, 막상 생활스포츠지도사 자격증을 준비해 보니 나는 진정 우물 안 개구리였다. 취미로 할 때 즐겁게 매일 나갔던 아침 에어로빅 수업 시간이 갑자기 재미없게 느껴졌다. 하지만 하기 싫을 때에도 원래 내가 좋아하던 일을 지속하는 것이 진정한 열정이자, 전문가가 되는 방법이다.

"진정 좋아하는 일을 찾으세요. 좋아하는 일과는 시간이 지날수록 관계가 점점 더 좋아질 것입니다."

스탠포드 대학교 연설에서 스티브 잡스가 한 말이다. 마치 사람과의 관계처럼, 때로는 멀어지고 또 가까워지는 과정을 통해서 점점 돈독해지는 것이 나의 '전문적인 일'이다.

나누는 자세

내가 진정 열정이 있을 때 다른 사람과, 특히 교육생들과 나의 지식과 경험을 아낌없이 줄 수 있는 여유도 생길 것이다. 아무리 나누어도 더 많이 채울 것이기에, 사랑하는 분야에 대한 지식은 마르지 않는 샘물과도 같다.

나는 뭔가를 배울 때 언젠가 내가 가르칠 수도 있다는 꿈을 가지고 선생님들과 가까이 지낸다. 특히 요가를 배울 때에는 다양한 센터를 다니며 선생님들과 교류했다. 요가 선생님이 되는 절차에 대하여 질문하면 어떤 선생님께서는 협회 선정부터 자세하게 설명해 주셨다. 자격을 따고 난 후에도 배움을 게을리 하지 말라고 워크숍을 추천해 주시기도 했다.

반면 어떤 선생님께서는 수업 때 사용한 음악의 제목만 물어봐도 "이 분야에서 일하려고 하시는 거예요?"라고 여쭤보시며 "유튜브에 요가 음악 찾으면 많이 나와요."라고 두루뭉술하게 알려 주신다. 경계심이 느껴지기도 한다. 이런 경험을 타산지석 삼아 수강생들이 질문을 해 오면 최선을 다해 대답해 준다. 많이 갖고 적게 갖고를 떠나서 강사는 일단 나누는 자세를 가지자. '배워서 남 주자.'라는 마인드가 더 열심히 공부하는 강사를 만들어 빛나게 한다.

08_강사가 되려면 어떻게 해야 할까

첫째, 좋아하는 일이자 잘할 수 있는 일을 찾는다. 누구든 자신만의 재능을 가지고 태어난다. '코트 위의 천재'로 불리는 미국 농구의 전설 래리 버드는 '승자는 신이 주신 자신의 재능을 알아차린 사람이다.'라고 했다.

해보지 않으면 알 수 없다. 다양한 취미 생활을 하신 부모님 덕분에 피겨스케이팅과 중국어를 시작할 수 있었고, 스스로 동기와 열정을 가지고 지속했다. 하다 보니 잘하게 되면서 자연스럽게 가르칠 수 있게 되었다. 내가 부모님께 받은 것처럼, 아이도 마라톤, 줄넘기, 검도, 특공 무술 등 운동을 비롯하여 요리, 악기, 미술, 어학 까지 가능한 많은 새로운 것들을 접하는 기회를 마련하고 있다.

이렇듯 재능을 찾으려면 자신의 재주를 적극적으로 찾아야 한다. 열린 마음으로 많은 일을 시도하고, 흥미가 느껴진다면 부지런히 발전시켜야 한다. 재주가 없다고 생각한다면 조금이라도 잘하는 것이나 관심이 가는 일을 찾는다. 그것을 발전시키면 나의 재능이 될 수 있다.

둘째, 원하는 분야를 찾았다면 교육에 필요한 강사 과정을 이수한다. 사내 강사에서 나아가 회사 밖의 다른 분야에서 강의를 하려면, 해당 과정을 이수하고 증명할 수 있는 자격증이 필요하다.

내가 가장 먼저 취득한 자격증은 한국자살예방센터의 생명존중 교육 자격증이었다. 이곳에서는 강의안을 제공하고 교수법에 대한 지침도 받아서 한결 수월하게 강의를 시작할 수 있었다.

시연을 할 기회가 있으면 더 좋다. 나는 정택수 센터장님께 직접 시연을 하고 조언도 받았다. 그 후 센터장님을 통해 인천의 이음초등학교, 경연초등학교와 고양시 신일중학교 등에 꾸준히 강의를 나갈 수 있었다.

강사를 양성하는 선생님을 찾아가는 방법도 있다. 나의 경우에는 용산가족센터에서 김혜경 선생님의 강의를 듣고 정말 인상 깊어서 선생님과 연락처를 공유했다. 선생님의 재미있는 강의가 또 듣고 싶어서였는데, 마침 강사를 양성하고 계셨다.

그렇게 인연이 되어 김혜경 선생님께서 센터장으로 계시는 편편힐링센터의 연구원으로 활동할 수 있게 되었다. 재미, 의미, 감동을 전하는 편편힐링센터는 김혜경 센터장님을 비롯 14명의 연구원들이 인문학, 푸드테라피, 아트테라피, 세계시민교육, 다문화교육, 생명존중, 음악치료, 독서치료, 글쓰기, 책쓰기, 인성교육, 부모교육, 공감과 소통, 영양 편식지도, 다중지능 등 다양한 분야에서 강의를 하는 곳이다.

지난 2025년 1월 연구원 신년회에서는 각자 선물을 가져와 교환한 후, 연구원 세 분의 미니 특강 시간을 가졌다. 일명 편편세바시였다. 각자 살아온 이야기, 강사를 시작하게 된 이야기를 하는데 한 편의 영화를 보는 것처럼 흥미진진했다.

나는 강의 시작 전 춤추며 노래하는 것을 편편힐링센터 신년회에서 처음 시도했다. 강사님들이 모인 자리이니 만큼 호응이 참 좋아서 성공적으로 즐겁게 마쳤다. 나만의 강의 스타일을 만들어 가는데 실험해 볼 수 있는 아주 좋은 기회였고, 자신감도 얻었다.

셋째로, 다른 강사님들을 통해 충분히 강의 경력을 쌓았다면, 이제는 내 콘텐츠를 구체적으로 만들 차례다. 내가 정말 잘하고, 좋아하는 분야 중에서 찾는다. 한 개가 아니라 여러 개라도 좋다. 오히려 다양할수록 기회가 더 많을 수도 있다.

지금은 창의융합의 시대이다. 나의 경우에는 글쓰기와 춤, 노래를 좋아하여 '글쓰기 레크리에이션'이라는 분야로 강의를 할 계획이다.

처음부터 시도하기 어렵다면 재능 기부 혹은 자원봉사로 먼저 시도해 보는 것이 좋다. 기회는 찾아보면 많이 있다. 아이가 다니는 학교에서 학부모들 중 부모교육을 할 재능 기부 선생님을 모집했었다. 그때 감정조절법, 외국어공부법, 글쓰기, 독서지도법으로 총 4차시를 기획하여 강의를 했다. 나의 경험과 강점을 기반으로 강의한다는 것은 정말 살아있는 강의를 하는 길이었다.

시청각 자료부터 나에게 맞게 만들고, 공부할 것도 많았지만 그만큼 뿌듯하고 무엇보다 재미있었다. 진짜 강의의 주인공이 된 기분이었다.

아이들에게 영어를 가르치고 싶어 소그룹 과외를 할까 생각도 했다. 하지만 너무 부담스러운 도전이라 선뜻 시작하기가 어려웠다. 대신 아이 학교에 '책 읽어 주는 엄마'라는 방과 후 봉사활동을 신청하여 영어로 된 책을 읽어주었다. 아이가 조카나 친구들과 함께 있을 때에도 간단한 것부터 영어로 이야기한다. 급해서 먼저 한국어가 나왔더라도 영어로 다시 이야기한다. 영어로 먼저 말하고, 소통이 잘 안 되면 한국어로 다시 이야기 해 주기도 한다. 특히 아이들이 몹시 궁금해하는 내용이 있을 때에 영어로 이야기를 해 준다. 아이가 귀를 쫑긋하고 듣기 때문에 효과 만점이다.

또 내가 좋아하는 영어 스피치 클럽 토스트마스터즈에 아이와 아이 친구들을 데리고 가고 있다. 엄마가 영어로 스스럼없이 발표하는 모습을 보면 아이들도 그만큼 영어와 발표에 친숙해진다.

이것이야말로 살아있는 외국어 교육이 아닐까. 꼭 돈을 받고 일하지 않아도 '강사'가 되어 볼 기회는 무궁무진하게 많다. 처음부터 욕심을 버리고 자원봉사, 재능 기부부터 차례대로 경험을 쌓아가자. 강사는 분명 가슴 뛰게 하는 매력적인 일이다.

20년 후 당신은, 했던 일보다 하지 않았던 일로 인해 더 실망할 것이다. 그러므로 닻줄을 던져라. 안전한 항구를 떠나 항해하라. 당신의 돛에 무역풍을 가득 담아라. 탐험하라, 꿈꾸어라, 발견하라.

―마크 트웨인

이 숙 희

하이섬공방 대표, 캘리그라피 작가, 저서 "정석캘리그라피"
캘리그라피강사 (펜캘리그라피, 붓캘리그라피, 수채그림캘리그라피), 공예강사,
그림책놀이강사, 팝아트인물화강사, 대구미술협회 초대작가(캘리그라피)

이숙희 작가 소개

01_가르쳐주는 게 즐거워

문득 뽀로로의 노래 가사 "노는 게 제일 좋아"가 떠오른다. 어릴 적에 꿈을 쓰라는 질문을 보면 나는 '선생님'이라고 떠 올렸다. 막연히 학창 시절 늘 대하는 대상이라 그렇게 썼다고 생각했는데, 강사로 지내다 보니 가르쳐주는 일이 즐겁다.

대학을 졸업하고 20대에 유치원과 어린이집에서 유아들을 돌보고 가르쳤다. 단지 아이들을 좋아하고 귀여워하는 교사는 아니었다. 교육의 대상에게 필요한 습관과 사회성, 배경 지식들을 어떻게 하면 잘 이해시킬까, 어떻게 하면 잘 가르칠 수 있을까 하고 고민하고 준비했다. 나름 교사라는 사명감에 불타던 시절이었다.

그 모습 때문인지 유치원 원장을 맡아 보겠냐는 제의를 해 주신 분이 계셨다. 감사하지만 아무래도 경영보다는 직접 지도해가는 것이 좋았기에 정중히 사양했다. 나에게는 아이들을 지도하고 소통하는 일이 더 좋았다.

결혼하고 아이를 키우면서 미술학원에서 아이들을 지도하게 되었다. 한때 내가 가르쳤던 아이의 학부모이셨는데 자신의 학원에서 아이들을 지도해 달라고 하셨다. 사명이라 여겼던 일이지만, 온종일 매이지 않고도 할 수 있어 감사했다. 그러던 어느 날, 원장님이 나에게 부탁할 게 있다고 하셨다.

"쌤, 글씨 잘 쓰니까 POP 글씨로 벽에 붙일 안내 문구를 좀 써줘요."

POP 글씨가 뭐지?

궁금했다. 학창 시절 나름 글씨 잘 쓴다는 얘길 듣기도 했지만, POP 글씨(구매를 끌어내는 구매시점광고 글씨)를 어디서 배울 수 있는지 알아보았다. 이 계기가 강사의 길로 가는 첫걸음이었다. 마침 평생교육의 붐으로 일주일에 한 번 오전에 배울 수 있게 되었다. 배우는 것 또한 재미있었다. 어릴 적부터 그림을 그리고 손으로 무언가를 하는 것에 흥미로워했던 덕분인지 배우다 보니 더 깊이 알고 싶은 마음이 일어났다. 배운 김에 강사과정까지 배우며 정말 열심히 했다. 협회에 가서 자격증 취득을 위한 공개 시험도 치렀다. 연말에 협회에서 수여하는 상도 받았다.

"POP 부문 우수상 이숙희"

자격증까지 따고 보니 '강사'라는 직업에 대해 생각해보았다. 당시 내 나이 40대에 접어 들었는데 진로에 대해 고민하게 될 줄이야! 새로운 일을 한다고? 생각을 정리했다. 원래 하던 유아교사로 산다면 경력도 많고 경제적으로도, 하는 일의 익숙함으로도 더 안정적일 것이다.

하지만 종일 아이들을 대하는 건 어느 순간 체력의 한계로 이어졌다. 익숙해서 지치는 것도 있었다.

그에 비해 강의는 두세 시간 바짝 집중해서 지도하고, 쉬고, 또 새롭게 강의에 몰입할 수 있었다. 또한 다양한 강의분야를 계속 배워갈 수 있다는 것도 좋았다. 나의 성격상 도전하고 진취적인 편은 아니라고 여겨지는데, 재밌을 것 같다는 생각이 들었다. 강의가 얼마나 있을지는 모를 일이지만 말이다. 결론은 새롭게 도전해 보기로 했다.

움츠리고 있으면 아무 일도 일어나지 않아
- 강원석 시집〈너에게 해 주고 싶은 말〉'널 위한 날들' 중에서 -

이렇게 나는 협회소속의 강사가 되었다. 협회에서는 강의를 필요로 하는 기관에 강사를 연결해 주고, 그 강의에 필요한 재료와 기관에 제출해야 할 관련 서류들을 마련해 주었다. 협회에서 나의 주력 강의는 POP 과목이었다. 모 초등학교에서 학부모들을 대상으로 첫 강의를 했다. 그날의 떨림과 흥분을 지금도 기억한다.

떨리지만 안 떠는 듯, 긴장하지만 안 긴장하는 듯하며 시작했던 첫 강의 시간이었다. 이후 여러 학교, 공공기관에서 강의를 했고, 이에 대한 반응도 괜찮았다. 덕분에 나의 강의횟수와 기관은 차츰 늘어났다.

그와 함께 같은 대상에게 여러 회차의 강의를 하면서 다른 분야의 강의도 필요해졌다. 다양한 강의를 위해 더 많은 분야를 배웠다. 북아트, 냅킨아트, 클레이 등 다양한 공예를 익혔다. 협회 내에서 아크릴물감을 이용한 팝아트인물화 그리기는 나의 독보적인 프로그램이기도 했다.

동료 강사님들과 가까워지면서 서로의 강점을 공유하고 도움을 받았다. 또한 새로운 강의내용을 개발하고 연구했다. 그 관계는 지금도 이어지고 있다. 역시 사람이 자산이다.

어느덧 협회에서 강사를 지도하는 강사가 되었고, 인턴교사를 데리고 수업하기도 했다. 한편으로는 내가 강의를 갔던 학교에 다른 강사님이 가면 비교를 당하기도 한다는 말씀도 전해졌다. 협회에서는 더 많은 강의를 내게 맡기셨다. 재료를 많이 챙겨야 하는 강의는 수고로움도 있었지만 더 다양하게 챙겨갈수록 만족도는 더욱 좋았다. 수강생들이 만족하고 좋아하는 모습이 내게는 보람과 뿌듯함, 즐거움으로 나를 미소 짓게 해 주었다. 그러다가 '캘리그라피'라는 분야를 듣게 되었다.

"캘리그라피, 그건 또 뭐지?"

학창시절 나름 글씨 잘 쓴다는 얘길 들으며 지냈는데, 또 배울 곳을 찾았다. 벌써 십 년여 시간이 지나 나를 캘리그라피 작가라고 소개할 수 있게 해 준 그것.

20년 후 당신은, 했던 일보다 하지 않았던 일로 인해 더 실망할 것이다. 그러므로 닻줄을 던져라. 안전한 항구를 떠나 항해하라. 당신의 돛에 무역풍을 가득 담아라. 탐험하라, 꿈꾸어라. 발견하라.
－마크 트웨인

02_강사 이 숙 희 "나는 깊숙~~~~희 선생님"

어린이 수업을 진행할 때면 나의 이름 '이숙희'를 이렇게 소개하곤 한다.

칠판에 나의 이름을 써 놓고 이름 중 "숙"자의 받침 'ㄱ'의 세로획을 길게 그으면서 "선생님은 뭐든 배우고 시작하면 오~~~래 '깊숙~~~이'(깁수키) 하는 이숙~~~희(이수키) 선생님입니다."

그렇게 소개하면 종종 아이들은 웃으며 나를 '깊숙희 선생님'이라고 부르기도 했다.

얕게 말고 깊숙이

'캘리그라피'(명사): 글씨나 글자를 아름답게 쓰는 기술. 좁게는 '서예(書藝)'를 이르고 넓게는 활자 이외의 모든 '서체(書體)'를 이른다.
　　　　　　　　　　　　　-네이버 국어사전(오픈사전)-

캘리그라피에 관심을 가지면서 가까운 문화센터에 등록해서 배웠다. 하지만 배우면서 따라 쓰기만 하는 답답함이 있었다. 나의 성향상 원리를 알고 이해해야지, 단순히 따라 쓰기는 재미가 없었다. 이후 다른 곳을 찾아 배우게 되었다. 다양한 글씨체도 익히고 글씨를 쓰는 원리에 맞춰 쓰기도 알게 되었다. 나에게 맞는 배움터도 중요하다.

당시 다른 강의와 일을 병행하고 있는 터라 시간이 없었다. 그래서 배우는 시간만큼은 충실히 임했다. 별도의 연습 시간을 내기보다는 생활 속에서 연습을 했다. 새로운 글씨체를 익힌 주간은 그 글씨체로만 글씨를 썼다. 설교 말씀 내용을 쓰거나, 메모해야 할 때도 그 글씨체로만 쓰며 열심히 익혔다. 그러던 중 감사하게도 연습을 해야만 하는 기회가 왔다.

캘리그라피를 배우고 있는 6개월을 막 지날 즈음인 2015년, 남편은 개척교회를 시작했다. 대한예수교장로회 '하나님과 이웃을 섬기는 교회', 줄여서 '하이섬교회'라는 이름으로 "예배가 삶되게 삶이 예배되게"를 구호로 삼았다.

7월 첫 주는 공식적인 설립 예배를 드리기로 했다. 경제적으로 넉넉하지는 않지만 초청되어 오신 손님들께 드릴 선물을 준비해야 했는데, 우리 교회의 슬로건을 쓴 컵을 직접 만들어 선물하기로 했다.

초벌구이 된 컵을 구입하고 "삶이 예배되게" 글씨를 내가 쓰기로 했다. 어떻게 하면 받는 사람에게 하나밖에 없는 감사 선물로 기쁨을 줄까를 고민했다. 내가 아는 모든 글씨체를 동원하여 다양한 캘리그라피 글씨체를 썼다. 자연스레 배운 글씨체를 모두 연습하게 되었다. 종일 일하고 돌아와 밤 2시가 넘도록 50여 개의 컵에 글씨를 썼다. 피곤해도 힘든 줄 모르고 열심히 썼던 것 같다. 글씨를 쓴 컵은 조심스레 담아 도예를 하시는 분께 유약 칠과 가마에 굽는 작업을 맡겼다. 그리고 일주일 후 돌아온 컵 박스를 기대감으로 열었다.

"이럴 수가, 컵에 글씨가 하나도 없잖아!"
초벌 컵에 글씨를 쓴 물감이 가마온도와 맞지 않아서 모두 녹아버린 것이다. 물감을 새로 구입하고 급하게 다시 50여 개를 썼다. 새벽 4시까지! 힘들긴 했지만 다시 쓰니 더 다양하게 쓰고 구성해가는 기회가 되었다. 상황이 나를 더 열심히, 더 깊게 고민하게 해 주었다. 여름밤을 지새운 그 경험은 글씨를 쓰는 자신감을 안겨주었다. 성실히 일해 온 수고의 시간이 오늘의 나를 만들어 가고 있다는 걸 나중에야 알았다.

"백 년을 살 것 같이 일하고 내일 죽을 것 같이 기도하라."
-B.프랭클린-

가르치며 끊임없이 배우며

초기에는 협회에서 POP, 토탈공예, 독서 창의아트 강의 활동을 주로 했다. 캘리그라피에 대한 나의 관심으로 따로 시간을 내어 별도로 배우러 다녔다. 바빴지만 수강료를 지불하며 배울 가치가 있는, 흥미롭고 즐거운 과정이기도 했다. 그리고 열심히 연습해야만 하는 기회가 또 주어졌다.
친척분의 소개로 첫 캘리그라피 작품 주문이 들어왔다. 캘리그라피를 꾸준히 배우고 있는 시기였다.
"확장 개원하는 남편의 병원에 걸고 싶어요"

주문받는 건 처음이고 멋진 작품을 못 할까 봐 걱정되기도 했다. 좀 더 유명한 분께 주문하는 게 어떠시냐는 말씀도 드렸다. 솔직히 나름 자존심에 못 하겠다고 말씀드릴 순 없었다. 그분은 나의 글씨가 어떤지 보고 싶다고 하셨고 나의 글씨 중 몇 점을 보여 드렸다. 흔쾌히 좋다고 하셨다.

주문하신 크기는 전지(1,090mm×788mm) 크기의 캔버스였다. 그보다 작은 작품도 두 개 더 있었다. 연습하지 않을 수 없는 상황이 펼쳐졌다. 저녁마다 거실에 전지 크기의 종이를 펼쳐두고 계속 연습했다. 당시도 배우고 있는 중이라 가르쳐주시는 선생님께 여쭤보기도 했다. 더 열심히 배움에 임했다. 큰 작품이긴 했지만 그간 꾸준히 해온 덕분에 부지런히 연습하고 수정했다. 그리고 드디어 작품을 완성했다.

지금은 캘리그라피를 주력으로 강의를 한다. 나만의 감성을 담은 작품을 만들어 전시회도 갖고, 주문도 받고 판매도 한다. 그리고 여전히 배우고 있다. 이제는 캘리그라피에 어울릴 그림 그리는 것을 배운다.

수채 물감을 쓰는 것을 배우고 혼자 연습하고 익힌다. 색칠에 필요한 드로잉의 기초를 배워 수업에 응용한다. 화선지에 캘리그라피를 쓸 경우 배경에 그릴 한국화 물감 사용을 배워 익히고 연구한다. 좀 더 이론적인 기초도 다지고 싶어서 회화과에 편입하여 공부했고, 졸업도 했다.

이 세상엔 배울 것이 너무 많다. 나는 그것이 즐겁다.

자신에게 할 수 있는 가장 가혹한 일은 배우지 않는 것이다.

-칸트-

03_꽃처럼 향기 나는 삶으로

초등학교 시절 운동회 때 달리기에서 늘 꼴등을 했었다. 여섯 명 중 6등. 그나마 6학년 때 운명 달리기(미션을 달성하고 들어오는 달리기)에서는 4등을 했다. 그것도 2등으로 미션을 수행했으나, 4등으로 밀렸다. 이런 나에게 친구가 해 준 말이 있다.

"달릴 때 바로 앞만 보지 말고, 저 멀리 결승점을 보고 달려봐."

여전히 달리기는 못 하지만 내 삶의 경주에서 이 말을 떠올리곤 한다. 바로 앞만 보는 게 아니라 결승점, 목표를 두고 달리기로 했다.

다시 만나고 싶은 선생님

"이상하리만큼 제 마음을 위로하는 문구, 응원하는 글귀들이라 마음이 무척 행복했습니다^^ 덕분에 시원한 여름이었습니다^^ 감사합니다~~♡"

작년 도서관에서 캘리그라피 수업에 참여한 수강생이 여름 분기를 마무리하며, 단톡에 올려주신 인사말이다. 이러한 인사는 '내가 강의를 잘하고 있구나!' 하는 마음과 뭔가 뿌듯한 마음이 들게 한다. 그런 강의를 위해서 나는 늘 강의의 목표를 세운다.

나는 '다시 만나고 싶은 선생님'으로 기억되고 싶다. 그 수업, 그 강의를 떠올렸을 때 다시 배우고 싶은 선생님으로 말이다. 노력의 효과를 보는 건지, 나의 강좌는 재수강생이 많다.

내 강의의 최종 목표는 즐겁게 배우는 시간이 되도록 하는 것이다. 내가 하는 강의는 일명 취미 삼아 배울 수 있는 과목들을 가르치는 분야다. 캘리그라피 쓰기, 그림 그리기, 다양한 공예 활동으로 만들기를 한다. 나는 이 활동들을 스스로가 즐겁자고 하는 활동이라고 이야기한다.

"즐겁자고 하는 일에 스트레스 받지 마세요."

강사의 역할은 그 배움을 잘 이행하도록 하는 것이다. 강사의 실력이 뒷받침되어야 하는 건 당연하다. 그 배움의 몰입에서 오는 성취감과 즐거움을 누리도록 하는 것이다. 그러려면 본인이 잘 해야 즐겁다. 이를 위해서 나는 어떻게 하면 쉽게 가르칠까를 늘 연구한다. 아무리 좋은 것도 반복되면 지겨워진다. 새로운 것은 눈을 크게 뜨게 만들고, 흥미를 끌어낸다.

"쉽게, 즐겁게, 새롭게 가르치며, 잘 안내하기!"

이 덕분인지 2012년부터 개강했던 POP 강의는 지금까지도 매주 금요일 주민들과 동인동 행정복지센터(대구시 중구)에서 함께 하고 있다. 이들 중에는 2017년도에 만나 아직도 매주 수강하시는 수강생도 있다. 현재 캘리그라피 강의를 하고 있는 도서관들도 6년에서 1년 이상 된 곳들이다.

사람이 먼저다

캘리그라피 강의 첫날은 PPT로 캘리그라피에 대한 이론과 내 소개를 한다. 그 내용중에는 나의 좌우명을 쓴 캘리그라피도 있다.
"꽃처럼 향기 나는 나의 삶은 아니어도 부끄럼 없는 오늘이기를 나는 소망한다."
강의도 사람을 대하는 일인지라 뛰어난 실력만큼이나 강사의 태도가 중요하다. 처음에는 좌우명을 "꽃처럼 향기 나는 삶으로"라고 삼았다. 향수는 안 뿌리더라도 내 삶에서 좋은 향기가 나는 사람이기를 원했다. 하지만 쉽지 않았다. 그래도 강사로서 오늘의 강의가 하나님과 나를 바라보는 수강생에게 부끄럽지 않기를 최선을 다해 준비한다.

물건이 귀하던 어린 시절, 설거지를 하다가 유리컵을 깬 일이 있었다. 엄마는 피가 나는 딸의 손보다 컵을 깬 사실에 크게 꾸중하셨다. 이 일은 나에게 사람을 더 중요하게 생각해야겠다는 마음을 심어 주었다.
몇 해 전 팝아트 수업을 하는데 수강생 한 분이 아크릴물감 한 통을 쏟아버린 일이 있었다. 물감의 양이 200밀리 우유 한 통을 쏟은 정도였다. 나는 우선 그 수강생에게 괜찮으시냐고 묻고, 화장실로 가서 본인의 신발에 묻은 물감을 닦으시라고 했다. 그리고 차분히 바닥과 주변을 정리했다. 흘린 물감을 닦는데 다른 분이 어떻게 화를 안 내고 그럴 수 있느냐고 하셨다. 누구나 실수는 할 수 있고 물감은 다시 사면 된다. 마음이 다치는 건 회복하기 어렵다. 그렇게 평소처럼 수업은 잘 마무리했다.

내가 상대를 존중하는 마음을 갖고 있다는 걸 수강생에게 말로 설명할 필요는 없다. 다만 그러한 생각으로 캘리그라피 수업에 임한다. 따라 쓸 예시 글귀를 고를 때 신경을 많이 쓴다. 수강하는 대상에 따라 글귀가 달라진다.

기업체 직원들을 대상으로 할 때, 지역주민들과 할 때, 학생들 대상일 때가 다르다. 지난 코로나 시국 때는 3년간 교도소 재소자들을 위한 캘리그라피 강의를 하며 그에 따른 글귀를 선정했다. 그 글귀들의 감성이 내가 수강생들에게 들려주고 싶은 말이고, 내가 나에게 해주는 위로이기도 하다.

글씨를 가르쳐준 대로 잘 쓰지 못해도 마음의 힘을 얻는 강의가 되길 바랐다. 한 분기(보통 10~12회차 강의)를 마칠 때쯤이면 그러한 마음이 전달되었음을 확인할 수 있다.

"선생님, 캘리그라피 수업을 하고 보니 내가 좀 우아해진 것 같아요."

환하게 웃으며 어느 수강생이 건넨 인사말이다.

04_캘리그라피 강사 하길 잘했다

나의 강사 세월을 돌아보니 벌써 십 년이 훌쩍 넘었다. 지금은 나만의 작품을 만들어 전시회를 하고 판매하고 주문을 받기도 하는 작가로 활동한다. 그리고 캘리그라피를 가르치는 강의를 주력으로 하는 강사다. 한 가지 강의로 이 시간을 보낸 것은 아니다. 그렇다고 계획을 미리 짠 것도 아니다. 기도하고 기대하고 기다리고 기회를 잡고……. 지금도 더 나은 내가 되어가길 바란다.

나의 길…… 오직 주가 아시나니

나의 40대 시절, 초등학생들과 수업을 할 때 '너희들이 나 같은 선생님을 만난 것이 행운이지.' 하는 마음을 갖고 수업에 당당히 임했다. 아이들을 지도했던 경력으로 학생들의 호기심을 이끌어 집중하도록 하는 선생님, 학생들이 재미있어할 프로그램으로 구성하는 선생님, 단지 가르치려고만 하지 않고 생각을 끌어내려는 질문과 대화들.

학생의 입장에서 생각하며 인격적으로 말하는 태도를 갖고 있다고 자부했다. 달달한 간식으로 학생들의 환심을 사려는 모습을 지양했다. 한마디로 혈기 왕성하여 남아도는 게 힘이라고 말하며 열심히 했던 시절이었다. 그런데…….

2019년, 실비보험을 처음으로 사용하게 되는 일이 생겼다. 대학병원에 입원을 하고, 환자복을 입고, 주삿바늘에…… 유방암이었다. 수술 날짜를 잡고, 맡은 강좌가 지장 없도록 인수인계를 하고 일정을 조정하고 강의를 최소한으로 줄였다. 수술 후 컨디션 조절만 잘한다면 항암치료 받으며 일해도 된다는 의사의 말을 신뢰했다. 산책을 하고 잘 챙겨 먹으며 강의도 했다. 그러나 이듬해 갑상샘암, 그 이듬해 유방암 재발까지 세 번의 수술을 하면서 겸손해졌다. 주위를 돌아보며 보이지 않는 마음들을 조금 더 바라보게 되었다. 맡은 일을 잘하는 것에 오로지 집중되어 있던 책임감이라는 걸 조금 내려 놓았다.

건강도 소진된다는 걸 그제야 알았다. 한편 다른 사람을 이해하는 또 다른 계기가 되었다. 누구에게 도움을 청하기 어려워하고 싫어하기까지 하던 내가 누군가의 도움 없이는 살 수 없는 존재라는 걸 알게 되었다. 밥맛이 없을 수 있다는 것도, 아프면 작은 소리에 예민해진다는 것도, 그 남아돌던 힘이 없어져 걷기조차 어려울 수 있다는 걸 알았다. 이러한 몸의 변화가 신기한 경험들이기도 했다. 여러 가지 과정을 겪은 마음은 더 부드러워졌다.

초등수업은 학교 교육복지실에서 따로 대상들을 모아 수업하곤 했다. 수업 중에 그 시간을 방해하는 아이를 만나게 되는 경우가 있다. 내가 크게 병치레를 하고 보니, 아이의 행동 결과만 보고 지도하기보다 원인을 헤아려 보았다. 수업하러 온 강사가 굳이 그런 것까지 헤아려야 하냐고 할 수 있다. 하지만 아이의 마음을 헤아리는 나의 진심은 아이의 태도를 누그러뜨린다. 수업 분위기를 바꾼다.

지난 3년간 수업해 온 초등학교가 있다. 막바지 만족도 조사를 하면서 나는 웃었다.

"선생님, 제가 장난쳐도 그렇게 짜증을 안 내주셔서 감사합니다. 만들기 할 때 너무 재밌었어요."

"꼭 다시 참여하고 싶어요. 선생님 5점…… 2024년 12월 18일"(만족도 5점 만점)

강사 하길 잘했다.

뭐 하나 버릴게 없다

어릴 적 동네 어른들께 가장 많이 들었던 말들 중 하나는 '착하다.'라는 말이었다. 오 남매의 셋째 딸로 태어나 나름 할머니의 꾸중을 독차지하며 살았는데 말이다. 외동아들인 아빠의 셋째 딸이 할머니에겐 예쁠 수가 없었다. 나는 꾸중을 듣지 않기 위해 시키는 대로 잘 듣고 행동했다. 덕분에 다른 사람의 말을 잘 듣는 태도가 내 속에 스며들었다. 잘 듣다 보니 상대를 살피는 것도 습관이 되었다. 꾸중 듣기 싫어하는 마음은 완벽하게 시킨 일을 하는 책임감으로 자리 잡았다.

시키는 대로만 하는 건 편해서 별 생각없이 지냈다. 학교 다니면서 수업 시간에는 수업 듣고 시험 기간에는 시험공부를 했다. 그러다가 대학입시를 맞닥뜨렸다. 부모님은 내게 알아서 정하라고 하셨다. 혼자서 뭔가를 선택한다는 일은, 당시 나에게는 큰 충격이었다! 긴 고민 끝에 내가 갈 대학과 과를 정했다. 일하면서 대학 등록금도 내가 충당했다. 깊게 생각하고 최선의 결정을 내리고자 노력하는 태도는 그때부터 단련되었다.

이번 주도 도서관에서 수강생들과 수업을 한다. 캘리그라피를 가르치고 수채화를 그리고 아크릴 물감으로 팝아트 작품을 만든다. 단지 기술로서의 강의가 아니다. 꾸중 듣기 싫어하는 나는 최선의 준비를 하게 된다. 배워도 배운 대로 잘 안 되는 이들에게는 어떻게 하면 되는지를 다시 한번 친절히 설명한다.

사람마다 나만의 속도가 틀린 게 아니라 다르다는 걸 이야기한다. 내가 살아온 삶과 그 삶의 자세가 나의 모습이 되고 수강생들을 대하는 태도가 된다. 그러면 강의가 쉬워진다. 전문적 지식과 실력은 당연한 거고, 새로운 이들을 만나도 말하는 게 어렵지 않다. 꾸미거나 무슨 척을 하지 않아도 된다. 그냥 내 모습대로 편하게 강의하면 된다.

그래도 첫 만남을 갖는 강좌에서는 예뻐 보이는 단정한 옷차림, 수강생을 기대하는 편안한 미소, 전문가임을 숨기지 않는 단어 사용과 말투는 장착해야 한다.

"선생님, 오늘도 열심히 가르쳐 주셔서 감사해요."

항상 맨 뒷자리에 앉으시는 수강생이 해 주신 말이다. 어느 날엔가 캘리그라피를 쓰다가 고개를 들었는데 한 명, 한 명 꼼꼼히 설명해 주는 나의 뒷모습을 보고 감사한 마음이 들었다며 인사를 건네주셨다.

05_하마터면 지루해질 뻔했다

언젠가 친구에게 나는 내가 잘하고 좋아하는 일을 하며 살고 있어 감사하다고 얘기를 한 적이 있다. 그런데 그 감사도 시간이 지나다 보면 당연한 것이 된다. 늘 하던 일이라는 건 익숙하다 보니 편함을 넘어 재미가 없어지기도 한다. 나에게도 감정의 롤러코스터를 탈 때도 있고 너무 잔잔해서 무료하거나 불안해질 때도 있다.

약장수가 되지 말자

딸은 공연 보는 걸 좋아한다. 자신이 좋아하는 공연을 열 번 이상씩 본 것도 있다. 똑같은 걸 그렇게 많이 보느냐고 물으니 똑같지 않다고 했다. 등장인물이 같아도 매 공연마다 다르단다.

강의도 내용이 같아서 수돗물 흘러나오듯 줄줄줄 이야기할 때가 있다. 그러다 보면 나는 막힘없이 유창하게 이야기했는데, 나중에 수강생들이 못 알아들은 경우가 있었다. 그럴 때는 내가 여러 강의를 하느라 바쁘고, 늘 하던 일이라 쉽게 여길 때였다. 앞만 보고 너무 달리다 보면, 나만 달리고 있는 것이다.

　어릴 적 보았던 약장수처럼 규칙적인 음의 고저와 장단으로 이야기하고 있지는 않은가 돌아보게 되었다. PPT에 새로운 내용을 넣고, 신선한 캘리그라피 작품을 소개했다. 말하고 있는 내가 다시 흥미진진하고 들떠야 수강생들도 그 에너지를 전달받는다. 특히 다수를 대상으로 한 강의를 할 때는 더욱 그러하다.

　그리고 그 새로움을 위해 다시 배움의 길을 걸어야 한다. 최근 나는 펜드로잉과 어반스케치에 관련된 책을 네 권 샀다. 그 중 세 권은 모두 읽고 훑어보았다. 그리고 일주일 중 강의가 비는 시간엔 서화실에서 그림을 그리고 있다.

뭣이 중헌디

　강사는 사람을 대하는 일인지라 수강생의 한마디, 눈빛 하나, 어떠한 행동이 목에 걸린 가시처럼 걸릴 때가 있다. 지극히 주관적인 나의 강사 생활에서는 그러했다. 가끔 일반적이지 않다고 여겨지는 어른이나 학생들이 있다.

　그 강의가 특강 같은 단발성이면 상관없다. 여러 유형의 사람을 만날 수 있다고 생각하면 된다. 하지만 여러 회차를 두고 계속 보아야 하는 경우에는 다음 강의 때가 부담으로 온 적도 있었다. 그렇다고 혼자 생각의 늪으로 빠져들면 안 된다. 감정에 휘둘리지 말고, 추측하지 말고, 사실만 생각하기. 무엇이 중요한가를 생각한다.

　먼저 내가 강사로서 실수한 게 있는지를 생각해 본다. 그게 아니라면 떳떳할 수 있다. 그리고 내 강의의 목적과 목표가 무엇인지 다시 한 번 떠올려 본다. 다음 강의를 위해 또 준비한다.

어느 피곤한 날, 나는 나에게 주는 칭찬 한마디를 캘리그라피로 엽서에 썼다.

'오늘도 나는 내가 좋다…… 잘 견뎌낸 나에게'

보릿고개를 준비하자

강사는 대부분 프리랜서다. 매달 꼬박꼬박 수입이 들어오는 것이 아니다. 강사비도 기관마다 규정이 있지만, 다르기도 하다. 지역적으로도 차이가 있다. 그렇기에 강사는 재정관리가 꼭 필요하지만, 나같이 그 분야에 서툰 사람은 쉽지 않다.

그래서 월급처럼 매달 수입원을 만들어야 한다. 나는 개인 공방을 운영한다. 캘리그라피 수강생을 모집하여 개인 지도를 한다. 또한 외부 강의는 분기별로 수강생을 모집하여 운영하는 도서관 문화강좌를 맡아서 하고 있다. 늘 성실히 강의를 하다 보면 나를 알아봐 주고 강의를 의뢰하는 경우가 생기기 마련이다. 아직 나를 알아봐 주지 못한다면 공개모집의 관문에 도전해 보자. 공개모집은 관할 시,도의 공고를 자주 볼 필요가 있다. 구인광고를 보아야 한다.

보통 1~3월은 외부 특강이 적은 시기이다. 학교 같은 경우는 예산편성이 안 된 경우라 더욱 그러하다. 일명 이때를 보릿고개 시기로 보고 긴축재정에 돌입하는 편이다. 그래서 이 시기에 만기 되는 단기 적금을 미리 들어 둔다. 평소에 매달 나가도 크게 부담되지 않는 소액으로 말이다. 무슨 일이든 경제적인 안정이 되지 않으면 불안함이 생긴다.

　한편으로 강의가 바쁘지 않을 때는 시간이 여유롭다. 이때야말로 나의 가치를 높일 수 있는 활동에 몰입하기 좋은 시기이다. 강의 관련 분야를 공부하고 연습하고 개인적인 작품을 만들고 전시회를 준비하는 시기로 좋다.

06_취미에서 직업으로~ 나의 실력을 알려라

"선생님, 저희도 캘리그라피를 배워보고 싶어요~~ 우리도 좀 가르쳐 주세요!"

주민센터에서 나에게 POP를 배우고 계시던 수강생들이 나의 작업실로 캘리그라피를 배우러 오게 되었다. 수강생을 모집하지도 않았지만, 나를 아는 그녀들이 왔다. 우선 내가 캘리그라피를 쓰는 걸 알려야 한다.

캘리그라피 강사가 되고 싶다면

캘리그라피 강사를 해 보고 싶다는 마음, 한번 해볼까 하는 마음을 가졌다면 이미 캘리그라피를 접해보았고, 어느 정도 배워보았을 것이다. 하지만 그 이전 과정부터 이야기해보려 한다. 이미 나의 직장이 있다면 취미로 꾸준히 배워 실력 쌓기를 권한다. 잠깐 배워서 잘할 수 있다는 기대는 과한 욕심이다. 배워보면서 자신과 맞는다면 그 길을 구체적으로 그려가 보길 바란다. 그 취미가 나의 직업으로 변하여 제2의 삶을 살 때가 올 수도 있으니 말이다. 주위의 캘리그라피스트들도 보면 다양한 직업군에서 지금의 캘리그라피 강사가 되었다.

1. 좋은 캘리그라피협회를 만나라.

우선 캘리그라피 강의를 하려면 자격증을 취득해야만 한다. 그러려면 협회가입은 필수이고 이것은 후에 강사가 수강생에게 자격증을 발급할 수 있는 자격을 갖는 것이기 때문에 중요하다. 그런 과정을 지나온 나는 세 군데의 협회에서 여섯 종류의 캘리그라피 자격증을 취득했다. 그렇다면 좋은 협회란 어떤 기준으로 보아야 할까?

그 협회 글씨체(캘리그라피)의 퀄리티와 커리큘럼이 좋아야 한다. 처음 접할 때는 모든 캘리그라피가 예뻐 보인다. 어릴 적 배운 젓가락질이 평생을 함께 하듯 특히나 손으로 하는 일은 처음 습관이 중요하다.

캘리그라피를 배울 때도 처음부터 좋은 퀄리티의 글씨를 배우는 것이 매우 중요하다. 우선은 다양한 캘리그라피를 접해보기를 권한다. 그 과정에서 어떤 캘리그라피의 퀄리티가 높아 보이는지를 보는 눈이 자라게 된다. 물론 캘리그라피는 개인 취향에 따라 판단의 차이는 있을 수 있다. 흘려 쓰는 글씨를 좋아하는 사람이 있고, 단정한 글씨를 좋아하는 사람도 있다. 그 가운데 배울 가치가 있는 나의 캘리그라피를 갖는 것이 필요하다. 캘리그라피의 퀄리티와 커리큘럼은 내가 가진 무기와도 같은 것이다.

요즘은 온라인으로도 배우고 자격증을 딸 수 있다. 개인적으로는 직접 가서 배우는 것을 권한다. 독학에는 한계가 있고 배운 것을 가르치려면 계속 배워가야 한다. 함께 배운 동료는 시간이 흐르면 다양한 정보를 나누고 성장하는 친구가 될 수 있다.

　내가 운영하고 있는 공방에도 강사과정을 꿈꾸는 이들이 있다. 그들에게 자격증을 안내한다. 자격증을 취득한 이에게는 나의 출강 수업을 참관하도록 해 준다. 또한 여건이 맞는 경우에는 직접 강의를 할 수 있도록 기회도 주고 있다. 나의 제자 수강생이 동료가 될 때까지 책임감을 갖게 된다.

　내가 속해 있는 한국예술문화캘리그라피협회는 매년 협회전을 준비하여 회원들이 작품을 제작하여 전시할 수 있는 기회와 이력을 만들어 준다. 매년 몇몇 서예대전 캘리그라피 부문에 참여하도록 지도하여 실력을 평가받고 인정받을 역량을 키워준다. 또한 2024년에는 새로운 여섯 가지 서체를 정리한 "정석캘리그라피"(빨간머리앤 출판사)를 출간하여 협회의 서체 방향을 제시하기도 하였다.

2. 캘리그라피를 쓸 기회를 만들어라.

　"지금 주문 받으면, 평생 주문 받지 못할 수도 있어요."

　글씨를 처음 배우는 사람이 주위에 자랑을 하면서 덥석 주문을 받아오는 경우가 있다. 그럴 때를 대비해 내가 수강생에게 해 주는 말이다. 글씨의 완성도를 높이기 위한 시간에 집중해야 한다.

　열심히 실력을 키워야 할 때가 있고, 용기를 가지고 도전해 봐야 할 때가 있다. 열심히 실력을 길렀다면 나의 역량을 알려야 한다. 이때 이를 격려해 주는 선생님과 동료가 필요한 것이다. 가까이에 있는 지인에게 캘리그라피 엽서든지 좋은 글귀라도 써 나눠주며 알려야 한다.

　페이스북, 인스타, 블로그 등 개인 SNS를 잘 활용하는 것도 필요하다. 교회나 기관에서의 행사에 봉사로 글을 써 주는 일도 좋다. 나의 수강생은 교회 바자회에 캘리그라피 액자를 만들어 드렸고, 수익을 기부하기도 하셨다. 다른 분은 자신만의 작품을 만들어 전시회에 참여하셨는데 구매하고 싶다는 제의를 받기도 하셨다. 이미 선물을 주기로 하고 만든 작품이라 판매는 하시지 않았지만 말이다.

대외적으로는 자신의 이력서에 한 줄이라도 넣을 수 있는 활동을 하는 것이 필요하다. ○○대전, 공모전에 참여하는 것도 좋은 방법이다. 개인적으로 배우는 곳이 있다면 선생님이 적절히 지도해 주실 것이다.

처음부터 좋은 성적을 기대할 수는 없으나 참여하는 것만으로도, 그 준비가 공부가 된다. 서예대전, 미술대전, 캘리그라피대전 등은 수상 경력이 쌓일수록 점수로 환산하여 초대작가로 추대된다. 길게 보고 참여해야 하고 대부분 출품료가 있다. 대전마다 출품료가 다르나 공모전은 출품료 없는 경우도 많으니 잘 검색해볼 필요가 있다. 출품료가 부담된다면 너무 여러 곳에 출품하기보다는 두세 곳 정도를 집중적으로 출품하는 것이 좋다.

07_마음을 나누는 캘리그라피

"선생님, 말씀 캘리그라피책 언제 나옵니까? 준비하고 계시죠?"

2021년 겨울에도 대구문화예술회관에서 캘리그라피 전시회를 가졌다. 그중에 나의 작품을 보고 연락을 주신 분이 계셨다. 대구에서 포항까지 출퇴근하시는 중학교 국어선생님이시다. 이후 공방에 오셔서 캘리그라피를 배우셨다. 그분이 나에게 자주 하신 말씀이다.

꿈꾸지 않았지만 꿈꾸어 본다.

사람마다 성향이겠지만, 나는 책임지지 못할 말을 하는 걸 두려워한다. 거짓말을 하는 것처럼 되는 게 싫다. 그리고 나름 바쁘게 사느라 앞에 놓인 일을 해내며 살기도 바빴다. 꿈을 꾸어볼 여유보다 지금을 늘 감사히 여기며 걸었다.

그런 나에게 꿈이 싹텄다. 앞에 놓인 일이 아니지만, 준비하고 나아가게 된 것이다. 나의 캘리그라피로 성경 말씀을 쓴 책을 발간해보라고, 그 선생님이 제안하신 것이 시작이었다. 그럴만한 가치와 필요에 대해 여러 번 얘기하셨다.

    내 글씨에 대해 칭찬해 주고 가치를 높여 말해 준 친구들이 떠올랐다. 친구니까 더 좋게 보일 수 있다고 생각도 들었다. 하지만 필요와 좋은 가치를 가진 캘리그라피 책을 만들어봐야겠다는 꿈! 마음을 먹고, 마음에서 이제는 말로 꺼내 보고 있다.

    작년에 캘리그라피 쓰기를 돕는 "정석캘리그라피" 책을 출간했다. 한국예술문화캘리그라피협회의 여섯 작가들이 함께 4년여를 준비하여 공저로 펴낸 것이다. 꿈을 품으니 이를 구체화할 수 있는 일들이 열리고 그 기회들을 잡게 된다. 이 책 "강사이펙트"도 그러하다.

    나의 삶에 함께 하는 성경 말씀들을 캘리그라피로 쓰고, 나의 그림을 곁들인 책. 지금은 희미하지만 언젠가는 거울에 비추듯 보일 날을 기대한다.

좋은 수강생을 만나는 복을 만났다.

    도서관에서 매 분기마다 강의를 마무리할 즈음이면 감사하다는 말씀을 많이 듣는다. 인사치레라고 들을 수도 있지만 느낌 아니까. 나는 이렇게 인사말을 드린다.

    "제가 강의를 잘한 것도 있겠지만, 좋은 수강생을 만난 것도 저의 복입니다."

    사실이 그러하다. 내가 아무리 잘 가르쳐도 안 듣는 태도를 가진 사람이 있다. 나는 좀 더 잘 쓰시도록 가르치는데 지적한다고 받아들이는 분도 계시다. 여러 다양한 유형의 사람들과 그 태도는 나를 더 유연하게 만들어준다.

'수강생이 이렇게 받아들일 수도 있겠구나!'

'나는 그런 의도가 아니었는데 어떻게 지도해볼까?'

하나씩 풀어가다 보면 잘 따라와 주는 기존 수강생들이 감사하다. 탁자 위에 음료 하나, 손수 만드신 선물 하나, 작은 쪽지의 인사도 감사하다. 그 감사의 마음들을 잊지 않으려 한다. 흐르는 물처럼 감사의 마음을 흘리며, 나와의 강의 시간이 또 기다려지는 시간이 되도록 오늘도 준비한다.

'어떻게 하면 즐거울까?'

나는 캘리그라피가 좋다. 어떤 글이냐에 따라 그 글이 주는 느낌을 글씨에 표정으로 담아 전할 수 있다. 한편으로는 글씨체 자체가 주는 멋스러움과 감동도 있다. 그러한 것들을 수강생들에게 가르쳐주는 일이 즐겁다. 수강생들이 글씨를 통해 위로받고 즐거워하는 것이 좋다. 내가 쓴 캘리그라피의 표정을 읽어 내고, 공감해 주고, 감동하고 칭찬받는 것도 좋다. 나의 캘리그라피가 인정받아 간판으로, 책 제목으로, 컵에 액자에 쓰여 있는 것도 좋다.

이렇게 많은 사람들에게 쓰이고 인정받으니 감사하다. 앞으로 나만의 캘리그라피를 계속 쓰며 연구하고 또한 더 잘 가르치려 끊임없이 노력할 것이다. 또한 강사로서 "다시 만나고 싶은 선생님"으로 지금도 그 꿈을 향해 가고 있다.

유정아

예's원 영수학원 원장
인덕대학교 한국어토픽강사
다문화행복학교 책임자(다문화상담 1급, 가족상담사1급)

유정아 작가 소개

01_흐르는 강물은 방향이 없다

아장스망(Agencement)이란 단어는 나를 표현해 주는 가장 적합한 단어다. 고정된 틀에서 벗어나 다양한 요소들이 역동적으로 결합 재구성되는 방식으로 살아간다는 뜻으로 삶의 방식을 끊임없이 변화하고, 주어진 환경, 관계, 자원에 따라 유연하게 재조합하며 발전하는 것을 의미한다.

나는 강사가 아니다. 강사가 되고 싶었던 적도 없다. 하지만 환경이 나를 강사로 만들었고, 나는 그 역할을 누구보다 강하게 해내고 있다. 내 꿈은 강사가 아니었고, 지금도 스스로를 전문 강사라고 생각하지 않는다. 하지만 한 가지는 확실하다.

나는 무엇이든 가르칠 수 있다. 그리고 내가 가르치는 것은 짧고 강렬하게 핵심만 남긴다. 학생들의 머릿속에 깊이 각인시키는 것, 그것만큼은 누구보다 자신 있다.

처음 고등수학을 가르칠 때는 스킬 없이 60분 동안 혼신을 다했다.

한순간도 쉬지 않고 영혼을 담아 가르쳤지만, 결과는 처참했다. 학생들이 30%라도 기억하면 다행이었다.

'이렇게 열심히 가르치는데 왜 기억을 못 하지? 내가 문제인가? 아니면 학생들 때문인가?'

답을 찾기 위해 끊임없이 고민했다.

그리고 지금, 나는 완전히 달라졌다. 이제는 40분을 함께 웃고 즐기며 20분만 집중적으로 가르쳐도 학생들은 80% 이상을 기억한다. 그들의 시선을 단 한 순간도 놓치지 않는다. 오롯이 집중을 나에게 향하게 만들고, 결정적인 순간, 머릿속 깊숙이 지식을 집어넣는다. 이것이 바로 나의 강점이다. 그리고 그 누구 못지않게 열정적으로 가르친다.

어릴 때부터 엄마는 "여자는 악기 하나쯤은 능숙하게 다룰 줄 알아야 한다."라며 기대를 품고 계셨다. 그 덕분에 초등학교 1학년부터 고등학교 졸업까지 피아노 개인 레슨을 받았고 피아노는 내 일상의 일부가 되었다.

그러다 20대에 교회 대 예배 반주를 맡게 되었다. 어느새 30년째 자리를 지키고 있다. 피아노에 대한 부담이 없었던 덕분에 학생 때 처음으로 피아노 학원에서 아르바이트를 시작했는데, 뜻밖에도 그것이 나의 첫 '강의' 경험이 되었다.

에너지가 넘쳐서인지 내가 맡은 학생들은 가장 열정적이었고, 출석률도 최고였다. 분위기가 워낙 활기차다 보니 학원에서 가장 인기 있는 수업이 되었다. 원장님은 전공자가 아닌 나에게 졸업 후에도 계속 함께하자며 적극적으로 붙잡을 정도였다. 생각해 보면, 이때부터 이미 가르치는 일에 자연스럽게 발을 들여놓고 있었던 것 같다.

학교를 졸업하고 인생에 대한 고민이 많았던 시기, 나는 생각의 빈틈을 독서로 채우며 본격적으로 수학 과외를 시작했다. 그러던 중 1990년대 초반, 해외여행이 자유로워지면서 대학생들에게 유럽 배낭여행이 필수 코스로 자리 잡았다. 나도 이 흐름을 놓칠 수 없었다.

계획을 세우고 준비한 끝에, 1997년 여름, 인생 최고의 결정 중 하나였던 3개월간의 유럽 호텔팩 배낭여행을 떠났다. 편안하면서도 다이내믹한 여행 속에서 새로운 세상을 경험하며 마음껏 즐겼다. 그리고 그해 10월, IMF가 터졌다. 1ℓ에 천 원도 안 하던 기름값이 순식간에 두 배 가까이 뛰었고, 모두가 혼란스러운 시기를 맞았다.

하지만 나는 멈추지 않았다. 많은 여행을 통해 세상을 넓게 바라보게 되었고, 그 속에서 나 자신을 진지하게 마주했다. 비록 광활한 세상 속에서 나는 작은 존재일지라도, 따뜻한 마음과 진정성을 바탕으로 자존감을 키우며 한층 더 멋진 사람으로 성장해 가고 있었다.

한편 영어에 대한 갈망이 컸던 나는 매일 오전 영어 학원에서 공부하며 실력을 쌓았다. 그리고 마침내, 장기적인 계획을 실행에 옮겨 2001년부터 1년 동안 캐나다 어학연수를 떠났다. 하지만 기대했던 것과는 달리, 캐나다 생활은 그렇게 흥미진진하지 않았다.

만약 정말 신나는 경험으로 가득했다면, 한류 바람이 불 일도 없었겠지. 바람을 맞으며 살던 내가, 캐나다의 느긋한 분위기 속에서 머리부터 마음 끝까지 차분해지는 기묘한 변화를 겪었다. 하지만 나는 흐르는 시간 속에서 멈춰 있는 걸 좋아하지 않는다.

홈스테이는 목사님 댁에서 했다. 그곳에서 유학생들과 이민자들에게 수학과 피아노 과외를 하며 용돈을 벌었고, 영어 문법도 가끔 서비스로 봐 주곤 했다. 그러던 어느 날, 목사님께서 조심스럽게 물으셨다.

"교회 반주자가 없는데, 캐나다에 남을 생각 없어요? 교회를 통해 영주권도 빠르게 받을 수 있을 텐데."

하지만 그때도 지금도 나는 뼛속까지 한국인이었다. 고민할 것도 없었다.

"전 절대 한국을 떠나서는 살 수 없어요."

실제로 꽤 괜찮은 조건들이 주어졌지만, 나는 한순간의 망설임도, 미련도 없이 한국으로 돌아왔다. 물론 그 결정에는 여러 가지 이유가 있었다.

2006년 지금 다니는 교회에서 다문화 행복학교를 만들었고 책임자로 봉사를 시작했다. 다문화 학생들과 가정뿐 아니라 교환학생으로 한국에 온 대학생들을 상담하며 많은 피드백을 제공하고 매뉴얼을 만들었다.

이러한 경험이 편향된 나의 생각을 부수고 나를 더 폭넓은 사람으로 업그레이드 시켰다.

2008년, 나는 학원을 개원했고 지금까지 운영하고 있다. 처음 학원을 연다고 했을 때, 교회 분들이나 주변 사람들은 하나같이 피아노 학원인 줄 알았다. 혹 영어·수학 학원일까 싶어도, 당연히 영어를 가르칠 거라 생각했다. 그런데 내가 고등수학을 가르친다고 하자, 다들 눈을 동그랗게 뜨며 놀라는 모습이 재미있었다.

내게는 너무도 당연한 일이었지만, 그들에게는 상상조차 못 한 일이었나? 마치 나는 아침 이슬이 맺히는 걸 자연스럽게 받아들이는데, 다른 이들은 반짝이는 방울들을 보며 신기한 마법 같다고 느끼는 것처럼. 그런 반응이 귀엽기도 하고, 신선하기도 했다.

그렇게 학원을 열면서 나는 본격적으로 강사의 길을 걷기 시작했다. 학원을 개원하고부터가 나의 본격적인 강사로의 첫걸음인가?

에피소드 1

나의 꿈은 요리사였다.
20년 전쯤 고등학교 학생기록부가 필요해 서류를 떼었는데 장래 희망 3년 내내 요리사였다. 아무리 생각해도 요리사라고 쓴 기억은 없는데 재미있다. 그때는 요리가 좋았나 보다.
독서는 사랑이지만 요리책만 펼치면 이해력 제로가 되는 내가 요리사를 꿈꾸다니 아무리 생각해도 미스터리다. 사람들에게 지식과 정보를 나누는 강의의 길을 걷지만 어릴 적 나의 꿈은 요리사! 맛있는 요리를 만들어 맛을 보며 나를 행복하게 만들 듯 지금 나는 강의 요리사다. 나만의 레시피를 만들어 나뿐 아니라 내게 오는 사람들을 건강하게 행복하게 만드는 강의 요리사^^

02_바다 위에 길을 낸다

　블러핑이란 낮은 패를 가지고 있으면서 높은 패를 가진 양 허세를 부리는 것을 의미한다. 누군가를 가르친다는 것은 절대 블러핑해서는 안 된다. 무언가 가르치다 보면 똑같이 느끼는 것이겠지만, 학생들에게 다섯 개를 주면 절대 다섯 개는 나오지 않는다. 세 개만 나와도 잘 나온 거다. 네 개 나오면 많이 고맙다.

　열 개를 알고 가르치는 것과 백 개를 알고 가르치는 것은 완전히 다르다. 처음 학생과 수업을 시작하면 모든 스케줄 관리는 학생 어머니와 시간표를 만든다. 중학생 2학년부터 서서히 스케줄 관리는 스스로 알아서 하고, 고등학생이 되면 어머니들은 아이의 시간 관리에서 완전히 빠지신다.

　학생들은 점차 독립적으로 성장하며 많은 지적 질문을 시작한다. 그동안 관심 없었던 정치, 시사, 과학, 도서, 연예와 같은 다양한 질문을 하고 흡족한 대답을 들을수록 학생과의 신뢰는 두텁다 못해 굵은 믿음의 기둥이 형성된다.

이러한 신뢰는 학습의 결과로 이어진다. 믿음이 가는 사람이 하는 말이니 시키는 대로 따라 하고, 결과는 성적으로 증명된다. 그.러.나. 이러한 고도의 스킬이 통하지 않는 학생이 존재했다. 내 인생 최고의 수학 스크레치가 발생했다. 바로 나의 아들이다.ㅠㅠ

아이를 키워야 사람이 된다. 결혼 전, 모르면 깨서라도 집어넣는다는 게 나의 신념이었고, 정점의 포인트를 파악하고 꺾으면 된다고 생각하며 학생들의 기를 꺾었다. 그래서 능력과 인기 있는 과외 선생님이 됐고 나를 통하면 꺼져가는 수학도 살려낼 수 있다는 날카로운 카리스마를 가진 유정아였는데, 첫아이를 낳고 나의 카리스마는 죽었다.

이렇게 예쁜 아이들을 애정보다 애증으로 죽도록 가르친 게 미안했다. 아이도 키우지 않은 내가 단지 학습만 가지고 고등학생을 키우는 어머니들께 조언한 것도 부끄러웠다. 내 아이를 키우며 공부야 못할 수도 있지, 건강하고 즐겁게 생활하는 게 우선이라고 마인드 컨트롤을 했는데 첫 아이가 중학생이 되니 나의 수학적 자존심이 다시 스멀스멀 올라온다.

모두가 취업과 미래에 대한 불안으로 제2의 질풍노도의 시기를 보내고 있을 때, 나는 문득

"수학 과외를 언제까지 하겠어?"

라는 생각이 들었다. 그래서 짧고 굵게 해보자고 마음먹고 시작했는데, 예상과 달리 주변에서 소개가 끊이지 않았고, 그렇게 본격적으로 과외에 뛰어들게 되었다. 빠른 시간 안에 입소문이 퍼지며 인기 강

사가 되었다.

　IMF 시기에 환율이 오르고 석윳값이 2배로 상승해 도로에 차가 많이 줄었을 때, 나는 길이 막히지 않아 좋았다. 이상하게도, 학원들은 문을 닫았지만 과외 수업은 오히려 더 늘어났다.

　보통은 초등학교 고학년에서 시작해 고3까지 거의 7년을 넘게 한 아이를 가르쳤다. 나에 대한 소문이 바람을 탔는지 소개가 이어졌고 사돈의 팔촌까지 가르쳤다.

　일주일에 두 번, 2시간 수업이 일요일까지 꽉 차고 대기자도 생겼다. 가르치기만 한 것은 아니었다. 학생들의 삼촌과 사돈의 사촌까지 소개팅으로 바쁘게 이어졌다. 설렘으로 춤추며 고단한 시간마저 가벼운 발걸음으로 흘러갔다. 반복되는 시간 속에서도 숨은그림찾기처럼 소소한 재미가 스며든 즐거움이었다.

　대중교통을 이용하는 것보다 승용차를 이용하면 더 많은 학생을 가르칠 수 있기에 1995년도에 첫차를 구매했다. 젊은 여자가 직접 운전하는 것이 흔치 않던 시절이었지만, 나는 바퀴 위에 자유를 싣고 거침없는 속도로 에너지를 한껏 뿜어내며 살았다.

　운동도 열심히 했다. 매일 1시간 20분 정도를 10km의 속력으로 19km를 뛰었고, 윗몸 일으키기도 천 개씩 했다. 불꽃 속에서 단련된 검처럼 나를 단련시켰다.

　이때가 책을 가장 많이 읽은 시기였다. 베스트셀러는 기본이고 인문학 서적이나 세계 문학상을 받은 책들을 모두 읽었다. 노벨의 지혜를 국물처럼 들이키며 맨부커의 언어를 생고기로 뜯어 먹고, 퓰리처의 서사를 통째로 씹어 먹듯 전투적으로 읽었다. 고전과 현대, 동서남북의 이야기들은 내 혈관을 따라 질주하며 도파민을 분비했다. 나에게 하루 24시간은 너무 짧았다.

경계 없는 학생들의 질문에 정확한 답변을 위해 시작된 독서라 지적 호기심보다 살짝 지적 허영심에 가까웠다. 막힘없이 질문에 답하는 내가 자랑스러웠다.

지금은 학원을 운영하면서 학부모님들과 직접 만날 일이 많지 않지만, 과외를 할 때는 정말 가족 같은 분위기였다. 김장철이면 여기저기서 큼직한 김치통에 김치를 챙겨 주셔서 우리 집은 따로 김장을 많이 할 필요도 없었다. 명절 또한 내게는 자존심 같은 시간이었다.

과외는 처음엔 단순히 수업료로 맺어진 관계일 뿐이지만, 시간이 지나면 서로의 삶과 마음이 자연스럽게 얽히게 된다. 그 과정에서 나는 단순한 일이 아닌, 누군가의 성장과 변화를 함께 하는 소중한 경험을 할 수 있어 행복했다.

'진실은 반드시 통한다.'는 내 좌우명 중 하나다. 인생에서 관계를 맺는 것도 중요하지만, 그 관계를 잘 관리하는 것이 더 중요하다고 생각한다. 상대의 입장을 이해하기 위해 끊임없이 탐색하고 다양한 방법을 시도하며 가르치다 보면, 결국 원하는 결과를 더 효과적으로 끌어낼 수 있다.

수업하러 갈 때는 외모에도 최선을 다했다. '외모도 스펙이다!'라는 생각으로, 유행을 반영한 깔끔한 의상, 항상 관리해서 찰랑거리는 긴 머리, 거기에 은은한 향수까지 더했다. 엘리베이터에서 선생님의 향기가 난다는 학생들의 말을 들으며 나의 자존감을 높였다. 이 정도면 수업 중에 갑자기 대통령을 만나도 전혀 부끄럽지 않을 수준이었다.

나는 외모를 가꾸는 것도 학생들에 대한 예의라고 생각했다. 그리고 그 생각은 지금도 변함없다.

'상대에 대한 존중은 작은 디테일에서 시작된다!'

학생들이 편안하고 좋은 인상을 가질 수 있도록 신경 쓰는 건 당연한 일이다. 게다가 솔직히, '예쁜 과외 선생님'이라는 타이틀, 듣기 참 좋지 않은가!

지금도 그때의 학생들과 꾸준히 연락을 주고받는다. 어느덧 40대가 된 나의 학생들. 학창 시절엔 나를 무서워해 농담 한마디 제대로 못 했던 녀석들이 이제는 스스럼없이 이야기하고, 고등학생 때 억울했던 일들을 여과 없이 꺼내며 내 기억 속 묻어둔 기억을 하나둘 끄집어낸다.

학원 학생들도 마찬가지다. 학원이란 공간이 있어서 특별히 이사 가지 않는 이상, 학원 앞을 지날 때마다 그리움이 생기나 보다. 졸업한 학생들이나 타지에서 생활하는 아이 중에는 스승의 날마다 잊지 않고 찾아오는 경우도 많다.

아르바이트로 번 돈으로 건강음료를 사 들고 온다. 나는 함께 하시는 선생님들 교실마다 돌아다니며 자랑하는 내 모습이 뿌듯하다. 어버이날 가슴에 다는 촌스러운 카네이션 같을지라도, 그 쑥스러운 진심이 그저 자랑스럽고 뿌듯할 뿐이다. 쑥스럽지만, 그 진심 어린 마음이 그저 자랑스럽고 뿌듯할 뿐이다.

에피소드 2

사회적으로 성공한 제자들도 많다. 변호사, 대기업 사원, 한의사까지. 뿌듯한 직업이다. 하.지.만! 그런 아이들은 연락이 닿지 않는다. 스스로의 힘으로 성공했다고 생각하겠지. 물론 가르칠 때는 공부 잘하는 애들이 편하다. 말도 잘 듣고, 시키는 대로 한다.
하지만 사춘기의 힘든 시간을 함께 버티며 시행착오도 많고, 고민도 많았던 아이들과 연락한다. 지나고 보니 오히려 더 끈끈한 인연이 된 것 같다. 그럴 때마다 깨닫는다.
'결국 공부만이 다는 아니구나.'
나에게 남는 건 성적이 아니라, 함께 보낸 시간과 마음이었다.

03_거친 파도에도 등대는 흔들리지 않는다

아장스망은 이제껏 경험해보지 못한 낯선 환경에 몸으로 부딪쳐 가면서 잠자고 있는 감각을 흔들어 깨운다는 뜻이다. 쉽게 말해, 아장스망은 개별 요소들이 서로 영향을 주며 만들어지는 배치나 조합을 뜻하는 개념이다.

부침개에 막걸리, 와인에 치즈의 조합을 막걸리에 치즈로 와인에 부침개로 조합을 바꾸는 것이라 할 수 있다.

메인은 수학이지만 역사와 정치와 음악을 베이스로 깔고 수학을 가르치다 보면 모든 학문이 통한다는 것을 알 수 있다. 나는 단순한 강사가 아니라 아이들의 인생의 멘토다.

중학교 3학년 이상의 학생들과 소통하면서 깨달은 것은 아이들에게 가장 필요한 것은 단순한 지식 전달자가 아니라, 옆에서 끊임없이 격려하고 방향을 제시하며 때로는 함께 고민하고 답을 찾아줄 만능의 멘토가 필요하다는 것을 알았다.

학업뿐만 아니라 진로, 인간관계, 감정의 변화까지 수많은 갈림길 앞에 선 아이들에게 단순한 조언자가 아닌 함께 걸어가는 길잡이가 되어야 한다.

그래서 나는 단순한 강사가 아니라 멘토가 되기로 했다. 나 또한 방향을 잃고 방황했던 순간이 있었고 어디로 가야 할지 몰라 헤맬 때 누군가 곁에서 진심 어린 조언을 해 주었다면 어땠을까?

짧지만 강렬한 한마디가 내 인생의 나침반이 되어 주었다면 나는 더 빨리 더 확신 있게 나아갈 수 있었을 것이다. 나는 독서와 여행을 통해 얻은 깨달음으로 학생들의 길 위에 등대가 되어 길을 밝히고, 흔들리는 마음에 나침판이 되어 방향을 잡아주는 멘토가 되기로 했다.

학습을 넘어 삶의 고민까지 함께 나누며 아이들에게 가장 필요한 답을 찾으려 애썼다. 학습 또한 끊임없이 새로운 방법을 시도하며 아이들을 끌어 올렸다. 그때의 시간은 나에게도 학생들에게도 가장 빛나던 시간이었다. 그러나 이제는 학원을 운영하니 그때처럼 학생들을 가까이 마주할 시간이 줄어들어 아쉬움으로 다가온다.

여전히 나는 그 자리에서 빛이 되고 싶지만, 그 온기를 직접 전할 수 없다는 사실이 가끔은 허전하게 느껴진다.

2006년 섬기는 교회에서 '다문화 행복학교'라는 프로그램을 만들었고, 나는 그 책임을 맡아 다문화 아이들과 학부모들의 멘토가 되었다. 그것은 단순한 역할이 아닌 내 삶의 한 부분이 되었고, 지금까지 이어지고 있다.

프로그램을 진행할수록 나는 나도 모르게 쌓아온 편향되고 견고한 틀이 서서히 부서지는 것을 깨달았다. 이해한다고 생각했지만, 진정한 이해는 내가 변할 때 시작된다는 것을 배웠다. 그렇게 나는 멘토가 아니라, 함께 성장하는 사람이 되었다.

그들이 내게 삶을 가르쳐 주었고 나는 그 배움을 품에 안고 지금도 길을 걷고 있다. 한국에서 태어난 다문화 아이들은 겉으로는 완벽한 한국인이다. 학교에 입학하기 전까지는 전혀 문제가 되지 않는다. 하지만 외국 국적인 어머니가 주 양육자이다 보니 학교에 입학하고부터 학년이 올라갈 때마다 더 많은 차이가 난다.

한국의 배경지식이 없다 보니 당연한 것이 질문으로 이어진다. 예를 들어 '밑 빠진 독에 물 붓기'라는 이야기할 때 이해를 못 한다. 독을 모르니까. 한국에서 태어난 아이들보다 외국에서 태어난 중도 입국자 아이들은 더 많은 차이를 보인다.

학원을 운영하며 시대의 변화를 더 절박하게 경험할 수 있다. 점점 더 많은 다문화 가정이 생기는 것을 경험한다.

초등학교에서 학년이 올라갈수록 수학 점수가 낮아지는 가장 큰 이유는 단순 계산은 할 수 있어도 서술형 문제를 이해하지 못하기 때문이다. 글을 읽는 것과 이해하는 것은 완전히 다른 문제다. 많은 사람들은 말을 유창하게 하면 한국어를 잘한다고 생각한다. 안타깝다.

실제로 긴 문장을 읽고 독해를 시켜 보면 절반 이상을 이해하기 어려워한다. 특히 학년이 올라갈수록 문장은 길어지고, 여러 개념이 한 문제에 얽혀 나오면서 독해력이 더 중요해진다. 독해력이 부족하면 문제를 읽어도 무슨 말인지조차 파악하기 어려워진다. 이 과정이 반복되면서 성적은 자연스럽게 떨어진다. 학교 공부가 점점 어려워지고 재미없어지는 악순환에 빠지게 된다.

독해력은 책을 백 권 읽는다고 향상되지 않는다. 시간과 노력이 필요하다. 발음도 문제가 된다. 중국 아이들은 'ㄹ' 발음이 안 되어 '오리'를 '오이'로, '머리'를 '머이'로 발음한다. 아이 때는 귀엽지만 학년이 올라가면 놀림의 대상이 된다.

음성의 특성은 태국 아이들에게도 보인다. 'ㅅ' 발음을 'ㅊ'으로 발음한다. '신발'은 '친발'로 발음된다. 나라마다 발음의 특성이 다르다. "오" 발음을 "우"로 하며 어려워하는 외국인들도 많다.

발음이 정확하지 않으면 글을 쓸 때 자연스럽게 틀리게 된다. 비슷한 소리로 들리는 단어를 혼동해 잘못 쓰면, 단어의 의미를 다르게 이해할 수 있다. 이런 작은 차이들이 쌓이다 보면 결국 문장을 읽어도 정확한 뜻을 파악하기 어렵고, 전체 내용을 이해하는 데도 어려움을 겪게 된다.

결국 언어의 기본적인 한계를 넘지 못하게 된다. 말하기, 듣기, 읽기, 쓰기는 서로 연결되어 있기 때문에 전체적인 언어 실력에 영향을 미친다. 그래서 정확한 발음과 올바른 단어 사용이 중요하다.

이러한 문제를 해결하기 위해 시청각 교육을 시도했다. 수학도 영어도, 하지만 공간 감각을 필요로 하는 도형은 해결하기 쉽지가 않다. 지금도 계속 새로운 방법을 생각해 내려고 한다. 학습! 그까짓게 뭐라고.

어렵고 이해하지 못하는 수업 시간에 멍때리며 앉아있을 나의 학생들을 생각하며 나는 오늘도 아이들의 머릿속으로 학습을 집어넣으려고 노력한다. 걱정하지 마! 선생님이 있잖아!!

> **에피소드 3**
>
> 열정을 불태우며 만 번을 가르쳤건만 내 말을 들을 땐 멍하던 녀석이 학교 선생님 수업 한번 듣고는 "한 번에 이해됐어요!"라며 자랑스럽게 이야기하는 눈치 없는 학생도 있다.
> "야, 내가 밑 작업 다 해놨잖아! 니가 한 방에 이해한 건 내가 수만 번 깔아둔 바닥 덕분이다. 자슥아!"
> 이렇게 말하고 싶을 때도 있지만 나는 교양 있는 사람이기에 그 말은 꿀꺽 삼키고 미소로 넘긴다.
> "그래, 잘 참았다."

04_끝없이 바다를 가르는 항해자

학원을 운영하며 느끼지만, 학원은 그야말로 정글이라는 사실이다. 학원 간의 경쟁도 치열하지만, 더 큰 전쟁은 중간고사와 기말고사를 준비하는 과정에서 벌어진다. 각 학교의 출제 경향을 분석하고 예상 문제를 유추하며, 학생들은 수천 개의 문제를 풀어야 한다. 이 과정에서 학원은 단순한 배움의 공간이 아니라, 살아남기 위한 치열한 전장이 된다.

학교 선생님들은 문제를 내고, 학원 선생님들은 그 문제를 풀어내는 방식이다. 특히 수학은 출제 방식이 다양하다. 개념을 심화하여 문제를 내는 학교, 여러 개의 공식을 조합해 문제를 구성하는 학교 등 문제 패턴은 다양하다. 학교마다 출제 방식이 다르고, 등급을 가르기 위해 문제는 점점 더 어려워지고 있다.

때로는 요즘 학생들이 마주하는 벽이 얼마나 높은지 실감하며, 일찍 졸업한 것이 다행이라는 생각이 들 때도 있다.

지금은 고등수학을 중심으로 가르치지만, 학원을 처음 시작했을 때는 영어와 수학을 모두 가르쳤다. 과외와 학원 운영은 전혀 달랐다. 학생 한두 명을 집중적으로 지도하는 것과 여러 학생을 체계적으로 관리하는 것은 차원이 다른 일이다.

이 글을 쓰다 보니, 학원을 연 지 얼마 되지 않았을 때 만난 한 학생이 떠오른다. 중학교 2학년 여학생이었는데, 공부라고는 제대로 해 본 적이 없는 아이였다. 겨울방학이 시작될 무렵 학원에 등록했고, 나는 방학 동안 수학을 집중적으로 가르쳤다. 문제 풀이부터 개념 정리까지, 하나씩 차근차근 쌓아 올렸다.

그리고 3학년 1학기 중간고사. 시험이 끝나자마자 학생에게서 전화가 왔다.

"선생님! 저 수학 점수 엄청 올랐어요!"

본인도 놀라는 목소리였고 기쁨이 묻어났다. 그 순간, 내 노력도 보상받은 듯한 기분이었다. 하지만 문제는 영어였다. 단어 외우는 것을 극도로 싫어했고, 독해는 더더욱 어려워했다.

수학처럼 빠른 성과를 기대하기 어려웠지만, 나는 포기하지 않았다. 차근차근 방법을 찾아가며 지도했지만, 결과는 쉽지 않았다. 그리고 기말고사가 끝나자, 학생 어머니의 전화가 왔다. 수학은 올랐는데 영어가 안 올랐으니 학원비 환불을 요구한 것이다.

학생의 언니가 영어를 가르치는데, 성적이 오르지 않았으니, 학원비를 환불받으라고 했다는 것이다. 그것도 한두 달 치가 아니라 무려 6개월분이었다.

처음에는 환불해 주려고 했다. 이런 상황이 처음이라 두려웠고, 조용히 마무리하는 것이 최선이라고 생각했다. 게다가 그 학생의 학원비는 한 달이 밀린 상태였지만, 환불해 주는 것이 갈등 없이 끝낼 방법이라 여겼다. 하지만 이상하게도 요구는 점점 커졌다. 처음에는 단순한 환불 요청이었던 것이, 점점 더 많은 금액을 요구하는 방향으로 흘러갔다. 그리고 결국, 내가 예상했던 것처럼 조용히 끝나지는 않았다.

    현장에서 아이들을 가르치다 보면, 학습과 가정 분위기가 얼마나 깊이 연결되어 있는지 절실히 깨닫게 된다. 학원에만 오면 책상과 벽에 낙서를 하고, 친구들을 괴롭히는 초등학생이 있었다. 영어 단어 시험을 볼 때는 책상에 답을 적어 컨닝하고, 수학 문제를 풀다가 힘들면 책이 찢어질 정도로 낙서를 했다.

    그런데도 부모님은 언제나 아이가 피해자라고 믿었다. 친구들과 문제가 생겨도, 숙제를 안 해도, 심지어 시험에서 부정행위를 해도, 모든 원인은 다른 사람에게 있다고 생각했다.

    솔직히 말하고 싶었다. 하지만 현실은 쉽지 않았다. 한마디 잘못하면 오히려 학원이 문제 있는 곳이 될 수도 있었기 때문이다.

    아직은 초등학생이라 성적이 나오는 것 같지만, 학년이 올라갈수록 점점 더 어려워질 것이다. 왜냐하면 성적은 단순히 공부만으로 결정되는 것이 아니라, 태도와 인성이 함께 만들어 가는 결과이기 때문이다.

    학원에서 공부는 가르칠 수 있지만, 태도와 책임감은 결국 가정에서 만들어진다. 성적보다 중요한 것은 바른 습관과 태도라는 사실을, 더 많은 부모님들이 깨닫길 바란다.

그럼에도 불구하고, 아이들을 가르치는 일은 여전히 즐겁다. 어른인 척 허세를 부리지만 아직 귀여운 초등학교 남학생들, 내 눈썹이 짝짝이로 그려졌다고 진지하게 조언해 주는 중학교 여학생들, 학창 시절을 함께 지나며 어느새 나와 같은 속도로 늙어 가는 고등학교 남학생들. 하나같이 사랑스럽고, 함께 하는 순간순간이 재미있다.

중간고사와 기말고사 기간이 되면 학원은 전쟁터가 된다. 주말까지 반납하며 가르치는 나를 위해, 커다란 커피를 슬쩍 책상 위에 놓고 가는 그 마음이 피로를 잊게 한다. 열심히 가르쳤는데 잘 모르겠다는 표정으로 미안해하는 나의 학생들이 좋다.

얼마 전, 오랜만에 반가운 전화가 왔다. 철도 공무원 시험을 준비하던 학생이었다.
"선생님! 저 합격했어요!"
목소리만 들어도 벅차오르는 감정. 이 학생은 늘 스승의 날이면 비타민 주스를 사서 가지고 왔던 학생이었다. 그런데 이제는 당당히 취업했으니, 내년에는 홍삼을 사 오겠다고 한다. 순간 웃음이 터졌다.
"그래, 이제 네가 사라!"

이 일을 하며 수많은 학생을 만나고, 그들과 함께 수많은 이야기를 만들어 간다. 그리고 나는 그 속에서 더욱 확신하게 된다. 진심은 결국 통한다. 내가 가르친 것은 단순한 지식이 아니라, 함께 걸어가는 마음이었음을. 그리고 그 마음이, 아이들을 통해 다시 나에게 돌아온다는 것을.

2024년 여름부터 대학교에서 한국어 토픽(TOPIK) 강의를 하고 있다. 대학생이라고 특별히 다를 것은 없다. 오랫동안 학원에서 쌓아온 경험을 바탕으로, 외국인 학생들에게 나만의 방식으로 한국어를 가르치고 있다.

강의하면서 확실히 느낀 건, 내 강의력이 한층 더 성장했다는 점이다. 전달력이 향상되었다. 대학 강의를 하면서 자연스럽게 알게 된 사실 하나. 저출산 문제로 인해 대학 내 한국 학생 수는 점점 줄어들고 있고, 앞으로는 외국인 학생들을 적극적으로 유치하지 않으면 대학 운영조차 쉽지 않은 시대가 될 것이다. 정부 역시 이에 대비해 외국인 학생 유치를 장려하고 있지만, 가장 큰 문제는 '언어 장벽'이다.

이 문제를 해결하기 위해, 한 번의 강의로 이해하기 어려운 학생들을 위해 온라인 콘텐츠를 개발해 시범 운영 중이다. 목표는 단순한 한국어 토픽 강의가 아니다. '국경 없는 학교'를 만드는 것. 한국어가 장벽이 아니라 기회가 될 수 있도록 만드는 것, 그것이 내가 추구하는 방향이라고 생각한다.

나도 이 프로젝트에 참여해 두 과목의 촬영을 마쳤다. 단순히 강의를 하는 것이 아니라, 교육이 나아갈 방향을 고민하고 실천하는 과정. 누군가는 변화의 흐름을 따라가지만, 나는 그 변화를 직접 만들어 가고 있다.

에피소드 4

비교과 콘텐츠 동영상 작업. 두 과목이라 간단해 보이지만, 교안 28개를 만들고, 각각의 PPT와 프롬프트를 준비하고, 1과목당 1시간 분량의 퀴즈와 과제까지 제작해야 했다. 처음부터 끝까지 완벽하게 설계하는 대규모 프로젝트였다.

촬영은 전문 스튜디오에서 진행됐다. 담당 PD들과 함께 멋진 화면을 만들어내기 위해 풀메이크업을 하고, 표정과 발음까지 연습하며 철저히 준비했다. 카메라 앞에서 교수처럼 지적이어야 할지, 유튜버처럼 활기차야 할지 고민도 했지만, 결국 나다운 스타일로 진행했다.

흥미롭고 색다른 경험이었다. 하지만 힘든 걸 수치로 표현한다면 애 한 명 더 낳은 기분. 이제 강의뿐만 아니라 온라인 콘텐츠 제작까지 할 줄 아는 강사가 되었다!

05_바다는 폭풍의 이유를 묻지 않는다

삶의 거친 항해가 끝없어도 올바른 방향을 잡아 나아간다.
앙스트블뤼테(Angstblute)-생명체가 자신의 생존이 위태로워질 경우 사력을 다하여 자신의 마지막 꽃을 피우고 씨앗을 맺어, 자신의 유전자를 후대로 이어가기 위하여 노력하는 마지막 몸부림을 말한다.

2002년, 온 나라가 뜨겁게 달아올랐던 월드컵이 끝나고, 겨울이 깊어 가던 12월 23일 월요일. 이른 아침, 전화 한 통이 걸려 왔다. 새벽 수영을 다니던 엄마가 수영장에서 쓰러졌다는 소식이었다. 잠결에 받은 전화라 피곤한 기색을 감추지 못한 채, '별일 아닐 텐데, 그냥 데리러 오라고 하는 거겠지…….' 하는 안일한 생각을 하며 병원으로 향했다. 하지만 병원에 도착한 순간, 모든 것이 달라졌다.
그 시간부터 내 삶에서 가장 길고, 가장 슬픈 일주일이 시작되었다. 시간이 흘렀지만, 내 마음은 그 순간이 아직도 생생하다. 하루하루가 버거웠고, 믿고 싶지 않지만 현실이었다. 그해 크리스마스도, 연말도, 모든 것이 잿빛으로 흩어지던 가장 어두운 한 주를 보내게 되었다.

엄마는 뇌출혈 진단을 받으셨고, 의사는 "큰 병원으로 옮겨야 합니다"라고 하시며 소견서를 써주셨다.

구급차 안, 사이렌이 울려 퍼졌다. 차창 밖으로 스쳐 지나가는 모든 사물을 보며 그때까지도 나는 이 상황이 얼마나 급박한지 실감하지 못했다.

응급실 문이 열리자마자 엄마는 의료진에게 넘겨졌고, 나와 동생은 어쩔 줄 몰라 하며 구석에 서 있었다. 미혼이었던 우리는 의사들의 거침없는 말들을 그대로 들으며, 그저 아빠를 기다리며 울기만 했다. 하지만 아빠가 도착한다고 해서 달라질 건 없었다.

"보호자 서명하세요."

"조형술 시술을 해봅시다."

"효과가 없습니다. 수술해야 합니다."

눈앞이 아득해졌다. 8시간의 대수술. 수술실 앞에서 한 걸음도 움직이지 못한 채, 시간의 감각이 사라졌다. 수술이 끝나고 회복실로 옮겨지기까지 3일. 그리고 그날은 크리스마스였다.

"수술이 잘 끝났습니다."

그 말을 듣는 순간, 하나님께 가장 큰 크리스마스 선물을 받았다며 감사의 기도를 올렸다. 회복실에서 중환자실로, 중환자실에서 일반 병실로. 모든 것이 순조롭게 진행되는 듯했다. 단, 1주일 동안의 일들이었다.

주말에는 동생이 엄마 곁을 지켰고, 나는 토요일 늦게까지 병실에서 웃으며 엄마와 시간을 보낸 뒤 집으로 돌아왔다. 그리고 일요일 아침, 교회로 가던 길. 전화벨이 울렸다. 엄마가 다시 쓰러져 중환자실로 옮겨졌다는 전화였다.

　순간, 길이 보이지 않았다. 눈앞이 흐려지고 숨이 막혔다. 발이 땅에 닿지 않는 듯한 공허함 속에서, 병원으로 향하는 길은 마치 세상이 흔들리듯 어지럽기만 했다.

　그렇게 엄마는 다시 중환자실로 들어갔고, 결국 1년을 아산병원에서 보내게 되었다. 퇴원 후에도 정상적인 생활은 어려웠다. 모든 것이 후회스러웠고, 모든 것이 내 책임 같았다.

　엄마의 간병을 위해 나는 모든 것을 포기하려 했다. 아니, 솔직히 말하면 그만두고 싶었다. 슬픔이 밀려왔고 후회가 나를 짓눌렀다. 세상의 가장 무거운 일들이 한꺼번에 나에게 쏟아지는 것만 같았다. 어떤 것도 할 수 없었고, 결정을 내릴 수도 없었다. 그냥 모든 걸 멈춰버리고 싶었다. 그런 나를 붙잡아 준 사람이 있었다.

　이모. 이모가 없었다면, 나는 지금의 커리어를 쌓을 수 없다고 단언한다. 엄마의 간병 속에서 모든 걸 포기하려 했던 나를, 이모가 붙잡아 주었다. 무너진 마음을 지탱해 주었고, 지금까지도 내 곁에서 단단한 기둥처럼 정신적으로 나를 지켜주고 있다. 이모 덕분에 나는 계속 일을 할 수 있었고, 아직도 내 길을 걸어가고 있다.

　나는 정말 운이 좋다! 내 곁에는 언제나 좋은 사람들이 함께 하고, 그들이 나에게 힘이 되어 준다. 그래서 나는 그저 계획을 세우고, 열심히 실천하면 된다. 물론, 힘든 일이야 언제든 찾아오겠지만, 재미가 없다면 버티기 힘들 것이다.

반대로, 아무리 힘들어도 재미가 있으면 끝까지 해낼 수 있다. 그래서 나는 힘들고 재미있는 일은 좋아한다. 고생하면서도 즐길 수 있다면, 그보다 짜릿한 도전이 또 있을까?

결국, 내가 가는 길은 재미있어야 한다.

인생은 끊임없는 딜레마와 선택의 연속이다. 그리스·로마 신화에는 행운의 여신이 등장하는데, 그녀는 앞쪽에만 긴 머리를 가지고 있고 뒷머리는 없다. 인생에서 단 세 번, 그 여신이 뒤돌아볼 때 머리채를 움켜쥘 기회가 주어지며, 그 기회를 붙잡는 사람이 결국 성공을 거둔다고 한다. 나는 비록 거대한 성공을 이루지는 못했지만, 두 번 정도는 그 기회를 붙잡았다고 생각한다.

행운과 역경은 항상 함께 찾아온다. 늦은 나이에 결혼하고 아이를 낳자마자, 나는 또다시 중요한 선택의 기로에 서게 되었다. 일을 계속해야 할 것인가, 아니면 아이를 위해 포기해야 할 것인가. 깊은 고민 속에서 한숨짓던 그때, 내 이야기를 진심으로 들어주시고 아낌없는 조언을 건네주셨던 학부모님들께 지금도 깊이 감사드린다.

그때 만약 일을 그만두었다면, 지금의 나는 존재하지 않았을 것이다. 인생에서 아무리 많은 간접 경험을 쌓더라도, 결국 직접 겪어내지 않으면 그것은 진정한 경험이 될 수 없다. 내가 걸어온 길을 되돌아보며, 그 선택들이 쌓여 지금의 나를 만들었음을 깊이 깨닫는다.

아이 키우는 힘든 시기를 지나고, 아들이 사춘기에 접어들었다. 나는 한 가지 충격적인 진실을 깨닫게 되었다. 내 강의 스킬이 세상에서 통하지 않는 학생이 있다는 것! 그리고 그 주인공은 다름 아닌 내 아들이다. 이건 거의 핵폭탄급 충격이었다. 수학 답을 맞추다 틀렸다고 줄을 그으면 "엄마, 답안지 잘못 본 거 아니에요?"라고 되묻는 학생. 다른 선생님의 손을 빌려 가르치기도 하지만, 그래도 내가 적극적으로 관여하는 학습 부분인데 내 솔루션을 의심하는 학생. 평생 남의 자녀를 가르치며 "고급 인력"이라 불리던 내가 여기서 박살이 나다니!

그런데, 이상하게도 이 상황이 너무 웃긴다. 왜일까? 내 강의로 수많은 학생들을 깨우쳤지만, 정작 내 아들에게는 쨉도 안 되는 현실. 인생, 참 유머러스하다.

에피소드 5

다른 선생님께 수학을 배우다 나에게 호출당한 아들. 확인 삼아 교재를 보며 다시 가르쳐줬더니, "엄마가 삼각함수는 더 쉽게 잘 가르쳐요!"라고 한다.
이 한 마디에 감동 폭발! 일을 계속하길 잘했다고 뿌듯해했다. 그런데 감동도 잠시. 오늘은 또 "엄마는 옷을 못 입잖아요." 하고 일침을 날리는 아들.
타격은 하나도 없지만, 평생 내 잘난 맛에 살아왔는데 우리 아들은 말 한마디로 나를 가뿐히 박살내고 있다.
이게 부모의 숙명인가? 근데 왜 이렇게 웃기지? 오늘도 사랑의 힘으로 아들의 눈빛을 버티고 있다.

06_거친 파도에도 돛을 올려 물살을 가른다

크로노스와 카이로스라는 두 가지 시간 개념이 존재한다. 크로노스는 절대적 시간 개념이고 카이로스는 기회를 잡을 수 있는 한순간, 또는 인간이 평생 체험하는 주관적 시간을 의미한다.

COVID-19는 많은 사람의 일상을 바꾸어 놓았다. 학원을 운영하다 보니 나의 아이들과 같은 공간에 있으면서도 각자 다른 시간을 보냈고, 늘 늦은 밤에야 퇴근하다 보니 함께하는 시간이 항상 부족해 아쉬움이 컸다.

그러다 코로나로 인해 학교는 1년 가까이 멈췄고, 학원도 한 달을 제외하고 문을 닫았다. 불안하고 혼란스러운 시간이었지만, 뜻밖에도 그때 우리는 오랜만에 함께 하는 소중한 시간을 가졌다.

6인용 테이블에 둘러앉아 함께 공부하고, 책을 읽고, 맛있는 음식을 나누며 도란도란 이야기를 나눴다. 때로는 실내에서 운동하며 웃음꽃을 피우기도 했다. 바깥세상은 멈춘 듯했지만, 우리 집 안은 따뜻한 온기로 가득했다.

지금 돌이켜봐도 그 순간은 마치 잔잔한 물결처럼 마음 한편을 따뜻하게 적셔준다. 힘든 시기였지만, 그 안에서 작은 행복을 만들었다.

나도 이때 운동을 다시 시작해 매일 10km씩 뛰었다. 시간적인 여유가 생긴 나는
'놀면 뭐 해? 공부라도 하자!'라는 평소 신조대로 한국어교원 자격증 공부를 시작했다. 마침내 문화체육관광부에서 발급하는 자격증을 취득했다. 그 무렵, COVID-19도 점차 잠잠해지며 세상은 다시 예전의 일상으로 돌아가고 있었다.

그러던 2023년 겨울, 10년 가까이 함께 했던 수학 선생님께서 대학 강의를 맡게 되었다며 기쁜 소식을 전하셨다. 하지만 그 여파로 결국 학원을 그만두게 되셨고, 나는 갑작스러운 변화에 아쉬움과 부담을 느꼈다.

새로운 선생님을 구하는 일도 쉽지 않았지만, 오랜 시간 함께 했던 만큼 진심으로 축하해 드렸다. 그리고 문득 생각했다.
'나도 자격증이 있는데, 한번 도전해 볼까?'
그렇게 대학원 진학을 결심하고, 원서를 접수한 뒤 합격 여부를 기다리는 설렘과 긴장 속에서 시간을 보냈다. 그리고 마침내 대학원에 입학한 후부터는 앞만 보고 달려왔다.

그곳에서 나는 내가 알고 있던 지식이 얼마나 좁은 세상에 갇혀 있었는지를 깨달았다. 학력이 필요해서 선택한 대학원이었지만, 예상치 못한 방향으로 나의 지적 호기심을 자극했다. 오랜만에 하는 공부가 너무 재미있었고, 쏟아지는 정보가 나를 제대로 흔들어 놓았다.

그리고 무엇보다 놀라웠던 건, 내가 이렇게 공부를 잘할 줄 몰랐다는 것!

평일에는 학원을 운영하고, 주말에는 대학원을 다니느라 시간이 턱없이 부족했다. 그래서 새로운 루틴을 만들었다. 매일 오전 5시 기상! 가장 먼저 대학원 공부를 하고, 책을 읽으며 하루를 시작했다. 그러다 보면 오전 시간은 눈 깜짝할 사이에 지나갔다.

7시 30분, 아이들을 깨워 학교에 보내고, 학원에 들러 청소를 마친 뒤 집으로 돌아와 10km 러닝을 했다. 그 후 집 정리를 끝내고 학원으로 출근. 바쁜 하루의 연속이었지만, 그 와중에도 놓치지 않은 게 하나 있었다. 바로 이력서와 자기소개서 작성하기.

아직 한국어 토픽 강사로 나서기에는 부족하다고 느꼈지만, '이력서를 쓰는 것도, 지원한 곳에서 떨어지는 것도 다 경험이고 스킬이다.'라고 생각하며 하나씩 도전했다. 유튜브를 보며 자소서 쓰는 법도 익혔다. 그동안 나는 늘 이력서를 평가하는 사람이었는데, 직접 이력서를 쓰려니 감회가 새로웠다.

처음엔 '서른 군데 정도 지원하면 되겠지?'라고 생각하며 지원했지만, 결과는 전부 탈락. 다시 마음을 다잡고 '백 군데 지원하다 보면 되겠지!'라는 각오로 다시 시작했다. 그리고 31번째와 32번째 지원한 곳에서 시강과 면접을 본 후, 최종 합격 전화를 받았다. 그때의 그 기쁨이란!

그 순간, 모든 노력과 시간이 헛되지 않았음을 온몸으로 느꼈다.

이 도전, 해볼 만했다.

처음 한국어 강사를 시작한 곳은 초등학교다. 중도입국 학생들을 대상으로 120시간의 정부 지원 교육을 진행했다. 나는 태국 출신의 6학년 학생들을 맡아 한국어 수업을 진행했지만, 이들이 곧 중학교에 입학해야 한다는 점을 고려해 수학과 사회 과목까지 병행하며 지도했다.

단순한 언어 교육을 넘어, 이 아이들이 한국 사회에서 원활하게 정착하고 성장할 수 있을지에 대한 깊은 고민도 함께했다.

다문화 사회로의 변화는 긍정적이지만, 그 과정에서 발생하는 교육적·사회적 그림자는 어떻게 해결해야 할 것인가는 수업을 진행하면서 자연스럽게 떠오른 질문이었다. 특히, 학생들은 한국어 실력의 한계를 극복하지 못하고 있었으며, 또래 문화에 적응하기보다 같은 국적의 친구들과만 어울리려는 경향이 강했다. 이러한 언어적·사회적 장벽은 결국 학습과 생존 문제로까지 이어질 수 있다는 점에서 더욱 우려스러웠다.

학생들의 어머니들과 상담도 진행했지만, 해결책을 찾기는 쉽지 않았다. 언어 습득의 어려움, 사회적 적응 문제, 그리고 가정 내 지원체계의 한계까지 복합적으로 얽혀 있었다. 명확한 대안이 보이지 않는 현실 속에서, 나는 교육자로서 한계를 느끼기도 했다.

결국 120시간의 교육이 종료되었지만, 만족스러운 성과를 거두었다고 말하기 어렵다. 수업이 끝난 후에도 남아 있는 깊은 여운은, 단순히 한 프로그램의 종료가 아니라 앞으로 우리가 해결해야 할 교육적 과제에 대한 무거운 메시지를 던져주었다.

다른 한 곳은 지금도 강의를 하고 있는 대학이다. 주차 요금을 계산할 때 '학생 강사'라고 찍히는 걸 보면, 왠지 모를 뿌듯함이 밀려온다. 서울 안쪽 대학은 처음 지원하는 사람들에게 문턱이 높다고들 하지만, 나는 해냈다!

혹시 이 글을 읽는 한국어 토픽 강사 지원자들이 있다면 꼭 말해주고 싶다. 1차 지원서에서 자기소개서를 잘 써야 한다고. A4 한 장 안에 나의 모든 장점과 역량을 담아내는 건 쉽지 않지만, 그래도 써야 한다. 그것도 진지하게, 능력 있게, 그리고 강하게!

시강도 중요하지만, 진짜 승부는 면접에서 나뉜다. 학교마다 원하는 스타일이 다를 수 있지만, 거짓으로 꾸미기보다는 명확하고 자신 있게 나를 어필하는 것이 중요하다. 솔직한 자신감이 곧 점수로 연결되는 것 같다. 그리고 혹시 불합격이 되더라도 실망할 필요 없다. 그들이 아직 나의 진가를 몰라보는 것뿐이니까.

나를 알아봐 주신 교수님들께 감사하며, 더 멋진 강사가 되기 위해 앞으로도 계속 달려갈 것이다.

에피소드 6

면접 에피소드다. 면접 때 한 교수님께서 이력서를 보시더니, "자기소개서에는 있는데, 왜 이렇게 중요한 이력을 이력서에 안 썼어요?"라고 물으셨다.
나는 태연하게 "칸이 모자라서요!"라고 답했는데, 교수님 표정이 순간 "헉!" 하는 느낌이었다.
그 장면이 아직도 생생한데, 문제는 도대체 내가 뭘 빠트렸는지 아직도 모른다는 것! 그리고 어느새 대학 강의를 시작한 지도 1년이 지났고 주임 강사로 책임을 맡고 있다. 시간 진짜 너무 빠르다.

07_심해의 깊이만큼 한계 없는 바다의 항로를 연다

메타모르포즈(Metamorphosis)는 그리스어에서 유래한 단어로, '변형' 또는 '변태'를 의미한다. 생물의 성장 과정에서 일어나는 형태적 변화 즉, 메타모르포즈는 단순한 변화가 아니라, 근본적인 변화를 의미하는 강한 개념으로 사용된다.

한류는 어느 날 갑자기 빛을 발한 것이 아니다. 수많은 이들이 하나씩 지핀 작은 불씨가 모여 마침내 거대한 불꽃을 피워 올린 것이다. 각국의 교민들이 힘을 보탰지만, 무엇보다도 세계 곳곳에서 묵묵히 헌신한 한국 선교사들의 노력이 깊이 스며 있다.

2008년, 신혼여행지였던 발리.
짐바란 해변에 도착하자 짙푸른 바다와 황금빛 모래사장이 시야를 가득 채웠다. 따뜻한 바람이 뺨을 스치던 저녁, 석양은 수평선을 따라 붉게 번지고 있었다. 그 노을빛 아래, 네 명의 뮤지션이 달빛을 닮은 멜로디를 실어 노래를 부르기 시작했다. 바다의 숨결과 음악이 하나 되어 퍼지던 그 순간, 말로 다 할 수 없는 벅찬 감정이 밀려왔다.

그것은 마치, 영혼이 기억할 가장 아름다운 풍경이 조용히 내 안에 그려지는 순간이었다.

그리고 10년 뒤인 2018년. 이번에는 아이 둘과 함께 같은 짐바란 해변을 다시 찾았다. 바다는 여전히 푸르고, 모래는 여전히 따스했다. 그리고 놀랍게도, 10년 전 우리에게 노래를 불러주던 그들이 같은 자리에서 다시 기타를 튕기며 노래를 부르고 있었다.

마치 시간이 거꾸로 흐르는 듯, 첫 신혼여행의 기억이 눈앞에서 다시 펼쳐졌다. 파도 소리에 실려 온 멜로디 한 소절이 지난 세월의 순간들을 부드럽게 감싸 안으며, 가슴 속 깊이 따뜻한 여운을 남겼다.

발리 여행 중, 우리는 한인 선교사님의 많은 도움을 받았다. 그분께서는 10년 전부터 현지에서 한글학교를 운영해 오셨다는 사실을 알게 되었을 때, 그 헌신과 사명감에 깊은 감동을 받았다.

내가 섬기는 교회의 목사님 또한 선교와 다문화 사역에 깊은 관심을 가지고 계신다. 교회는 필리핀, 베트남, 인도네시아, 미국, 러시아, 북한 등 다양한 선교지를 지속적으로 후원하고 있다. 단순한 지원을 넘어, 직접 행동하는 '살아 있는 선교'를 실천하고 계신다.

중고 캐리어를 모아 그 안에 연필, 지우개, 볼펜, 노트 같은 학용품부터 옷가지와 운동복까지 채워 선교지로 보낸다. 선교를 위한 자금을 마련하기 위해 사업장들의 폐지를 모으고, 중고 물건을 판매해 필요한 새 물품을 구입하거나 선교헌금을 보낸다.

이처럼 정성과 노력이 담긴 물품들이 먼 나라의 깊은 산속 오지까지 전달되며, 선교사님들은 그곳에서 한국어를 가르치며 선교를 이어간다.

이 작은 노력이 결국 큰 흐름을 만들어 냈다. 그렇게 뿌려진 한글의 씨앗은 한류의 바람을 타고 더 멀리 퍼져나간 것이다. 한 방울씩 떨어지는 작은 물방울이 결국 단단한 바위를 깨뜨리듯, 우리의 나눔과 헌신이 변화의 물결을 일으킨 것이다.

교육 현장에 있다 보면, 흐름을 읽을 수 있다. 교육은 단순한 지식 전달이 아니다. 그것은 문화가 되고, 언어가 되고, 때로는 한 나라와 한 민족을 변화시키는 거대한 힘이 된다. 한글이 작은 불씨가 되어 세계 곳곳에서 타오르고 있는 지금, 우리가 걸어온 길이 결코 헛되지 않았음을 확신한다.

이러한 흐름 속에서 정부와 대학들도 미래를 대비한 정책을 내놓았다. 전국 대학들이 연합하여 비교과 과정을 중심으로 온라인 콘텐츠 강의를 만들었고, 이는 한국어를 배우고 싶어 하는 전 세계 학생들에게 새로운 길을 열어주었다.

시작이 반이다! 한국에서 공부하는 목적은 저마다 다르지만, 한국어를 배우고 싶고, 사용하고 싶다는 열망만큼은 모두 같다.

어떤 학생은 학업을 마친 뒤 한국에 남아 정착하고 싶어 하고, 어떤 학생은 졸업 후 자국으로 돌아가 취업을 꿈꾼다. 가족을 한국으로 데려와 새로운 삶을 꾸리고 싶어 하는 학생도 있다. 사연은 다 다르지만, 그 중심에는 '한국어'라는 공통된 열망이 자리 잡고 있다.

과거 일본은 장학금을 지원하며 우수한 인재들을 유치했고, 그들은 일본에서 배운 것을 기반으로 자국으로 돌아가 일본을 우호적으로 바라보도록 만들었다. 하지만 우리나라는 그보다 더 큰 성과를 이루어 내고, 앞으로도 더 나아갈 것이다.

우리는 자랑스러운 K-콘텐츠를 가지고 있다. 한류는 음악과 드라마를 넘어, 문화, 스포츠, 교육까지 전방위로 확장되며 세계를 향해 뻗어가고 있다. 지금 우리의 노력이 거대한 물결이 되어 더 큰 미래를 만들어 갈 것이다.

나의 마지막 꿈은 따뜻한 발리에서 요양원을 운영하는 것이다. 나는 추운 날씨를 좋아하지 않는다. 그렇다고 계획 없이 빈둥거리며 시간을 보내는 것도 내 성향과는 맞지 않는다. 하지만 내가 좋아하는 일을 하며, 삶을 여유롭게 즐길 수 있다면, 생각만으로도 마음이 설레고 몸이 가벼워지는 기분이다.

요양원을 운영하면서, 어떤 옷을 입고 있을지까지 머릿속에 그려두었다. 단순한 돌봄 공간이 아니라, 삶의 질을 높이고, 따뜻한 교감을 나눌 수 있는 곳.

그리고 그곳에 학교를 세우는 것까지가 나의 계획이다. 내가 가진 교육적 경험과 스킬이 필요한 곳이라면 어디든 기꺼이 나누고 싶다.

내가 사랑하는 사람들과 함께, 하늘이 허락한 내 재능을 다 쏟아부으며 하루의 열기를 비워낸 저녁, 바닷바람이 뺨을 스치고 인도양의 붉은 노을이 마음 깊이 스며들 때, 가족과 말없이 마주 앉아 서로의 온기를 나누는 것, 이것이 내가 꿈꾸는 가장 뜨겁고 아름다운 삶의 한 장면이며 행복이다.

나는 언제나 본질을 생각한다. 나만의 향기를 지닌다는 것, 가장 '나다운' 모습을 지킨다는 것. 교만하지 않기 위해 스스로를 돌아보고, 모르는 것은 솔직하게 인정하며, 잘못한 일이 있다면 주저 없이 사과한다.

베풀며 사는 삶, 그것이 곧 나를 위하는 길이며, 나만의 향기를 만들어 가는 과정이다. 마치 나만의 조향사가 되어, 하루하루 진심을 담아 향을 쌓아가듯이. 오늘도 나는 묵묵히 내일을 준비한다.

매력적이면서도 매력적이지 않은 강사의 모습. 그 모순 속에서 나는 더 나은 강사가 되기 위해 끊임없이 노력한다. 단순히 지식을 전달하는 사람이 아니라, 삶을 나누고, 마음을 움직이는 강사가 되기 위해. 오늘도 나는, '진짜 나다운 향기'를 만들어 가는 중이다.

삶은 얼마나 많은 양을 가지느냐의 문제가 아니다. 얼마나 깊이 있게 살아 내느냐가 삶의 본질을 결정한다. 나는 화려하거나 대단하지 않더라도, 내 삶의 결을 사랑한다. 조금 느리고 굽이진 길이지만, 그 안에 나만의 고유한 향기가 있다. 스스로에게 솔직한 삶은 외적인 기준과는 무관한 충만함을 준다.

누구와도 똑같을 필요가 없다. 세상의 바람이 거세질수록, 흔들릴지언정 결코 무너지지 않는 나만의 중심을 믿어야 한다. 어떤 틀에도 억지로 맞추지 않아도 된다. 변화가 강요될수록 우리는 더 단단해지고, 도전할수록 더 빛난다.

삶은 정해진 답이 아니라, 각자가 써 내려가는 이야기다. 지금 당신의 걸음이 느리더라도 괜찮다. 그 길 위에 있는 당신은 이미 충분히 잘 가고 있다. 거센 파도가 와도 방향을 잃지 않고, 고요한 물결 위에서도 흔들림 없도록 나의 삶은 내가 건너야 할 바다이며, 나만이 도달해야 할 항구이기 때문이다. 강사이펙트가 그런 길을 찾는 작은 길잡이가 되면 좋겠다.

거센 파도를 마주할 용기가 없다면, 끝없는 바다 너머의 진실에도 닿을 수 없기 때문이다.

> **에피소드 7**
>
> 세상엔 각자만의 핵폭탄이 있다. 내 인생의 핵폭탄은 바로 우리 아들! 오늘도 나의 넘치는 사랑과 에너지를 감당하지 못하고 결국 소리를 지르고 만다. 차분하고 교양 있게 대하고 싶고, 멋진 말만 하고 싶지만 현실은 쉽지 않다.
> 그래도, 아니 그래서 더 사랑한다. 우리 아들. 너란 존재는 폭발적이지만, 그만큼 내 삶을 뜨겁고 본능적으로 만들어 준다.
> 사랑한다. 나의 아들아!
> 참, 사춘기 전의 딸도 있다.

임미옥

스마일마음요리터 대표, 국제마음교육협회 대표, 마들렌 인천계양센터장,
아동요리전문강사, 그림책푸드아트테라피전문강사, 그림책원예테라피전문강사,
진로체험 강사, 파이디온선교회 학령전강사, 동요·찬양 작사가

임미옥 작가 소개

01_사랑이 나를 세우다

따뜻한 사랑의 온기가 가득한 화목한 가정에서 1남 2녀 중 둘째로 태어난 나는 어린 시절 어른들에게 '똑순이'라고 불리곤 했다. 항상 '착하고 온유한, 성실하고 믿음직스러운' 아이로 부모님과 선생님들에게 인정받고 사랑받는 아이였다.

아버지는 늘 나를 인정해 주시며, 믿어주셨고, 나의 작은 성취에도 격려와 칭찬을 아끼지 않으셨다. 아버지의 자상함과 따뜻한 사랑은 나의 내면에 안정감과 자신감을 키울 수 있게 해준 마음의 영양분이었다.

오랜 세월이 흐른 지금도 초등학교 4학년 때 받아온 시험결과를 보시고 말씀하신 아버지의 목소리가 들리는 듯하다.

"우리 딸, 참 잘했구나. 앞으로 더 열심히 노력하면 다음에는 더 잘할 수 있을 거야. 자신감을 가지고 더 열심히 노력해보렴."

거실에서 아버지와 대화를 나누었던 그 작은 풍경이 내 마음에 여전히 소중하게 간직되어 있다.

우리 아버지, 어머니는 양계장 일을 하셨다. 40년이 넘는 오랜 세월 평생을 양계장에서 일하시며 우리 삼 남매를 부족함 없이 사랑으로 잘 키워주셨다. 두 분은 항상 새벽부터 하루를 시작하실 만큼 부지런하셨고, 이웃에게 늘 나누어주고 베푸는 삶의 모습으로 존경받는 분이셨다.

부모는 자녀의 거울이다

아버지와 어머니께서 살아오신 삶의 모습이 그대로 내 안에 카피되어 있는 듯, 난 두 분의 성품을 골고루 닮았다. 두 분의 삶의 모습이, 삶으로 보여주신 가르침이, 지금의 나를 만들어 주었기에 난 내 삶을 사랑하고, 내 삶에 좋은 배경이 되어주신 부모님께 감사하다. 그리고 그 무엇보다 내게 이 모든 것을 선물로 주신 하나님께 정말 감사드린다.

아버지는 항상 주말마다 동생과 나를 자전거에 태우시고 시장에 가서 짜장면을 사주셨다. 그때 아버지의 주말 이벤트는 어린 나와 동생에게 커다란 즐거움이었다. 돌아보면, 아버지는 우리에게 짜장면과 함께 평생 잊지 못할 행복한 추억도 사주셨던 것 같다.

아주 맛있게 짜장면을 먹고 집으로 돌아오는 길 동생은 자전거 앞자리에, 나는 여느 때와 같이 뒷자리에 앉았다.

아버지를 꼭 붙잡지 않으면 떨어질 위험이 있기 때문에 자전거를 타면 온전히 아버지만을 의지해야 했다.

   아버지의 허리를 꼭 붙잡고 있어야 안전하다는 믿음이 있었기에, 지금까지 살아오면서 내가 내 삶의 주인 되신 하나님 아버지의 손을 믿음으로 꼭 붙잡고 살아가는 이유를 난 내 아버지를 통해 배웠다.

   가로수가 길게 뻗어있는 큰길을 지나가는 동안 어느새 해는 뉘엿뉘엿 서산으로 넘어가고 있었다. 해질무렵 노을빛이 얼마나 곱고 아름답던지, 달리는 자전거에 몸을 싣고 아버지의 등에 기대어 아름다운 노을빛을 바라보며 집으로 향하는 길, 그 순간 나는 정말 행복했다. 살며시 볼을 스쳐 지나가는 바람도, 바스락바스락 바람에 속삭이듯 춤을 추는 나뭇가지들의 몸짓도 내 정서에 고스란히 간직되어 있다. 마치 동화 속의 한 장면처럼.

가르침에 사랑을 더하다.

   아이들을 가르치다 보면 늘 마음의 시선이 향하는 아이가 있다. 유난히 참 사랑스럽고 미래가 기대되는 그런 아이. 어쩌면 어린 시절의 나도 선생님들에게 그런 존재가 아니었을까?

   지금도 7세 때 다니던 유치원 원장님의 따뜻한 미소와 사랑이 내 마음에 고스란히 간직되어 있다. 초등학교 2학년 때 엄마처럼 사랑해 주시고 인정해 주셨던 담임 선생님, 방학 중에 사랑 가득 담은 편지를 보내주셨던 양호 선생님, 인사드리면 늘 반갑게 활짝 웃어주시며 머리를 쓰다듬어 주시던 교장 선생님, 수줍음 많던 내게 용기를 주셨던 6학년 담임 선생님, 아버지처럼 정 많고 사랑 많으셨던 중학교 3학년 담임 선생님, 방학 때면 자상하게 편지를 보내주셨던 국어 선생님, 수능시험 보기 전날 십자가 목걸이를 선물해 주셨던, 가장 힘들고 고민 많았던 고3 때, 묵묵히 믿어주시고 나의 길을 소신껏 잘 선택할 수 있도록 이끌어주셨던 담임 선생님, 더 큰 꿈을 품고 넉넉한 거목처럼 자라갈 수 있도록 내게 가르치는 자의 좋은 모델이 되어 주셨던 대학 시절 존경하는 교수님.

내 인생의 장면마다 깊은 사랑의 흔적들을 남겨주신 소중한 선생님들의 이야기를 이곳에 다 담을 수 없지만, 돌아보면 나는 '선생님'의 특별한 사랑을 많이 받으며 자란 아이였다.

'선생님' 한 분 한 분의 사랑의 가르침이, 그 소중한 만남의 연결고리가 지금의 내가 되기까지 끊임없이 꿈꾸며, 꿈을 이루며 달려오는데 소중한 힘이 되었다.

'학교', '가르침의 현장'을 좋아하고 남다른 애착을 갖게 된 것, 내가 평생 아이들을 가르치는 좋은 선생님으로 교육을 통해 사람을 세우고 살리는 삶을 살고자 여기까지 달려올 수 있었던 것은 내 인생의 마디마디 마다 채워주신 선생님들의 사랑과 인정, 그리고 헌신의 결과이다.

따뜻하고 감동적인 사랑과 응원 속에서 날마다 조금씩 성장해가는 나무 이야기가 담긴 그림책 이야기처럼.
-사랑은 널 자라게 해(박은영 작가, 시공주니어)

 그렇다. 그 사랑이 나를 자라게 했고, 나는 또 다른 누군가를 자라고 성장할 수 있도록 돕기 위해 오늘도 가르침의 현장에서 강사로서 사랑에 사랑을 더하고 있다.

02_꿈을 꾸다

나의 첫 그림책 선생님

어린 시절 우리 집 거실에는 책이 참 많았다. 지금도 기억나는 것은 초록색 표지로 된 전집들.

나의 첫 그림책 선생님은 우리 아버지였다. 어린 시절 가족들과 저녁식사 후, 오빠와 동생과 함께 우리 셋이서 따뜻한 이불속에 쏘옥 들어가 있노라면, 아버지께서 항상 전래동화, 세계명작동화 전집을 많이 읽어주셨다.

아버지께서 책을 읽어주실 때 난 늘 책 속의 그림들을 관찰하며 책 속에서 상상의 날개를 폈다. 아이들은 정서적인 느낌을 평생 간직한다고 한다. 어린 미옥이의 정서에 간직된 그 따스함과 포근함은 내 평생 그림책에 대한 긍정의 마음을 담기에 아주 좋은 마음 밭을 준비할 수 있는 처음 시작이 되어준 것 같다.

난 아버지께서 책을 읽어주시던 저녁 시간이 참 좋았고, 오랜 세월이 흐른 지금도 그때 그 시절 아버지의 목소리가 이야기가 되어 내 귓가에 들리는 듯 잊히지 않는다.

책은 내게 어릴 때나 지금이나 좋은 마음 친구이다.

책을 통해 꿈을 만나다

나는 중학교 때 국어 시간을 참 좋아했다. 일기와 편지쓰기를 좋아하던 나는 종종 시와 글쓰기 대회에 나가 상을 탔다. 중학교 1학년 때 글짓기 대회에서 대상을 받아 귀여운 탁상용 시계와 3권의 책을 선물 받았던 기억이 난다.

그때 내가 처음 썼던 시 원고를 지금도 간직하고 있을 만큼 그 시절 나의 마음을 담고, 생각을 담고, 정서를 고스란히 담아놓은 나의 첫 시를 나는 지금도 아끼고 사랑한다. 그때 선물로 받았던 책 중의 하나가 심훈의 소설 '상록수'이다.

나는 이 한 권의 책을 통해 나의 꿈을 만났다. 먼 미래에 내 꿈의 그림을 상상하며 책을 읽었다. 책을 읽으며 내 시선은 한 여주인공의 삶의 이야기에 머물렀다. 그는 어려운 환경 속에서도 아이들을 가르치고 농촌 주민들에게 희망을 심어주기 위해 노력했다. 또 교육을 통해 농촌 사회를 변화시키고자 했던 인물이었다.

나는 책을 통해 깊은 사랑과 헌신을 다해 아이들을 가르쳤던 여주인공의 모습을 보면서 눈물이 울컥했다. 그리고 한 여주인공의 '교육에 대한 열정과 헌신'의 삶의 모습을 내 마음에 새기며 나도 아이들에게 참된 교육을 하는 정말 좋은 선생님이 되고 싶은 꿈을 꾸었다.

한 권의 책이 내게 준 영향력은 참으로 컸다. 지금도 난 책과 함께 꿈을 꾸고 있고, 책을 통해 꿈을 나누는 강사로 서 있다.

그 시절 만난 한 권의 책은 내 마음 한편에 내 삶의 가치, 내 삶의 목적과 방향을 조금씩 조금씩 한곳으로 모을 수 있도록 도와주었다. 난 아이들에게 정말 좋은 선생님이 되고 싶었다. 청소년 시절 책과 글쓰기를 좋아하며 '교육자'로서 세상에 선한 영향력을 끼치는 삶에 대한 바람과 소망을 꿈꾸었다.

나는 중학교 3학년 때부터 교회에서 주일학교 교사로 봉사를 했다. 어린 아이들을 잘 가르치기 위해 나 또한 책을 통해 세미나를 통해 열심히 배우며 자라갔다. 내가 몰랐던 것을 새롭게 알아간다는 것, 그리고 내가 누군가에게 알고 있는 것을 가르친다는 것, 가르침으로 아이들에게 사랑을 표현한다는 것은 내게 소중한 기쁨이요 행복이었다. 그렇게 청소년 시절부터 주일학교 교사로 아이들을 가르치면서 나는 가르치는 자로서의 작은 꿈을 꾸며 자라갔다. 주일학교 교사로 섬기면서 내게 가장 좋은 교육의 모델이 되어 주셨던 황 선생님.
'내가 말하고 가르친 대로 그대로 살아간다는 것'
언행일치의 삶이 진정한 교육의 영향력임을 난 선생님을 통해 보고 배웠다.

아이들이 좋아서 그리고 아이들에게 세상에서 가장 소중한 가치와 진리를 잘 가르치는 교사가 되기를 꿈꾸며 나는 대학에서 기독교교육학을 전공했다. 기독교교육학을 공부하던 시절 난 '교육'이라는 말만 들어도 심장이 뛰었고, 미래에 대한 부푼 기대와 설레임이 가득했다. 나의 멋진 미래를 꿈꾸며 멈출 수 없는 하늘의 열정을 갖고 배우고 또 배우며 나를 준비해갔다. 난 내가 선택해온 학교가 너무 좋았고 그곳에서 배움을 통해 꿈꾸는 시간이 너무 행복했다.

대학교 2학년 때 난 교회 주일학교에서 유년부 교육담당자로 한 부서를 책임지게 되었다. 교회사역의 길에 들어서며 파이디온 선교회라는 한 선교단체 여름성경학교 강습회에 가게 되었다. 강습회에서 강의를 진행해 주신 강사 목사님의 탁월한 강의를 들으며, 또 내 가슴이 뛰었다.

"하나님, 저도 강사 목사님처럼 훌륭한 강사가 되고 싶어요"

기도하며 3일 동안 강습회에서 강의를 들으며 정말 많은 것을 배우며 난 또 한 뼘 자랐다. 강의를 통해 강사 목사님께서 주신 하나의 메시지가 내 가슴에 아주 선명하게 내 삶의 모토가 될 만큼 영향력이 있었다.

하나님께서는 잘 준비된 자를 실수로 사용하지 않으신 적이 없고, 잘 준비되지 않은 자를 실수로 사용하신 적이 없다.

내가 잘 준비하고 있으면 가장 좋은 때에 가장 좋은 도구로 쓰임 받을 수 있을 거라는 믿음을 갖게 되었다. 난 확신을 갖고 더욱 꿈을 향해 한 걸음 한 걸음 나아갔다. 한 권의 책과의 만남이, 그리고 내 인생에 의미 있는 한 사람과의 만남이 꿈을 향해 나아가는 데, 그리고 그 꿈을 이루어가는 인생의 한 길목에서 얼마나 중요한가를 생각했다. 좋은 책을 만나는 것! 좋은 사람을 만나는 것! 그것은 값진 축복의 선물이다.

03_강사의 길을 가다

대학원을 선택할 때 선배들은 내게 신대원을 가라고 권했다. 그래야 길이 넓다고 했다. 나를 생각해 주시는 선배님들의 조언이 감사했다. 하지만 난 사람은 자기의 길이 다 다르다는 생각을 했다. 같은 목적이지만 도착하기까지는 저마다 삶의 속도도 방향도 다를 수 있다.

난 결정하기까지 매우 신중한 편이며, 그리 적극적이고 진취적인 성향의 사람은 아니었지만, 내 소신껏 어떤 결정을 내린 후에는 미래지향적인 성향의 사람으로 바뀌곤 한다. 조용하고 차분하지만 내공이 강한 사람. 난 결코 제자리에 멈추어 있는 사람이 아니었다.

많은 기도와 고민 끝에 난 어린이 마음 교육분야에 전문가가 되고 싶어 아동심리치료학(놀이·가족치료)을 전공하기로 했다. 사람들이 좁은 길이라고 해도 내가 믿고 내가 의지하는 하나님은 능히 그 좁은 길도 넓고 빛나는 대로로 길을 열어주실, 크신 능력의 하나님이라는 믿음을 갖고 대학원에 진학했다.

아동심리치료를 전공하며 놀이치료와 가족치료를 배우며 정말 이 길을 잘 선택했다는 확신을 가졌다. 공부가 참 재미있었고, 매우 흥미로웠다. 내가 무언가 도움이 필요한 연약한 사람들에게 힘이 되어줄 수 있고 위로가 되어줄 수 있는 '돕는 자', '위로자'가 되기를 바라며 열심히 나를 준비했다. 하나님께서 내게 선물로 주신 마음은 '긍휼히 여기는 마음'이다.

하루는 학교 수업을 마치고 집으로 돌아오는 길 버스에서 창밖으로 보이는 사람들을 바라보면서 "하나님! 제가 아동심리치료를 전공한 것이 잘한 일일까요? 제 길이 맞는 걸까요?" 하고 마음으로 여쭤보았을 때 하나님께서 이런 마음의 음성을 들려주시는 듯했다.

"사랑하는 미옥아! 모든 사람들이 앞만 보고 바쁘게 달려갈 때, 때때로 뒤에서 넘어지거나 뒤처지는 아이들과 연약한 사람들이 있으면 네가 그 가던 길도 다시 멈추고 돌아와, 연약한 그들을 일으켜 세워주고, 마음의 어깨를 나란히 하고 그들을 격려하며 조금은 속도가 느리더라도 다시 함께 달려가 줄 수 있는 그런 사람이 되었으면 좋겠구나."

그래 이것이 내 길이었다.

좋은 강사의 모델을 스케치하다

결과보다는 과정 속에서 교육을 통해 진정한 가치를 심어주고 온전한 한 사람으로 자신의 가치를 발견하며 행복을 누리며 살아갈 수 있도록, 자기로서의 삶을 살아갈 수 있도록, 이끌어주는 교육자가 되고 싶었다.

나는 가르침을 넘어 사람들의 깊은 내면까지 돌보며 세워줄 수 있는 따스함과 넉넉함을 가진 강사! 말하고 가르친 대로 그대로 살아가는 좋은 강사가 되길 소망한다.

대학원 마지막 학기 논문을 쓰면서 지도교수님께서 "임미옥 선생님은 계속 박사과정 공부를 이어서 하면서 저와 함께 논문도 쓰고 학회지에 소논문도 같이 내면 좋겠어요. 꼼꼼하고 참 재능이 많아서 잘 할 거예요."라고 제안해 주셨다.

교수님께서 좋은 마음으로 봐주셔서 얼마나 감사하던지. 하지만 나는 먼저 그동안 배우고 준비한 교육의 내용을 바탕으로 내가 준비한 것들을 적용할 수 있는 교육현장에서 가르치는 기쁨을 더 구체적으로 맛보고 싶었다. 더욱 많은 교육의 현장 경험을 통해 더 나은 가치를 발견하고 싶었고, 더 좋은 교육자가 되고 싶었다.

스물 아홉, 시간 강사가 되다

그러던 중 2006년 여름, 대학 시절 존경하는 교수님께서 연락을 주셨다. 교수님께서는 나에게 대학교에서 시간강사로 아동상담 강의를 해줄 수 있는지 강의 제안을 주셨다. 그때 받은 한 통의 전화로 인해 얼마나 기쁘던지! 내 인생에 이런 좋은 기회를 주신 하나님께 정말 감사했다.

김포에서 대전까지 먼 거리는 잠시 잊은 채, 기쁨과 감사한 마음만 한가득 안고, 학생들을 향한 열정과 사랑, 그리고 기대하는 마음만 가지고 매주 김포에서 대전을 오가며 시간강사로 학생들을 가르치기 시작했다.

그것은 내가 대학원에서 '아동심리치료'를 전공했기에 가능한 일이었다. 선배님들 말처럼 길이 더 좁아진 것이 아니라 졸업과 동시에 하나님께서 이끄신 나의 길은 더 특별했고 더 넓었던 것이다. 그해 가을 나의 첫 강의! 대학에서 시간강사로 강사의 길에 들어서게 되어 내 가슴은 더욱 뛰었다.

나의 존재가 이렇게 의미 있고 가치 있는 '교육자'로, '강사'로 설 수 있게 된 것이 얼마나 감격스럽던지. 스물 아홉 살! 20대의 마지막 해 그토록 바라고 소망하던 강사의 첫발을 내딛게 되었다. 감사하게도 내가 하게 된 강의는 정말 인기가 좋았다. 기독교교육학과 선택과목으로 '아동상담'을, 교양과목으로는 '어린이성품교육'을 강의하게 되었는데, 신청학생 수가 170여 명이나 되었다. 너무 인원이 많아 갑자기 두 반으로 나누어서 수업을 진행했다. 교무처에서도 깜짝 놀랐다.

난 갑자기 인기 강사가 된 듯한 기분에 몸둘 바를 몰랐다. 4년 반 동안 대학에서 많은 학생들을 가르친 시간은 나로 하여금 '강사'로서의 자질과 능력을 더욱 갖출 수 있도록 현장에서 나를 더욱 준비하고 훈련할 수 있는 참으로 감사한 시간이었다. 4년이 훌쩍 넘는 시간, 난 한결같이 학생들을 향한 열정과 사랑, 그리고 진실함을 다해 가르치는 강사였다.

많은 학생들을 만나고 가르치며 결국 교육은 관계 속에서 상호작용하며 성장하고 성숙하게 다듬어져 가는 과정이라는 생각을 하게 되었다.

진정한 교육의 가치, 꽃을 피우다

한 사람의 깊은 치유와 회복은 마음, 정서적인 터치가 이루어질 때 진정한 회복의 교육이 이루어진다고 생각한다. 어느덧 20년이 훌쩍 넘는 시간, 나는 한길만 걸어온 어린이전문사역자이다. 꿈과 열정이 가득했던 스물네 살 때부터 파이디온선교회에서 '기독교교육사역자'로 '강사'훈련을 받으면서 정말 건강한 가정, 건강한 교회교육을 세우기 위해 헌신하며 끊임없이 배우고 도전했다.

어린이 교육사역에 꽃을 피울 수 있었던 것! 돌아보면 삶이 참으로 기적처럼 느껴질 만큼 내 인생의 마디마디마다 하나님께서 아름답게 수놓으신 내 삶의 풍경들이 너무도 감사하다. 감사로 채워진 인생!

내가 사랑하는 그림책+푸드+원예

진로체험 강의를 가면 학생들에게 항상 마지막 시간에 꿈과 비전에 대한 이야기를 나눈다. 그리고 나는 항상 강의의 끝을 앙드레 말로의 명언으로 마친다.

오랫동안 꿈을 그리는 사람은 마침내 그 꿈을 닮아간다.
─ 앙드레 말로 ─

오랫동안 나는 그림책 푸드원예 전문강사를 꿈꾸었다. 기독교교육사역자로 오랜 시간 강사로서 준비되어온 시간과 이제 그 소중한 가치

위에 그림책과 푸드와 원예라는 매개체를 통해 더 많은 아이들과 다양한 연령의 대상을 만나 그들을 치유하고 회복하는 일을 하게 되었다. 그림책 푸드아트테라피와 그림책 원예테라피는 그림책과 푸드아트 그리고 원예활동을 통해 마음의 치유와 성장을 돕는 매우 창의적인 예술활동이다.

그림책의 따뜻한 이야기와 보는 것만으로도 기분 좋아지는 알록달록 다양한 색깔을 가진 식재료와 꽃과 식물을 통해 참여자들은 자신을 탐색하고 감정을 표현하면서 긍정적인 변화를 갖게 되고, 자연스럽게 마음이 치유되는 것을 경험하게 된다.

그림책 푸드아트테라피와 그림책 원예테라피는 단순한 푸드 활동이 아닌, 사람들의 마음을 어루만지고 삶의 활력을 불어넣는 아주 특별한 예술적 경험이다. 무엇보다 이 분야의 큰 장점 중 하나는 교육대상의 폭이 정말 넓다는 것이다. 유아부터 시니어 세대까지 모든 연령의 대상자들을 다양한 기관, 다양한 장소와 상황에서 만나 교육적 기회를 제공하며 그들의 마음을 만날 수 있다는 것은 정말 가슴 벅찬 기쁨을 안겨준다.

04_좋은 강사가 되려면...

삶의 좋은 모델이 되어라!

교육에 있어 가장 소중한 일은 마음을 교육하는 일이다. 그 마음의 그릇을 행복으로 가득 채워주는 것이 교육자의 가장 소중한 역할이 아닐까 한다. 모든 것은 마음으로부터 시작되기 때문이다. 교육의 목적은 '변화'이며, 한 사람의 변화는 "관계"의 상호작용 속에서 일어난다. 하지만 교육자가 학생의 마음을 얻지 못하면 결국 교육의 현장에서는 아무 일도, 아무런 변화도 일어나지 않은 것이다.

강사로서, 가르치는 자로서의 부푼 꿈을 안고 끊임없이 배우고 도전했던 20대 초반에 나는 기독교교육 분야의 거장이었던 하워드 헨드릭스 교수님의 책을 만나게 되었다. 〈삶을 변화시키는 가르침〉 얇은 소책자였지만 교육의 길을 가고자 하는 나에게 정말 강력한 메시지를 주었다.

'가르침은 단순히 정보를 전달하는 것이 아니라, 삶을 변화시키는

것이다.'
 '가르치는 것보다 더 중요한 것은 삶으로 보여주는 것이다.'
 '배움은 머리가 아닌 마음으로 하는 것이다.'
 '학생은 채워야 할 그릇이 아니라, 밝혀야 할 불꽃이다.'
 '수업은 지루한 의무가 아니라, 흥미진진한 여정이어야 한다.'
 '가르침은 질문을 던지는 것이지, 답을 주는 것이 아니다.'
 '관계가 없는 가르침은 영향력이 없다.'
 '배움은 끝없는 과정이다.'
 '경험은 최고의 스승이다.'
 '아는 것을 실천하는 것이 진정한 배움이다.'
 '가르침의 성공은 학생들의 삶의 변화로 측정된다.'

―하워드 헨드릭스

 책을 통해 받은 감동은 아주 강력했다. 그리고 그것은 지금까지 나의 가르침의 현장에 소중한 가치로 만나는 모든 사람들에게 흘러가고 있음을 느낀다.
 배우는 이들에게 삶의 좋은 모델이 되어 주는 것, 내가 말하고 가르친 대로 살아 가는 것! 그것이 가장 가치 있고 영향력 있는 가르침이라고 생각한다.

오늘 나의 가르침의 현장에 사랑과 열정을 더하라!

 나는 영화를 즐겨보지는 않지만, 정말 감동적이고 삶의 좋은 교훈이 될만한 영화들은 꼭 찾아서 본다. 내가 참 좋아하는 영화이고, 지금까지 내 마음 한편에 잔잔한 감동의 한 장면으로 남겨진 영화는 '홀랜드 오퍼스'이다. 영화의 마지막 장면은 감동적인 메시지와 함께 오랫동안 기억에 남는 명장면으로 손꼽힌다.

음악가로서 성공을 꿈꾸던 주인공 홀랜드는 생계를 위해 고등학교 음악 교사로 일하게 된다. 처음에는 학생들에게 큰 기대를 하지 않았지만, 시간이 흐르면서 학생들에게 헌신적인 열정으로 음악을 가르치고 마음을 다해 그들의 성장을 돕는다. 홀랜드는 학생들에게 음악뿐만 아니라 삶의 지혜와 용기를 가르치며 30년 동안 훌륭한 스승이자 멘토로서 학생들의 삶에 깊은 영향을 준다. 그러다 어느새 30년의 교직 생활을 마감하는 날 홀랜드에게 제자들은 깜짝 선물을 준비한다. 학교 강당에서 열린 음악회에서 제자들은 홀랜드가 작곡한 '아메리칸 심포니'를 아주 멋지게 연주한다. 깊은 감동에 벅찬 홀랜드는 제자들의 연주를 지휘하며 자신의 인생을 돌아본다.

"선생님은 우리에게 하모니였습니다."

음악회에서 홀랜드의 제자 중 한 사람은 말한다.

"주위를 둘러보세요. 여기 있는 모두가 선생님의 영향을 받았고, 훌륭하게 성장했어요. 우리가 바로 선생님의 교향곡이고, 멜로디이고, 음표이고, 음악입니다. 선생님은 우리에게 하모니였습니다."

홀랜드가 30년 동안 학생들에게 가르치고 베푼 사랑과 헌신이 아름다운 하모니를 만들어낸 것이다. 음악가로서의 멋진 꿈은 이루지 못했지만, 학생들 한 사람 한 사람의 삶의 자리마다 아름다운 음악을 선물하며 더욱 값진 인생을 살았다는 것을 보여준다.

나는 한편의 책과 한편의 영화가, 의미있는 한 사람과의 만남이, 우리 삶에 얼마나 깊은 영향을 주는지에 대해 생각하게 되었다. 내가 한권의 좋은 책을 만나고, 한편의 감동적인 영화를 만난 것은 내 삶에 깊은 의미를 안겨주었다.

배움을 기뻐하라!

난 항상 내 삶이 보배로운 그릇으로 잘 준비되어 귀하게 쓰임 받기를 소망하며, 배움에 마음을 활짝 열고 즐겁게 다가갔다. 나는 항상 학생들에게 고여있는 물이 아니라, 흐르는 물을 먹여주는 좋은 강사가 되고 싶었기에 끊임없이 배움에 시간과 열정을 아낌없이 쏟아부었다.

꿈 많던 20대에 나는 많은 교육의 기회들을 통해, 정말 다양한 강의의 노하우와 스킬을 배울 수 있었다. 배움은 언제나 즐겁고 행복한 여행이며, 나를 성장하게 하는 기회가 되었다.

강사가 배움을 기뻐하지 않고, 배움에 게으르다면 결코 좋은 강사가 될 수 없을 것이다. 내가 배움을 통해 성장한 만큼 우리는 더욱 멋지고 탁월한 전문강사로 설 수 있는 것이다.

사랑하라!

존재에 대한 사랑과 인정은 산소와 같다. 축복받고 사랑받고 위로받는 관계를 경험해야 비로소 홀로서기도 가능하다.
　　　　　　　　　　-정신과 전문의 정혜신박사 (마인드프리즘대표)

모든 것에 사랑을 더하라. 교육은 사랑이 답이다. 사랑만이 사람을 변화시키는 열쇠이다.

05_내 삶에 잔잔한 감동의 물결

강의를 하다 보면 정말 다양한 사람들, 다양한 상황들 속에서 받는 감동과 깨달음이 있다. 때로는 아픔도 있다. 이 모든 것은 삶의 현장에 부딪히면서 나를 더욱 깊고 넓은 사람으로 자라가게 하며 '성숙함'을 몸소 배우게 한다.

강사로서의 가장 큰 행복과 즐거움은 강의를 통해 전해지는 긍정적인 반응과 긍정의 피드백일 것이다. 교육을 듣는 이들로 하여금 칭찬을 받으면 강사의 마음도 춤을 추게 된다.

내 마음에 날개를 달아준 말!

지금까지 강사로 많은 대상들을 만나면서 내게 비타민이 되었던 강의에 대한 긍정피드백들이 있다.

"강사님의 강의는 참 부드럽고 따뜻한 감동이 있어요."
"강사님 목소리가 정말 좋으세요."

"강사님은 어쩜 그렇게 말씀을 예쁘게 하세요? 아이들을 대할 때 사랑이 느껴져요."

"강사님의 강의는 잔잔한 감동으로 마음을 깊이 터치해 주는 힘이 있어요."

"늘 알고 있었던 그림책이었는데, 오늘 강사님께서 읽어주시니 더 깊은 감동이 되어서 눈물이 나고 울컥했어요."

"선생님! 저도 업무하면서 여러 강사님과 함께 일해봤지만, 선생님처럼 수업에 진심을 다하고(진심으로 수업 퀄리티 넘넘 좋아요) 학생들을 사랑으로 만나는 분은 처음이었어요! 넘 감사한 한해였답니다."

내 마음에 날개를 달아주었던 소중한 말 한마디 한마디는 오늘도 나를 자라게 한다.

한 선생님의 특별한 부탁

2023년 5월 강화에 있는 한 초등학교 6학년 친구들과 진행했던 그림책 푸드아트테라피 마지막 수업의 한 장면은 지금도 내 마음 한편에 깊은 감동의 순간으로 기억된다. 마지막 케이크 수업을 마친 후, 담임 선생님께서 한 가지 부탁을 주셨다.

"선생님! 그동안 지난 세 번의 수업시간을 통해 선생님께서 아이들에게 해 주신 말씀 하나하나가 정말 너무 귀하고 소중했습니다. 그 어디에서도 들을 수 없었던 정말 소중한 배움의 시간이었기에 아이들도 이 시간을 평생 잊지 못할 것 같습니다. 그림책 푸드테라피 수업을 통해서 아이들에게 좋은 가르침을 주셔서 정말 감사드립니다. 그래서 실례가 되지 않는다면 선생님께서 우리 아이들 한 사람 한 사람을 안아 주시며 격려해 주셨으면 좋겠는데 혹시 그렇게 해 주시길 부탁드려도 될까요?"

 강의를 하다 보면 때론 오히려 내 자신이 더욱 감동받을 때가 있다. 나는 그날 오후 선생님의 말씀을 들으며 얼마나 가슴이 뭉클했는지 모른다. 전혀 생각지 못했던 제안에 순간 깜짝 놀라기는 했지만, 아이들을 안아주고 격려하며 축복해 주는 일은 내게 너무 익숙하고 또 좋아하는 일이기에 나는 망설임 없이 아이들을 안아주며 사랑과 축복의 마음도 함께 전해 주었다.
 짧은 세 번의 만남이 이렇게 커다란 감동과 영향력을 줄지는 생각지 못했는데, 여전히 교육의 현장에서의 선한 영향력은 '사랑'이 답이다.

 내 안에 있는 열정과 사랑은 내가 굳이 말로 표현하지 않아도 강의를 진행하는 동안 내 언어를 통해 미소를 통해 전해졌다. 아이들을 존중히 여기고 따뜻한 온기로 다가가는 모습을 통해 '사랑은 느껴지는 거구나.', '사랑은 보이는 거구나.' 하고 생각하며 다시금 내가 하는 이 일에 대한 자부심과 보람을 느낄 수 있었다.
 사랑의 통로로, 축복의 통로, 위로의 사람으로 그리 살아갈 수 있다는 것이 얼마나 감사한지…….

한 통의 전화

"선생님 안녕하세요. 여기는 북인천중학교 1학년 교실입니다. 지금 선생님께서 오전에 배송해 주신 마카롱 만들기 교육키트로 학생들 수업 중에 있는데요. 한 학생이 선생님께 전화를 드리고 싶다고 해서 전화를 드렸어요. 잠시만요. 학생 바꿔드리겠습니다."

코로나 시기라 대면 수업을 할 수 없어서 학생들이 반 선생님과 수업할 수 있도록 영상과 키트만 전해드렸는데, 이렇게 전화를 받은 적은 처음이었다. 한 남학생의 목소리가 들렸다.

"안녕하세요 선생님! 이렇게 마카롱 예쁘고 맛있게 만들어 볼 수 있도록 키트 잘 준비해 주셔서 정말 감사합니다. 오늘 가장 행복한 날이에요."

한 통의 전화를 받고 어느새 내 입가엔 함박웃음이 지어졌다. 며칠 후 담당 주무관님을 통해 그 학생의 후기소감문을 듣게 되었는데, 정말 감동이었다.

"오늘은 내 학교 인생 7년 중 가장 즐겁고 행복한 날이었다."

내가 직접 정성을 담아 알록달록 예쁘게 만든 마카롱 꼬끄와 달콤한 딸기요거트맛 크림과 데코 재료들로 마카롱을 만들며 정말 학생들의 마음까지도 달달한 행복으로 가득 채워졌을 거라 생각하니 나 또한 너무 행복한 마음이었다. 그리고 여전히 이 길을 걸어가게 된 것에 대한 보람과 기쁨, 그리고 감사가 밀려왔다.

그해 가을, 작은 메모지에 담겨진 감동

2023년 가을 무렵, 여중생 160여 명의 친구들과 그림책 푸드아트 테라피로 감정마카롱을 만드는 수업이 있었다. 마카롱 수업은 어디를 가나 누구에게나 참 인기가 많은 수업이다. 감정과 관련된 그림책을 읽고 마음 하트 뻥튀기에 자신의 감정을 표현해보고, 감정마카롱을 만드는 활동이었는데 모든 여중 친구들에게 얼마나 인기가 많았는지 모른다. 아이들이 즐거워하고 행복해하면 강사로서 가장 큰 만족과 보람을 느끼게 된다. 감정마카롱은 선생님들께서 이런 아이템은 어디에서 가져오시는 거냐고 물으실 만큼 인기가 정말 좋다. 뜨거운 반응에 늘 흐뭇하다.

수업을 마치고 학생들이 작은 메모지에 담아준 강의 후기는 정말 따뜻한 감동으로 다가왔다. 그중 한 학생의 잔잔한 감동의 후기다.

"중학교 올라오고 이런 힐링 수업은 처음인 것 같아 정말 재미있었다. 그리구!!
2023년에 한 수업 중 가장 만족스러운 수업이었다."

늦은 시간까지 공부하느라, 학원 다니느라, 또 진로에 대한 여러 고민과 친구들과의 관계 속에서 어쩌면 지쳐있을지도 모를 아이들에게 나를 만난 순간이 잠시 스쳐 지나갈 인생의 한 순간이겠지만, 이 순간 아이들이 나와 함께 하며 느꼈던 긍정의 감정과 에너지는 아이들 정서에 고스란히 간직되어 힘들 때마다 꺼내어보며 다시금 희망의 미소를 지을 수 있는 소중한 추억의 흔적들로 간직되기를 바라는 마음이었다.

나는 씨를 뿌리는 농부

2004년부터 6년 동안 좋은 기회를 주셔서 C국에 강사로 가게 되었다. 물론 자비량이었다. 어린이를 교육하는 교사들과 학생들을 교육하는 일. 내 가슴을 정말 많이 뭉클하게, 가슴 뛰게 했던 순간이었다. 겁이 많은 내가 혼자 비행기를 타고 강의를 위해 길을 떠났던 20대의 중후반의 시기. 지금 생각하면 지극히 내향인 내가 어떻게 그런 용기를 가졌을까 싶다. 조용하고 차분하면서도 보이지 않는 작은 힘으로 꾸준히 달려가고 있는 그런 내가 참 좋다.

몇 해를 지나 또 여름이 되어 휴가를 뒤로하고 또 난 비행기에 몸을 싣고 C국으로 향했다. 담당 선생님께서 기쁘게 맞이해 주셨고, 숙소에 도착하자 선생님께서 커다란 그 나라의 지도를 보여주시며, 작년에 선생님에게 교육을 받았던 학생이 지금 이곳에서 열심히 배운 대로 가르치고 있고, 또 그 학생은 이곳에서 선한 영향력을 끼치며 잘 성장해가고 있다고 말씀해 주셨다. 그 순간 눈물이 났다. 너무 감동이 밀려왔기에.

난 씨를 뿌리는 농부구나.

나는 씨를 뿌렸고, 그분이 열매 맺게 해 주시는 손길들이 느껴지던 그 순간, 얼마나 감사하던지. 아침부터 저녁까지 종일 10시간 가까이 서서 강의를 했던 것 같다. 피곤한지도 모른 채. 숙소로 돌아왔을 때 내 발은 코끼리 발처럼 매일 부어있었는데 정말 신기한 경험이었다.

내가 배우고 경험한 것을 누군가에게 가르치고 그들을 세워가는 강사로 나를 준비시키시고 이토록 귀하게 쓰임 받게 해 주심이 얼마나 감격스럽고 감사했는지 모른다.

난 그때의 그 감동을 지금도 기억한다. 오랜 세월이 흘렀지만 난 여전히 교육의 현장에서 '씨를 뿌리는 농부'임을 기억하며 열심히 어제도 오늘도 내일도 씨를 뿌리는 행복한 사람이다.

가슴 뭉클하게 했던 카톡

마지막 소감에서 "저는 다른 데는 안가고 여기는 꼭 와요."라고 말씀하신 어르신이 명절 전에 주무시고 눈을 못 뜨셨어요.ㅠㅠ 선생님 덕에 좋은 프로그램 경험하고 가신 듯해서 선생님께 너무 감사드려요."

12주 동안 한 번도 수업에 빠지지 않고 참석해 주셨던 어르신께서 먼 여행을 떠나셨다는 카톡을 받고 가슴이 뭉클했다. 늘 우울하고 힘든 마음으로 한 맺힌 인생을 사시던 중에 떠나시기 전에 이렇게 소녀처럼 푸드 재료들로 마음도 표현하고 이야기도 나누며 웃으시고, 인생에 맺힌 한과 아픔과 상처에 토닥토닥 위로 받으시며 좋아하셨던 어르신.

마지막 시간 꽃 도시락을 만드시며 꽃향기와 꽃을 보시고 환하게 웃으셨던 어르신의 마지막 모습이 눈에 선했다. 어르신의 마음 한 자락 그림책과 푸드와 원예를 통해 작은 힐링을 선물해 드릴 수 있는 한 사람이 되어 참 감사한 마음이었다.

06_강사의 자기관리 - 좋은 강사는 자신을 사랑하는 강사

강사는 자기관리가 정말 중요하다. 강사가 정말 건강하고 행복해야 만나는 대상자들에게 긍정적인 에너지를 전달하고 힐링을 선물할 수 있기 때문이다. 강사의 자기관리 어떻게 해야 할까?

신체 건강 관리

강사의 건강관리는 정말 중요하다. 영양가 있는 식단을 유지하고, 규칙적인 식사를 통해 에너지를 보충해야 한다. 또한 스트레스를 해소하고 체력을 증진하기 위해 꾸준히 운동해야 하며, 무엇보다 신체적, 정신적 건강을 위해 충분한 수면 시간을 가져야 한다.

무엇보다 잠이 보약이다. 항상 정기적인 건강검진을 통해 자신의 건강 상태를 꾸준히 확인하고 관리해야 한다. 건강을 잘 돌보는 것이 진정한 자기사랑의 방법이기 때문이다.

마음 건강 관리

강사는 자신에게 맞는 스트레스 해소법을 찾아 실천해야 한다. 마음 건강을 위해 항상 긍정적인 사고방식을 유지하고, 감사하는 마음을 가져야 한다. 감사는 우리 삶을 더욱 풍요롭게 만드는 마법과 같다. 내가 가진 것에 감사하는 것이 곧 행복의 시작이다.

자기 돌봄

강사의 자기 돌봄의 시간은 너무나 중요하다. 소중한 자신을 위해, 자신의 마음을 돌보는 시간은 꿈을 향해 더 높이, 더 멀리 날아갈 수 있도록 에너지를 충전하는 시간이다. 강사 자신은 그 누구도 대신할 수 없기에 아무리 많은 강의로 바쁘더라도 자기 돌봄을 위해 때때로 쉼과 회복의 시간을 통해 내면에 긍정에너지를 충전해야 한다.

자기 계발

지속적인 배움을 통해 관련 분야의 최신 정보를 부지런히 배우고, 전문성을 강화하며, 다른 강사들과 서로 다양한 정보와 경험의 노하우를 공유하고, 서로에게 배우는 시간을 가지도록 힘써야 한다. 그리고 자신의 강의를 객관적으로 평가하고, 타인의 피드백을 긍정 마인드로 겸손히 수용하며, 성숙하게 자라갈 수 있는 기회로 삼는 큰 그릇이 되어야 한다.

관계 관리

관계는 참 중요하다. 나 자신과의 관계, 학생과의 관계, 타인과의 관계, 가족과의 관계, 이 모든 '관계'의 상호작용에서 실패하면 결코 성공을 이룰 수 없다. 강사는 관계에 있어서 항상 교육대상자들의 이야기를 경청하고, 적극적으로 소통하고 공감하며 신뢰를 쌓아야 한다. 또한 같은 길을 걷는 동료 강사들과 함께 협력하며 시너지 효과를 창출하고, 함께 성장하는 기회로 삼아야 한다. 그리고 개인적으로 가족, 친구들과의 관계에 있어서도 그 무엇보다 자신에게 소중한 사람들과의 관계를 통해 정서적 안정을 얻고 누리는 내면이 부유한 사람이 되자.

내면의 향기를 만나는 이들에게 흘려보내는 축복의 사람이 되어야 한다.

시간 관리

강사에게 있어 시간은 금이다. 강사는 효율적인 시간 관리를 통해 삶의 균형을 유지하며, 바쁜 스케줄 속에서도 충분한 휴식을 통해 에너지를 재충전하고, 번아웃을 예방해야 한다. 인생은 마라톤과도 같은 것이기에 강사가 결국 자기관리를 하지 못하면 가장 소중한 것을 잃을 수도 있다. 삶의 속도를 적당히 잘 조절하며 달려야 한다. 그래야 오래 뛸 수 있다.

강사의 건강과 행복은 강의에 긍정적인 영향을 미치고, 강의의 효과를 높이는 데 매우 중요한 부분이기에 자신에게 맞는 자기관리 방법을 찾아 실천하는 지혜가 필요하다.

07_그림책 푸드원예테라피 강사, 꿈을 현실로 만드는 여정

내 삶의 여정은 늘 교육현장에서 그림책과 푸드아트, 그리고 그림책 원예테라피 수업을 통해 만나는 대상자들과의 따뜻한 교감을 나누는데 있다. 아이들의 순수한 웃음과 창의적인 표현을 통해 마음의 문을 열어가는 순간들은 내게 큰 기쁨과 보람을 안겨주었다.

유아부터 100세 시니어 세대까지 다양한 연령의 대상들을 만나며, 강사로 가르칠 뿐만 아니라, 나 또한 더욱 넓고 깊은 사람으로 성장해 가는 축복을 누리고 있다. 나는 지금까지 20여 년 교회에서 어린이 사역을 하며, 그리고 9년이라는 시간 더 넓은 세상을 향해 꿈의 날개를 펼치며 나아가 아동요리와 그림책 푸드아트 & 원예테라피 강사로 가르치며, 이 분야에 완전히 매료되었고, 마침내 전문 강사로서 더욱 멋지고 빛나는 삶을 시작하게 되었다.

그림책과 푸드 + 원예의 매력에 빠지다

어린 시절부터 그림책을 통해 상상의 나래를 펼치고, 그림책 마음요리와 원예수업을 통해 오감을 만족시키는 것을 좋아했던 나는 이 두 가지 요소가 결합된 분야의 매력에 깊이 빠져들었다. 그림책은 마음을 열고 감정을 표현하는 도구가 되어주었고, 푸드와 원예는 대상자들의 오감을 자극하여 창의성을 발휘하고 스트레스를 해소하며 예술적인 경험을 통해 치유와 힐링을 경험하게 되는 매력적인 활동이다.

스마일마음요리터, 꿈을 펼치는 공간

나의 꿈을 실현시켜 준 곳은 바로 '스마일마음요리터'이다. 난 2018년 5월 인천광역시 계양구 효성동에 스마일마음요리터를 오픈했고, 이곳에서 나는 아동요리 전문강사로, 그림책 푸드아트 테라피 전문강사로서 아이들뿐만 아니라 다양한 연령대의 사람들과 소통하며 그들의 마음을 어루만지는 특별한 경험을 할 수 있었다.

스마일마음요리터는 교육부 꿈길에 진로체험처로 등록되어있고, 교육기부 인증기관으로 선정되었다. 스마일마음요리터는 내게 단순한 일터를 넘어 나의 소중한 꿈을 펼치고 성장할 수 있는 소중한 공간이다.

전문성을 위한 끊임없는 노력

그림책 푸드아트테라피, 그림책 원예테라피 강사가 되기 위해 나는 관련 분야의 전문 교육 과정을 이수하여 자격증을 취득했고, 다양한 교육과정에 참여하며 끊임없이 배우고 익히며 전문가로서 철저히 준비하고자 했다. 나에게 있어 배움은 여전히 현재 진행형이다.

스마일마음요리터 공방을 오픈하며 마음자람놀이학교, 국제마음교육협회, 펀펀힐링센터 인천지사로 더욱 역량을 넓혀왔다. 특히, 그림책 전문기관인 마들렌 인천계양센터장으로 소속되어 더욱 많은 그림책 관련 공부를 하며 더욱 자기 개발에 힘쓰고 있다. 나는 이 분야에 다양한 기관, 다양한 자격증을 소지하고 있다. 그리고 그림책푸드원예 자격과정을 통해 강사들을 양성하고 있다.

같은 분야이지만, 그럼에도 불구하고 내가 또 다른 기관에서 공부를 하고 여러 다양한 자격증을 취득하는데 아낌없이 시간과 돈과 마음을 투자하는 이유는 그만큼 더욱 폭넓은 시각으로 바라보는 강사이고 싶었기 때문이다. 다양한 경험을 쌓는 것이 나의 소중한 재산임을 알기에, 강사마다 가르치는 스킬과 노하우들이 다르기에 늘 배움의 자세로 열린 마음으로 즐겁게 배우며 나를 훈련하고 있다.

잘 배우는 자가 잘 가르친다는 어느 교수님의 말씀을 늘 기억하며 나는 마흔 중반이 훌쩍 넘은 이 순간도 배움을 즐거워하고 있다. 배우고 가르치는 일이 나의 천직인 듯 나는 내 일을 참 사랑하고 행복하게 이 길을 가고 있는 강사이다.

따뜻한 교감과 긍정적인 변화

그림책 푸드원예테라피 수업을 통해 아이들은 그림책 속 주인공이 되어 이야기를 만들고, 다양한 식재료와 꽃을 활용하여 자신만의 작품을 만들며 창의력과 상상력을 키워나갈 수 있다. 또한 서로의 작품을 감상하고 이야기를 나누며 공감능력, 자기정서조절, 소통 능력과 사회성을 키워나갈 수 있다. 이러한 다양한 프로그램 교육 활동을 통해 아이들은 긍정적인 정서를 경험하게 된다.

그림책 푸드아트 + 그림책 원예테라피 강사가 되기 위한 여정

- 관련 분야 교육 이수: 아동 심리, 미술 치료, 푸드아트, 원예테라피 관련 교육 과정을 이수하여 전문성을 확보한다.
- 다양한 경험: 워크숍, 세미나, 교육을 통해 다양한 경험을 쌓고 실력을 향상시킨다.
- 자격증 취득: 관련 자격증을 취득하여 전문성을 인정받고 취업 기회를 확대한다.
- 끊임없는 연구와 개발: 새로운 마음교육 프로그램 개발과 연구 활동을 통해 전문성을 더욱 심화시킨다.
- 따뜻한 마음과 열정: 사람들과의 교감을 좋아하고 긍정적인 변화를 이끌어내는 따뜻한 마음과 열정을 갖는다.

마음을 미소짓게 하는 스마일 선생님

나는 언제나 따뜻한 감성을 가진 '스마일 선생님'으로 기억되고 싶다. 그림책 푸드원예활동은 아이들의 마음과 생각을 여는 데 좋은 매개체가 된다. 아이들의 눈높이에 맞춘 그림책 푸드아트테라피와 그림책 원예테라피로 집중력과 재미, 창의력, 인성에 도움을 주는 다양한 마음놀이 수업을 하고 싶다.

바른 가치관과 바른 인성, 바른 마음으로 자신의 삶을 소중히 여기며 행복한 꿈을 꾸고, 그 꿈을 멋지게 펼쳐가는 아이들로 자라가도록 돕는 선생님이 되고 싶다.

마음을 미소짓게 하는 스마일 선생님!

내 삶의 자리에서, 그리고 내게 허락된 모든 교육의 현장에서 내가 만나는 모든 사람들에게 언제나 뜨거운 열정과 사랑이란 기초 위에 다양한 영역의 교육 프로그램을 통해 마음까지 요리하는 탁월한 강사, 다시 만나고 싶은 강사로 기억되고 싶다.

올리브 나무가 척박한 땅에서도 잘 자라듯이
어려움은 우리에게 성장을 선물한다.

송 경 희

엠브레스마인드 심리상담센터 성북본점 원장, 이엠컬러 심리연구소 대표, 컬러테라피, 푸드테라피, 그림책테라피, 부부상담전문가(이마고, 프리페어인리치) 부모교육전문가, MBTI강사, 가족 상담사, 시니어교육사, 전문코치(KPC,KPCC)

송경희 작가 소개

01_유아학교 원장의 변신

어린 시절 유난히 이사를 많이 다녔다. 5세 때 아빠의 사업실패로 서울로 이사 온 후 이사를 자주 다녔던 나는 초등학교 시절 3번의 전학을 했던 기억이 있다. 처음 전학 간 학교에서 똑똑한 친구가 왔다고 미소 짓던 선생님이 생각난다.

그러나 반복되는 전학은 "점점 성적이 왜 이 모양이니?"라는 피드백을 듣게 되었다.

어린 시절 우리 집은 친구들의 놀이터였다. 해외 근로자로 일하신 아빠 덕분에 풍부한 먹거리와 넓은 집을 친구들이 좋아했다. 우리 집은 친구들에게 언제나 신나게 뛰어놀 수 있는 멋진 놀이터나 다름없었다.

친절하고 자상하신 엄마는 친구들에게 늘 인기가 많았다. 월급날이면 1박스에 50개 들어있는 라면과 계란 1판, 80kg 쌀을 쟁여 두셨다. 난 친구들과 음식을 만들어 먹는 것을 무척 좋아했다. 직접 밀가루로 떡볶이도 만들고, 감자채도 볶고, 라면도 끓이고, 밥도 했다. 유난히 친구들을 몰고 다니던 나와 오빠로 인해 우리 집은 언제나 시끌벅적 동네 아이들의 최고의 놀이터였다.

나의 외모는 예쁜 아이였지만, 목소리가 유난히 커서 "화통을 삶아 먹었니?" 하는 이야기를 많이 들었다.

"경희는 커서 여목사가 돼야겠어." 하시던 어른들의 말씀! 선머슴 아이 같다는 이야기도 들었다. 어른들의 이야기가 나에게는 야단이 아닌 칭찬으로 자리 잡았고, 어린 시절 나는 여목사가 되어야지 하고 생각했다.

초등학교를 지나 중학생이 되면서 내가 다니던 교회를 옮겼는데, 여목사를 인정하지 않는 교단이었다. 자연스럽게 나는 여목사의 꿈을 접게 되었다. 점점 가정형편도 어려워지고, 학업에도 흥미를 잃어버렸다.

나는 고등학교 3학년 2학기에 취업을 하게 되었다. K 대학교 사무보조로 시작된 나의 첫 사회생활, 그곳에서 일하면서 다시 학업에 대한 꿈을 꾸게 했다. 공부할 수 있는 다양한 방법을 찾던 중, 낮에는 유치원에서 아르바이트를 하고, 야간으로 유아교육 공부를 시작했다.

유치원 아이들과 함께 나의 새로운 직업이 시작되었다. 더구나 스물셋이란 어린 나이에 교회에서 운영하는 작은 선교원을 맡아 운영하게 되었다. 지금 생각해 보면 얼마나 말이 되지 않는 일인지! 그러나 스물 셋의 어린 나는 이 일을 시작으로 기독교 유아교육의 전문가로 성장하게 되었다.

20세부터 유아 친구들과 함께하며 35년을 보냈다. 한 분야에 이렇게 오래도록 몸을 담을 줄은 몰랐는데 돌아보니 35년이나 한 길을 걸었다. 이렇게 나의 노년도 아이들과 함께 마무리할 것 같았다. 하지만 코로나라는 생각지도 못한 파도가 다가오면서 긴 시간 운영하던 유아학교를 폐업했다.

당시 남편은 노년에 봉사를 하고 싶어 상담을 배웠고, 상담센터를 운영하고 있었다. 자연스레 나도 남편이 경영하는 상담센터에서 상담사로서의 새로운 일을 시작했다. 이미 오랜 유아학교의 경험과 다양한 학부모 상담을 하며 몸에 밴 상담사의 기질은 있었지만 더 전문적으로 준비하고 공부해야 했다.

코로나로 인해 힘들었지만 새롭게 나에게 찾아온 기회! 그곳에는 스무 명의 상담사들이 분야별로 자리를 잡고 있었다. 어쩌다 난 원장이란 타이틀을 갖고 출근하는 상황이 펼쳐졌다.

스물 셋, 어린 나이에 교회 선교원을 운영하며 힘겨웠던 기억이 떠올랐다. 이제 막 상담공부를 마친 초보 상담자가 '원장'이라는 타이틀을 갖고 있기엔 너무 부담스럽고 마음이 힘겨웠다.

여러 고민을 하던 나에게 어느 날 우연히 찾아온 컬러테라피! 생소했지만 호기심이 많고 새로운 것을 좋아하는 나는 관심을 갖게 되었다. 네이버를 통해 검색하던 중 컬러에 관련된 책 한 권을 구입해 펼쳐보았다. 추천인 이름이 왠지 낯익은 이름이었다. 난 그 추천인에게 전화해 이것저것 컬러테라피에 관한 궁금증을 물어보았다. 그분의 신뢰 때문인지 컬러테라피 공부를 시작하게 되었다.

첫 만남의 컬러테라피는 거울같이 내 마음을 들여다보게 했다. 신기하고 재미있고, 무척 흥미로웠다. 내가 만남 처음 컬러는 골드였다. 골드는 삶에 있어 가치를 중요시하는 키워드였다. 나에게 매우 매력적으로 다가왔다.

그러나 1단계 수업 과정을 배우며, 기독교인으로서 왠지 미신 같은 마음에 1단계 컬러바틀 공부를 마치고 멈추었다. 멈춰 있던 나에게 또다시 기회가 찾아왔다. 다른 경로로 컬러테라피를 만나게 되었다. 멈춰있던 공부가 나의 내면에 아쉬움으로 남았나 보다. 마침 크리스천인 컬러 전문강사님을 만나게 되면서 다시 호기심으로 컬러상담을 신청하게 되었다. 컬러상담은 나를 이해하는 멋진 시간이었다. 그 이후 나의 컬러테라피 사랑은 시작되었다.

컬러테라피의 역사를 들으며 A 컬러 시스템에서 내가 처음 접한 B 컬러 시스템이 파생된 것도 알게 되었다. A 컬러 시스템의 역사를 배우며 오히려 종교적인 나의 갈등의 해결되었다.

A 컬러 시스템 1단계를 다시 공부하기 시작했고, 이어 2, 3단계를 공부하며 더욱 흥미롭고 재미있었다. 그러나 많은 부분이 다른 학문과 혼합되는 것을 보며, 또다시 갈등이 생겼다. 이후 또 다른 컬러연구소에서 강의와 상담을 진행하는 센터장을 만나면서 좀 더 쉽게 컬러상담을 도구로 사용하게 되었다.

서로 다른 시스템으로 여러 협회와 강사님들의 자신의 성향에 따라 학습의 방법도, 가르치는 부분도 조금씩 달랐다. 그럼에도 불구하고 '컬러'라는 도구가 마음의 심리를 표현하고 있음에 공통점을 발견했다. 좀 더 명확하게 컬러를 통한 테라피를 정리해 보고 싶은 마음이 들었다.

내가 운영하는 심리상담센터에서는 A 컬러 시스템 123개의 바틀을 세팅했다. 각기 다른 협회 세 곳에서 네 명의 강사로부터 컬러 자격 과정을 배웠지만, 난 A 컬러 시스템을 선택했다. 가장 큰 이유는 네 번째 만난 강사님의 강의 스타일이 나에게 가장 큰 도움이 되었다.

이후 신중형인 나는 또다시 멈추고 나만의 컬러의 시간을 보내던 중 코칭을 접하게 되었다. 상담 공부에 컬러 시스템 더하기, 그 위에 코칭이 더해지면서 나만의 컬러상담을 통한 '컬러심리코칭'의 새로운 프로세스를 장착했다.

컬러테라피를 집중적으로 공부한 뒤 2021년부터 2023년, 그리고 본격적인 강사로 활동하기까지의 짧은 2년의 시간은 많은 시행착오와 여정들이 있었다. 2021년 1월, 센터에서 첫 강의를 시작으로 여러 기관과 다양한 대상을 컬러로 만나며 행복한 여정을 걸어 왔다.

다시 2025년 '강사 이펙트' 책 쓰기를 시작하며 나의 컬러 강사의 여정도 다시 한번 돌아보았다. 그리고 왠지 모를 희망이 피어올랐다.

02_컬러테러피를 만나다

나에게 온 컬러테라피

내가 가장 먼저 컬러를 만나게 된 것은 유튜브였다. 우연히 컬러테라피에 관한 영상을 접했다. 그 영상에서는 좋아하는 컬러로 사람들의 행동 성향에 대해 설명했다.

한 컬러 한 컬러 차례대로 설명을 들을 때마다 나의 모습과 지인들의 모습이 연상되었다. 웃기기도 하고 놀라기도 했다. 한편으로는 지인들의 행동이 이해되기도 하는 시간이었다.

내가 선택한 컬러시스템

컬러테라피를 가르치는 곳은 다양하다. 내가 배운 컬러시스템을 구체적으로 소개하며, 혹 나와 같은 길을 걸어가려는 분께 도움이 되면 좋겠다. 내가 한 유튜브 영상을 통해 컬러와의 사랑에 빠지듯 이 '강사 이펙트'가 여러 강사의 길 속에 나에게 맞는 콘텐츠와 안내자로서의 역할을 할 수 있기를 기대한다.

1. 컬러미러

호기심을 갖고 내가 처음 배운 컬러테라피는 컬러미러였다. 컬러미러는 색채학을 기반으로 하며, 2001년 남아프리카 멜리시 졸리에 의해 정립된 프로그램이다. 59개의 컬러 바틀 중 3개의 바트를 선택하고 그 바틀의 메시지를 도구로 마음 이야기를 나누는 힐링의 시간을 갖는다.

2. 오라소마

1년 후쯤 다시 접한 오라소마는 1983년 비키 월에 의해 정립된 컬러시스템이다.

컬러, 오일, 광물의 에너지를 섞어 만든 120개가 넘는 컬러 바틀 중 4개의 바틀을 선택하고, 그 바틀의 메시지를 도구로 마음 이야기를 나누는 시스템이다.

그 외 컬러를 가르치는 곳은 수없이 많다. 여러 강사들은 다양한 루트를 통해 배우고 익혀 각자의 스타일로 융합하여 컬러 강의를 한다.

컬러미러 또는 오라소마 바틀을 구입해서 사용하는 강사들도 있고, 자신의 만든 컬러바틀을 사용하기도 한다. 무엇이 좋고, 나쁨이 아닌 각자의 선택이다.

이 다양한 환경 가운데 오라소마 바틀을 선택했다. 나는 오라소마 프로그램에서 배운 것과 여러 기관에서 배운 것을 통합하여 내가 이해한 것을 나누는 강의를 하고 있다.

주로 개인 상담은 120개가 넘는 바틀을 사용하지만, 외부강의는 9개의 바틀을 가지고 간다. 앞으로는 더 다양한 바틀을 추가하여 강의를 갈 것이다.

현재 나는 9개의 오라소마 바틀과 컬러 활동지를 활용해서 마음을 나누는 워크숍을 진행하고 있다. 먼저는 아름다운 컬러 바틀를 선택하며 경험하고, 각자가 선택한 바틀의 메시지로 자신의 마음을 비춰보는 시간을 갖는다. 마음을 함께 들여다보며 나누는 시간은 이전에 경험해 보지 못한 색다른 힐링의 시간이 된다.

또한 컬러 바틀의 키워드를 통해 나의 내면의 만남을 넘어 사랑하는 가족, 지인과 타인들의 성향을 이해한다. 컬러 바틀을 통해 현재 내 마음의 어려움을 들여다보고, 마음 이야기를 나누다 보면 앞으로 나아갈 자신의 마음 자세를 들여다볼 수 있다. 힘이 되고 흥미롭고 재미있는 시간이다.

좋아하는 컬러로 바라본 사람들의 성격

(삶의 선택에서 가장 많은 에너지를 쓰는 곳)
레드 – 열정과 행동의 사람
오렌지 – 유쾌한 사람, 재미있는 경험을 좋아하는 사람
옐로우 – 배우기를 즐겨 하는 사람, 호기심 많은 사람
그린 – 관계를 중요시하는 사람, 배려의 사람

블루 – 계획적인 사람, 책임감이 많은 사람

로얄블루 – 객관적인 사람, 엄격한 사람

바이올렛 – 봉사의 사람, 창조적, 매력적인 사람

마젠타 – 헌신의 사람, 초긍정의 사람

핑크 – 부드럽고, 사랑이 많은 사람

터콰이즈 – 자유롭고 독립적인 사람

골드 – 가치를 중요시하는 사람, 결과도 중요해

혹 자신이 좋아하는 색과 자신의 성향이 닮아 있는가?
흥미로운 첫 출발이 지금의 나로 이끌었다.

03_컬러로 보는 명강사 되기

강사는 다양한 능력을 지니고 있어야 한다. 특히 프리랜서 강사이자 1인 기업가, 지식산업가인 강사라는 직업은 다양한 역량이 필요하다. 컬러로 명강사의 자질을 알아보자.

1. 노랑 - 호기심을 가지고 배우는 강사

컬러에서는 각 컬러만이 가지는 키워드가 있다. 그중 노랑은 호기심이 많아 배우는 것을 좋아하는 성향이다. 평생을 배우고, 정확한 것을 선호한다.

누군가를 가르치는 강사의 직업에서 배우고 그 배운 지식을 정리하는 지혜의 명석함은 꼭 가져야 할 강사의 자질이다.

나 또한 노랑 컬러의 성향으로 나이가 든 지금도 새로운 것에 호기심을 가지고, 그림책테라피, 푸드테라피, 정리정돈을 배우고, 코칭도 배웠다. 나의 강의에 접목하고 응용한다.

"배우는 곳에 가면 강사님 꼭 있어요."

가끔 함께 하는 강사들에게도 듣는 이야기다. 난 내가 세미나 중독은 아닐까 싶을 만큼 새로운 것에 관심을 가지고 있다. 컬러를 배우며 나의 타고난 성향이 새로운 것에 대한 호기심이 많은 기질인 것도 알게 되었다.

또한 내가 배운 코칭을 통해서도 강의에 많은 도움이 된다. 강의를 준비하며, 좋은 질문으로 연다.

"당신에게 그것은 어떤 의미가 있나요?"

이 하나의 질문은 각자가 자신의 가치관을 들여다볼 수도 있고, 그 삶을 이해하는 멋진 도구이다. 우리는 이를 통해 우리의 한계도 경험할 수 있다. 질문은 우리의 잠재력을 끄집어내기에 가장 강력한 도구이다.

나의 노랑 컬러의 성향인 배움에 대한 호기심은 강사로서 나를 더 전문성으로 이끄는 에너지가 된다.

2. 그린 – 관계를 소중히 여기는 강사

그린 컬러는 관계의 컬러이다. 그린 컬러의 사람들은 타인에 대한 관심과 경청, 배려의 기질을 많이 사용한다.

강사는 다양한 사람들을 만난다. 다양한 직업, 연령을 대상으로 또 다양한 장소에 가서 강의를 한다. 혼자 가는 강의도 있고, 함께 하는 팀 강의도 있다. 그린 컬러의 관계의 중요성이 조금 더 준비된다면 더 멋진 강사로 성장할 수 있는 기회가 많아질 것이다. 다양성을 수용하는 그린의 에너지를 사용한다면, 좀 더 다양한 사람들과의 경험에서 배운 것이 자산이 되어 서로 협력하고 시너지를 주고받으며 강의를 할 수 있게 된다.

관계의 중요성은 우리 모두 잘 알고 있다. 관계를 잘하려면 먼저는 자신을 이해하고, 더불어 타인을 이해해야 한다.
내가 무엇을 원하는지 나의 가치관에 대한 정립도 필요하다. 내가 부족한 부분이 무엇인지를 알아야, 나의 강점을 살리고 약점은 보완하게 된다.
완벽한 강사는 없다. 나의 강점을 살려 강의하고 나의 약점을 최소화하는 것이 매우 중요하다. 타인에 대한 이해가 높을수록 다양한 강의에서 다양한 이들과 함께 하는 시간을 통해 많은 것을 나눌 수 있다.

돌아보니 유치원 친구들과 함께 한 나의 35년은 유아 및 부모들을 이해하는 시간이 되었다. 이 시간의 경험으로 부모교육 강의나 아이들과 함께 하는 강의에 많은 도움이 된다. 아이들의 발달심리 이해로 아이들의 흥미에 맞은 놀이 강의도 가능하게 한다.
부모교육은 현재 자녀의 연령에 따른 양육의 어려움과 부모로서 자녀들을 어떻게 이해하고 어떻게 부모 역할을 해야 하는지에 관해 강의도 할 수 있다. 또한 주일학교의 삼십 년 가까이 영.유치부 담당 전도사로의 목회 경험은 교회별 소그룹 특성에 맞는 강의를 잘 감당하게 한다. 또한 상담사로서의 경험은 강의 시 지식 전달에 머무는 것이 아니라, 마음을 나누는 강의로 준비되게 한다.

가정에서의 아내로, 엄마로 때론 동생, 이모, 고모 등 나의 가족에서의 경험도 강의 예화가 되어 좀 더 사람들과의 관계를 친근하게 한다. 이렇듯 모든 관계 경험은 강사에게 자산이며, 관계 능력을 갖춘 강사가 되게 한다.

나의 그린 컬러의 관계를 소중히 여기는 성향은 강사로서 나를 더 전문성으로 이끄는 에너지가 된다.

3. 바이올렛 - 창의성에 도전하는 강사

주변에 많은 사람이 강사의 세계에 도전한다. 많은 강사들은 본인이 하고자 하는 강의에 맞는 학위와 자격을 준비한다.

학사에 이어 이젠 석사, 박사로의 학위 준비도 한다. 강사 중에 석·박사도 정말 많다. 분야도 다양하다. 내가 하는 컬러 강의도 미술로 접근하는 강사, 인테리어, 조경, 향기 등 다양하게 접목하여 다양한 분야의 전공자들이 함께 한다.

요가 같은 명상 프로그램에도 컬러테라피가 사용된다. 다양한 직업의 사람들이 컬러를 만나 자신의 분야에서 독창성을 발휘한다.

다양성 속에 간과할 수 없는 현실은 내가 하는 강의의 콘텐츠를 강의하는 경쟁자들이 정말 많다는 것이다. 컬러 강의에서도 똑같은 콘텐츠로 강의하는 강사들도 많아지고 있다. 이 현실 속에서 나를 선택해야만 하는 이유를 준비해야 한다.

나만의 독특성과 창조성을 갖추어야 한다. 단순히 따라쟁이 강사, 흉내쟁이가 아니라 나의 강점을 살린 나만의 독창성이 필요하다. 누구도 범접할 수 없는 강점을 만드는 것이 강사의 경쟁력이다.

컬러테라피스트 중에는 컬러 바틀을 사용함에 가격 부담이 크다 보니 오일에 물감을 타서 사용하는 강사들도 있다. 이 강사들에게는 가격이 경쟁력일 것이다. 그러나 먹을 수 있거나, 몸에 바를 수 있는 천연오일로 강의를 한다면 또 다른 매력으로 대하게 된다.

무엇이 옳다는 것이 아닌 나만의 스타일을 만들 때 다양성에서 접하게 되는 어려움을 극복할 수 있다.

강사라면 바이올렛 컬러의 힘을 새기면 좋겠다. 신비로운 보랏빛 향기처럼 같은 강의 콘텐츠일지라도 나만의 향기와 빛을 가져야 한다. 바이올렛 성향은 강사로서 나를 더 전문성으로 이끄는 에너지가 된다.

04_큰 그림 속의 한 조각의 퍼즐들

과학적 근거가 있나요?

처음 인턴이 되어 선배 강사의 강의 스태프로 함께 했다. 갑자기 남자 직원이 질문을 한다.

"그거 과학적 근거가 있나요?"

가끔 강의 중 만나는 질문 중 가장 많이 하는 질문이다.

과학적 근거란? 지금 현재의 우리가 가지고 있는 지식에서 정의 내린 것인데, 우리는 변하지 않는 진리처럼 묻는다. 자신의 지식 안에서만 판단하려는 사람들을 만날 때면 답답함을 느낀다.

누구보다 분명한 것을 선호하는 나도 처음 컬러를 배우며 멈추게 되는 가장 큰 이유임에도 불구하고, 여전히 이 자리에 머무는 나 자신이 의아하기도 하다.

과학적 근거를 컬러는 통계학으로 설명한다. 사람들은 다양한 도구로 마음을 들여다본다. 100% 정답은 아니지만 성향, 기질 대부분 모든 것이 통계적 연구에서 만들어진 도구이다.

여성보다 이성적 남성은 컬러 강의를 대할 때, 처음에는 '어디 한번 해 봐라!' 하는 표정으로 앉아 있다. 그러나 컬러 성향 강의가 끝나면 표정이 달라지며, 신기해한다. 엉덩이를 쭉 빼고 팔짱을 끼고 있던 분이 시간이 지나면서 책상으로 몸을 붙이고, 귀 기울여 설명을 듣는다.

난 그린 컬러!

몇 년 전 모임에서 만난 그린 컬러 성향의 사람. 처음 직장에서 관계의 어려움으로 그만두시고 직장생활을 못 하셨다고 한다. 그린은 관계를 중요시하는 성향이다. 그러기에 누구보다 관계에서 상처를 많이 받고, 관계의 일을 선호한다. 자신의 컬러를 이해하고 스스로를 많이 통찰하신 분이다. 다행히 지금은 관계의 일을 직업으로 하고 스스로를 잘 조절하고 계신다. 그린 성향을 많이 사용하는 사람들을 만날 때면 난 이 선생님의 이야기를 종종 한다.

컬러는 다양한 컬러적 성향을 선호한다. 평소 나의 성향이 한 지 컬러에 치중되어 있다면 다양한 컬러 성향을 사용할 수 있도록 컬러의 도움을 받기를 권한다.

난 핑크 컬러!

몇 년 전 지인들과 여행을 갔다. 컬러로 이야기를 나누며, 자신이 궁금해하는 사람들의 컬러 성향을 나누고 있었다.

보통 모범생 키워드의 컬러는 파랑이다. 그중 한 분이 자신의 자녀를 궁금해했다. 자녀는 핑크 컬러였다. 엄마는 파랑 컬러, 자녀는 핑크 컬러! 계획적인 엄마는 아들을 파랑으로 대했고, 핑크 컬러 아들은 엄마를 너무 사랑해서 그냥 엄마가 좋아하는 공부를 열심히 한 것 같다고 했다. 우린 다 같이 그분의 이야기를 들으며 '그럴 수도 있겠어요.' 하며 한바탕 웃었다.

컬러의 성향은 좋고 나쁨이 아니라, 그 컬러의 키워드를 어떻게 긍정적 에너지로 사용하게 하느냐에 달려있다.

첫걸음 첫 강의 : 펀펀힐링센터 강사 신년모임

컬러를 배우고 정말 많이 고민하고 시도하기를 두려워하던 나에게 강의를 할 수 있는 기회가 주어졌다. 2023년 1월 신년회로 모인 펀펀 강사 모임이었다. 예쁜 컬러병들은 처음 만나는 모든 이들의 마음을 끌기에 충분했다.

워크북을 가지고 컬러로 만나는 자신의 기질 탐색은 각자의 호기심을 채우기에 충분했고, 모두가 "맞아 맞아." 하며 흥미로워 했다. 컬러 이야기를 통한 자신의 내면을 들여다보는 시간으로 현재 각자의 고민과 방향을 나누며 서로를 격려했다.

첫 강의를 마치며 내 마음은 더욱 용기가 생겼다. 이날 이후 이어지는 강의 속에 발을 내딛게 해 준 시간이 더욱 소중하게 다가왔다.

강의를 시작하고 싶은 분이 있다면 완벽하지 않아도 꼭 시작해보라고 이야기하고 싶다. 첫발이 다음 한 발을 이어지게 한다. 첫발을 내디딜 기회를 준 펀펀 강사님들께 다시 감사의 마음을 전하고 싶다. 함께 하는 강사들의 힘이 정말 컸다. 서로 응원하고 지지해 주는 모습으로 여기까지 올 수 있었다.

40대 전시회 기획자

첫 만남에서 컬러로 마음을 나누고 컬러 키워드를 알려 주었다.
"컬러테라피를 만난 후 한 주 동안 어떤 변화가 있었나요?"
컬러 상담을 한 후 다음 주 만나서 건네주는 이야기이다.
"파랑 옷을 입고 갔어요."
프리랜서로 잘 나가던 분이 코로나에 일거리가 없어 고민 중이었고, 복지재단의 후원으로 상담실을 찾아오셨다.
이곳저곳 포토폴리오를 내던 중 주중 미팅에 우리가 나눈 컬러 키워드를 생각하고, 신뢰를 주는 파랑 옷을 입고 나갔다고 했다. 성과가 좋아서 행복해하는 모습을 보며, 작은 나눔을 통해 마음에 힘이 되어 준 것 같아 행복했다.

데이케어센터 강의

내가 만난 강의 대상자 분들 중 가장 나이가 많은 분들이었다.
데이케어센터에서 외부 프로그램으로 컬러를 초청하셨다. 코로나 이후 외부 강의 및 방문이 어려웠던 시기라 가는 나도, 맞이하는 어르신들도 너무 반갑게 맞이하셨다.
컬러 바틀은 시각장애인들도 뽑을 수 있다고 들었지만, 과연 연령이 많은 분들은 간혹 자신의 마음 이야기를 조심스러워하는 경우가 많다. 가장 친한 우리 엄마도 그러했다.

　컬러 바틀을 깨뜨리면 어쩌나 하는 염려도 있었다. 하지만 나의 걱정이 부끄럽게 어르신들은 바틀을 보며 너무 행복해하셨다. 컬러를 고르는 모습도 진지하고, 영어 컬러 이름이 혹시 낯선 어르신들을 배려해서 한국어로 컬러 이름으로 강의를 하면서도 자꾸 영어로 말하게 되는 것이 죄송하기도 했다.

　그런 나를 배려해서인지 눈치 빠른 어르신은 "레드는 빨강이죠~." 하고 재치있게 말씀도 하시고, 강의가 끝나고는 "선생님, 너무 예쁜 색깔 병을 보게 되어 참 행복합니다."라고 말씀도 해 주셨다.

　이야기로 표현을 잘 못 하시는 어르신들도 많으셨다. 그러나 한 장 한 장 컬러스티커를 붙이며 미소짓는 어르신들의 모습에서 충분한 힐링이 되고 있음을 느낄 수 있었다.

　오라소마 바틀은 보이지 않아도 파동에 의해 선택할 수 있기에 신체적, 인지적 어려움에 있는 분들도 선택이 가능하다. 언어로 다 표현 못해도 보는 것, 만지는 것만으로도 힐링되는 멋진 도구다.

05_올리브처럼 이겨내다

올리브는 척박한 땅에서도 강인하고 지게 자란다. 어려움은 우리에게 성장을 선물한다.

비 온 뒤에 땅이 굳는다는 말처럼 강사의 길에도 어려움은 있고 이 어려움 속에 성장한다.

생소함의 어려움

강사로 활동한 지 3년 차라 권태기라고 표현하기는 적절하지 않다. 더 많은 경험의 시간을 원한다. 권태기라기보다는 어려움을 조금 나눈다면 다음과 같다.

첫째, 익숙하지 않은 분야에 대한 신뢰다. 컬러 상담은 아직도 많은 사람들에게 생소하다. 퍼스널 컬러는 조금 익숙하지만 컬러 심리 상담은 처음 접하는 사람들이 많다.

컬러는 우리의 일상에 가운데 가장 가까이 있다. 어디서나 쉽게 만날 수 있지만 컬러로 심리를 이야기하는 것은 새로운 분야다.

둘째, 컬러 키워드에 대한 신뢰다. 나 또한 컬러 키워드에 대한 불신이 처음에는 가장 큰 걸림돌이었다. 임상에 대한 불신으로 신뢰하지 않았다. 모든 학문이 그렇듯 다양한 방법으로 연구되고 그 시간을 거쳐 이론들이 완성된다. 컬러에 대한 이야기도, 선배들의 연구를 바탕으로 점점 발전한다. 다양한 임상을 걸친 연구를 바탕으로 점차 완성되었다.

내가 선택한 오라소마 컬러 시스템을 처음 만나는 분들은 쉽게 오일테라피로 이해한다. 오일테라피는 정말 오래된 세계적 전통 치유 방법이다. 이것이 틀렸다고 우리는 말하지 않는다. 또 모든 물질의 파동이 있는 것을 알고 있다. 식물이 가지고 있는 효능을 사용해서 현대 약물로 사용하듯, 물질의 파동 및 식물 오일의 효능을 사용하는 오라소마 테라피는 우리의 마음을 나누기에 충분히 멋진 도구이다.

반복된 멈춤에서 다시 찾는 이유

반복된 멈춤 속에도 여전히 컬러와 함께 하고 있는 나에게 묻는다, 그럼에도 불구하고 계속하는 이유는 무엇일까?

첫째, 컬러 상담 및 강의는 독특성이 있다. 익숙함 보다 새로운 것에 마음이 가는 나는 컬러 바틀을 볼 때마다 나에게 손짓하는 즉 끌리는 바틀이 있음을 인식한다.

　120개 너머의 바틀 중 내 눈에 들어오는 바틀을 만나고, 키워드를 통해 내 내면의 욕구를 들여다 볼 수 있어 매력적이다.

　아침이면 옷장에서 잠시 멈춘다. 오늘 나에게 손 내미는 컬러 옷과 마주한다. 매일의 삶 속에 만나는 이들의 마음은 무슨 색일까? 컬러만이 주는 바라봄이 있다.

　둘째, 희소성의 가치가 있다. 다양한 강의 중에 아직은 많이 이들이 접하지 않는 강의다. 경쟁 강사가 많지 않고, 한국시장에 정착한 지 오래되지 않았다. 놓고 싶지 않은 강의 분야다.

　강의장에는 많은 바틀을 가져가지 못한다. 적게는 9개에서 많게는 15개의 바틀을 가지고 간다. 나에게 희소성의 가치가 있는 것처럼, 강의장에 가면 처음 접하는 분들이 많다. 흥미롭게 여기고 호기심으로 강의를 듣는다. 처음엔 장난처럼 가볍게 참여하지만, 시간이 지날수록 자신과의 만남에 놀란다.

　셋째, 다양한 분야에서 활용이 가능하다.
　컬러는 누굴 만나도 어울린다. 불가능한 만남은 없다. 난 그림책 테라피에서도 컬러를 사용한다.

그림책과 컬러의 만남

'오늘 기분은 노랑색이에요.'를 그림책을 통해 컬러로 나와 친구의 마음을 이해하고 들여다본다.

'하늘을 나는 사자'의 그림책 속 사자의 컬러 변화를 통해 사자의 마음을 컬러의 메시지로 나누는 활동도 흥미롭다.

푸드테라피와 컬러의 만남

요리 활동 시 다양한 재료들의 다양한 컬러 사용은 활동하는 사람들의 내면을 들려다 볼 뿐만 아니라, 각 컬러가 주는 에너지를 공급한다.

정리정돈과 컬러의 만남

상담실에 찾아오는 내담자들을 만나며 정리정돈이 관계의 문제뿐만 아니라 삶의 질을 떨어지게 하는 것을 알게 되었다. 조금 도움을 주고 싶어 '정리정돈전문가' 과정을 배웠다. 그 후 배운 지식에 컬러를 더했다. 같은 컬러별 정리, 때론 보색 컬러로 보완, 치유 컬러로의 처방을 내담자의 공간에 더한다.

집단상담과 컬러의 만남

집단상담의 컬러 스티커, 컬러 원석 팔찌 만들기, 컬러 하바리움 활동을 사용한다. 아이들과 하는 몸 놀이에도 다양한 컬러 풍선 및 컬러 도구를 사용해서 활용한다. 다양한 컬러의 에너지는 모든 분야에 활용이 가능하다.

06_컬러분야의 강사가 되고 싶다면

컬러 분야의 강사가 되기 위한 가이드

컬러에 대한 전문성을 가져라

자신이 할 강의 분야의 자격증은 필수이다. 컬러 강사를 준비한다면 다양한 컬러 강사과정의 전문성을 갖춘 기관에서 자격과정을 이수할 것을 추천한다.

어느 곳이 더 훌륭하다고 이야기하기는 어렵다. 추천한다면 한 곳에서 강사과정까지 풀로 진행하는 것보다 다양한 기관에서의 다양한 접근을 시도해볼 것을 추천한다. 가르치는 스킬 또한 강사마다 다양하다.

여러 곳에서 기초과정을 접하며 어느 시스템이 나의 기질 및 성향과 맞는지 접해 보는 것을 추천한다. 나 또한 여러 센터와 다양한 강사님들을 만나며 다양한 경험을 했다. 어느 것 하나 후회하지 않는다.

센터마다 그곳만이 가지는 특징이 있다. 또한 강사들마다 다른 스킬을 배울 수 있다. 경제적으로 때론 부담스럽지만, 지금도 기회가 되면 난 똑같은 강의라도 다른 강사님께 듣고 싶다. 그 시간은 나를 더욱 준비된 강사도 이끌어 줄 것을 확신한다.

컬러미러에서 기본과정을 이수하고, 오라소마 1, 2, 3단계를 걸쳐 강사 스킬을 배울 수 있는 연구소까지, 더 나아가 컬러시스템을 이해하는 스터디를 경험했다. 여전히 배울 수 있는 곳을 찾고 함께 한다.

자신의 강의에 컬러 옷을 입혀라

컬러 자격증이 준비되었다면 배운 컬러로 현재 내가 하고 있는 강의에 조금씩 컬러 옷을 입혀라.

푸드테라피에 컬러 옷을 입히다

유치원에서 원장으로 일하며 상담을 배운 후 푸드테라피를 배워 방학이면 아이들과 특강을 진행했다. 다양한 재료로 마음을 표현하는 시간이다. 아이들에게도 정서적 도움과 진행하는 나에게도 즐겁고 행복한 시간이 되었다.

이후 컬러를 만나고, 컬러 푸드테라피로 특강을 진행하게 되었는데 아이들의 반응은 더 폭발적이었다. 다양한 컬러가 주는 생동감을 넘어 자신이 심리적 필요에 따라 컬러 과자를 선택하는 아이들을 보며 신기하고 재미있었다.

유난히 노랑 젤리를 선호하던 아이는 늘 유치원에서 자신을 봐주라고 하며 무릎에서 안 떨어지던 친구이다

한 컬러만 고집하며 달라고 하던 친구를 대할 때는 "골고루 사용해야지." 하던 내가 컬러를 배우고는 한 가지를 찾는 친구에게 원하는 것을 충분히 사용하게 하므로 컬러 치유를 경험하게 했다. 컬러가 끌리는 이유를 컬러 시스템에서는 컬러의 에너지가 필요해서이다. 충분히 사용하게 하면 억지로가 아닌 자연스럽게 멈추게 된다.

부부 코칭에 컬러 옷을 입히다

난 부부상담가이며 부부라이프 코치이다.
'오래 살면 부부는 닮는다.'라고 이야기한다.
부부 코칭을 하며 다양한 부부를 만났다. 성향적으로 비슷한 부부, 전혀 다른 부부, 나는 MBTI 강사이기도 하다. 요즘은 이미 자신들의 성향을 알고 오는 부부들이 많다.
16가지 성향을 묻고 나면 서로 다른 부부일 경우는 컬러로 설명하면 쉽게 이해하신다.
부드럽고 감성적인 F는 분홍으로, 계획적이고 분명한 TJ는 파랑으로, 색은 모든 사람들이 쉽게 접할 수 있고, 쉽게 이해하는 도구이다.
"각자 배우자를 색으로 표현한다면 그때의 기분은 무슨 색일까요?" 하고 물으면 어쩜 그리 컬러를 배우지도 않았지만 딱 맞는 키워드의 색으로 표현한다. 신이 우리에게 주신 감각 중 하나일 것 같다.
한 부부에게 "처음 만났을 때 그때의 마음은 무슨 색일까요?" 하고 질문했다.
"블루요."

"그때 심정은 어떠셨나요?" 하고 물으면 책임감이란 단어를 고른다. 파랑의 키워드를 배우지 않아도 파랑을 고르고 책임이란 단어를 선택하는 것을 보며 난 미소 짓는다.

그림책 테라피에 컬러 옷을 입히다

그림책 테라피 강의를 할 때면 그림책의 한 장 한 장에서의 요소들이 활용된다.
"겉표지부터 마지막 페이지까지 가장 눈에 뜨는 장면은요?"
"어떤 글귀가 마음에 남는가요?"
컬러를 배우고 그림책 테라피를 하면서 더해지는 질문들이 있다.
"책의 표지 컬러는 어떤 느낌인지요?"
"어떤 색들이 눈에 띄는지요?"
컬러를 배우고, 그림책을 접하며, 많은 그림책의 색들이 작가의 마음, 책의 주인공들의 상황을 컬러 메시지에 맞게 선택된 것을 본다. 분명 그림 작가들은 컬러를 배우지 않은 사람들이 많다. 하지만 직감적으로 통한다.

컬러를 배우고 다양한 관점에서 컬러를 사용할 수 있어 행복하다. 지금 내 마음은 다양한 컬러처럼 다양한 것들과 함께 할 수 있어 참 좋다.

컬러 강사로 브랜딩하다

컬러를 접하기 전, 난 나를 소개할 때면 원장, 상담사, 이사, 코치 등 다양한 일을 하는, 나를 뭐라 소개하기가 많으면서도 뚜렷하지 않았다. 그러나 이젠 어디서나 내 소개에 닉네임처럼 컬러라는 단어가 붙는다. 컬러 상담사, 컬러 코치, 컬러 강사, 강의 내용에도 컬러 공감 클래스, 컬러 푸드테라피, 컬러로 소통해요, 컬러 부부코칭, 컬러 마음 놀이터, 컬러로 나누어요, 컬러 부모교육 등 이제 컬러는 나의 강의의 키워드가 되었다. 컬러는 나를 브랜딩 하는 데 좋은 도구이다.

다양한 컬러가 주는 에너지로 다양한 분야에서 행복한 컬러강사로 다양한 사람들을 함께 한다.

컬러코칭 상담사

2025년에는 컬러코칭 상담사 자격과정을 준비 중에 있다. 언제 함께 할 수 있는 기회가 주어지면 좋겠다. 그 외 컬러 상담을 배운 곳을 소개한다면 자격과정인 국제 컬러 오라소마, 국제 컬러미러과정을 추천한다.

그 외 소규모의 컬러상담사를 교육하는 곳은 검색 사이트만 검색해도 많이 있다. 앞장에서 언급했던 것처럼 자신의 스타일에 맞는 곳을 찾을 것을 추천한다.

첫째, 전문성을 고려하라

컬러상담 전문과정을 선택 시 교육과정에 대한 이해와 강사의 전문적 지식을 고려하기를 권한다. 사람의 마음을 이야기하는 것이므로 컬러상담의 전문성과 심리상담에 대한 전문성을 갖춘 곳을 추천한다.

둘째, 공동체를 고려하라

컬러강사는 배운 이론을 함께 나누는 공동체가 꼭 필요하다. 심리상담에서 수퍼바이저가 있듯 컬러상담의 바른 방향을 점검하고 갈 수 있는 선배 컬러 상담사와의 만남이 중요하다.

셋째, 경쟁력을 고려하라

우리가 전자 제품을 살 때 아무도 모르는 상표를 선택하지 않는다. 적어도 어느 회사 제품인지 어느 정도의 기능을 고려하고 선택하듯 컬러 상담교육도 어느 정도의 인지도가 있는 곳을 선택하는 것을 추천한다. 강사로 제안서 및 자격증을 제출 시 선택의 폭이 줄어들 수 있다.

07_나는 컬러강사를 꿈꾼다

강사의 비전과 소망

청소년들을 만나면 누구나 많이 하는 질문이 하나 있다.

"너 꿈이 뭐니?" 하고 묻지만, 그때 아이들의 대답은 "없어요." 아니면 "몰라요."

이런 아이들을 보며 어른들은 안타까움을 넘어 답답해한다.

지금 나에게 누군가 비전이 뭐냐고 물어본다면, 나 역시 "모르겠어요."라고 대답할 것 같다. 하지만 다시 곰곰이 정말 내가 원하는 것은 무엇일까? 누군가 나에게 기적질문을 한다면!

뒤에는 산이 앞에는 넓은 바다가 보이는, 두세 가정이 3박 4일 쉬고 갈 수 있는 별장 같은 분위기, 그러나 시골스러운 곳이 아닌 작은 도시 같은 곳인 나만의 공간에서 이곳을 찾는 이들과 3박 일 프로그램을 진행하고 싶다. 이곳을 찾은 이들에게 행복의 시간을 나누어주고 싶다.

상담을 처음 공부할 땐 노년에 누군가의 말동무가 되고 싶어서였다. 이제 벌써 상담공부를 시작한 10년이 되어 간다.

"10년이면 강산도 변한다"고 하고, "서당 개 3년이면 풍월을 읊는다."라는 말이 있다.

난 10년 된 상담사로의 변화보다는 3년 된 강사로 풍월을 읊는다. 강의에 더욱 마음을 쓰고 있다. 잠시 만나는 대상자들이지만 짧은 시간 이들의 표정의 변화를 볼 때 난 행복하다. 나의 작은 나눔이 이들의 얼굴에 미소를 짓게 하는 시간이 너무 좋다.

강의를 언제까지 할 수 있을까? 이제 강사 3년 차가 이야기하긴 좀 부끄럽지만 지금도 내 생각 속에 머무는 교수님이 계신다. 20대 K대에서 아르바이트를 하고 있을 때였다. 연세가 많으신 교수님은 몸도 불편하셨던 것 같다.

부축을 받으며 대학원생들에게 강의하셨던 모습을 보았다. 20대 앳된 나는 그분이 정말 대단해 보였다. 나 또한 나이가 들어도 누군가가 필요로 하는 이로 남고 싶다는 작은 소망을 가졌던 순간이다.

나이가 들어도 할 수 있는 것은 누군가와 이야기를 나누는 것이라고 쉽게 생각했다. 하지만 나이 든 어르신들을 보며 젊은이들이 말을 잘 섞지 않는 것을 볼 때, 조금은 두렵다. 나 또한 멀리하는 노인이 될까 봐!

나의 작은 소망은 컬러를 통해 사람들의 마음을 이해하고, 그들의 얼굴에 작은 행복을 느끼는 것에 통로로 사용되고 싶다. 컬러 강의 및 그림책 테라피, 푸드테라피, 상담과 코칭이 도구가 되어 부모가 자녀의 행복을 바라듯 나와 함께 하는 이들의 얼굴에 작은 미소가 피어나길 기도하며 그들과 소통하고 싶다.

나의 버킷리스트

컬러로 세계를 품다
컬러를 만나고 나에게 해외 강의 할 수 있는 기회가 주어졌다. M 여성분들을 만나러 1년에 한두 번 함께 할 기회가 주어졌다.
9개의 바틀을 캐리어에 담으면서 '깨지면 어떡하지?' 하고 염려하며, 첫 비행기를 탔던 기억이 있다. 오늘도 난 해외에서 만나는 M 여성분들과의 만남을 꿈꾼다.

2박 3일의 캠프 속에 나의 강의 시간은 90분 특강이다. 어쩌면 90분의 강의가 저들에게 큰 힘이 되지 않을 수도 있다. 그러나 컬러는 우리의 일상에 너무 가까워서 작은 지식 하나가 평생 도움이 되기도 한다.

화가 난 남편을 위해 바다처럼 파랑 옷을 입어 마음을 가라앉히게 할 수도 있다. 일에 지친 아내를 위해 일상에 힘을 더해 주는 빨강 토마토 주스를 만들어 줄 수도 있다. 이렇듯 작은 만남의 시간이 이들의 일상에 작은 행복으로 이어지길 소망하며, 매년 2번 정도의 해외 강의가 계속되길 소망한다.

예수님의 12명 제자처럼

12명의 제자로 시작된 예수님의 사랑은 전 세계에 전해졌다. 그 사랑은 지금 나에게 전달되었다. 예수님의 제자처럼 12명의 강사 배출을 꿈꾸며, 12명을 통한 또 다른 12명의 컬러강사로 계속 함께 세워지길 소망한다.

소그룹 강의를 하다 보면 숫자가 참 중요하다. 컬러 상담은 무엇보다 마음을 나누는 과정이므로 너무 많은 이들이 함께 한다면 어려움이 될 수도 있다. 한 기수당 6명으로 모집을 정하고, 1년에 2기수 12명 강사를 2030년까지 배출되길 소망해본다. 30년에 60명과 내가 함께 한 자리에 모이는 워크숍도 꿈꿔본다.

국제컬러센터 방문 및 교육

오라소마 및 컬러미러의 본사는 외국에 있다. 코로나가 아니었으면 방문해서 교육과정을 하고 싶었지만 시간이 허락되지 않아 아쉬웠다. 이제 코로나도 끝나 갈 수는 있지만 형편이 여유롭지 않아 갈 수가 없어 더 아쉽다. 하지만 시간과 경비가 준비되면 꼭 방문해서 코스를 참여하고 싶다.

전문컬러교육 및 힐링센터

현재 난 성북구에서 엠브레스 마인드 심리상담센터 성북본점을 운영하고 있다. 7개의 상담실 중 1개의 방이 컬러상담을 진행할 수 있는 공간이다. 교육을 진행하기엔 좁은 공간 이어서 아쉽다. 6명까지는 가족상담실을 이용하고 있다. 많은 수강생들이 함께 하는 공간이 필요하다.

컬러상담을 진행하는 방법은 다양하다. 다양한 방법에는 다양한 공간의 활용이 요구되기도 하는데 현재 상담실을 활용하면서 아쉬움이 있다. 컬러의 다양성만큼 다양한 공간에서 컬러상담 및 교육이 이루어지길 소망하다. 힐링이 충분히 이뤄지는 공간, 예쁘고 따뜻한 공간, 컬러상담실도 꿈꾼다.

2030년 나의 모습

2030년 위의 버킷리스트를 이뤄진 나의 모습, 나의 환경, 나의 이웃을 생각하는 것만으로도 너무 벅차다. 2025년 우연히 다가온 '강사 이펙트' 생각지도 꿈꾸지도 않았는데 물론 소망하지도 않았던 순간, 그러나 이 자리에 내가 있다.

이제 '강사 이펙트'로 꿈꾸는 나의 5년 후 모습은 지금의 나를 아름답게 추억하겠지!

멋진 컬러 강사로서의 아름다움을 표현하고자 한다. 아직은 색의 기본인 3원색처럼 빨강의 열정과 노랑의 호기심, 파랑의 계획을 가지고 한 걸음 한 걸음 컬러 강사의 길을 걸어가고 있다. 5년 후 120여 개의 바틀처럼 다양한 분야. 다양한 사람들, 다양한 나만의 컬러강의가 준비되어 많은 이들과 나누는 행복의 시간을 살아가길 소망한다.

강사의 세계는 혼자 뛰는 세계가 아니다. 혼자 가면 외롭고 지치지만 여럿이 함께 가면 빨리, 바르게, 끝까지 간다.

김 혜 경

펀펀힐링센터 센터장, 책 쓰기와 강사 코칭, 푸드테라피, 부모교육 전문가, K클래스 강연('감정코칭과 공감대화'), 아침마당 출연('내 아이를 이해하는 길). '암, 내게로 와 별이 되다', '책쓰기의 진실', '디지털의 힘' '독서이펙트' 등 10여 권의 저서가 있다.

김혜경 작가 소개

01_친구 따라 강남 간다, 어쩌다 통계학

"여기는 워싱턴입니다."

백악관 앞이나 해외 이색적인 건물 앞에서 보도하는 기자의 모습이 멋져 보였다. TV에 나오는 것도 좋아 보였고, 세계 여러 나라를 여행할 수 있을 것 같아 설레기도 했다. 어릴 적 나의 꿈은 기자였다. 엄밀히 말하면 특파원이었다.

"와, 이것은 이 지역에서만 먹을 수 있는 특별한 해물찜입니다."

어느 리포터의 활기찬 목소리도 나를 사로잡았다. 가는 곳곳마다 맛난 음식을 먹으며 지역의 특산물과 가 볼 만한 곳을 소개하는 리포터도 너무 재미있는 직업으로 보였다.

'매번 새로운 곳을 찾아가고, 저 직업은 정말 짱이야. 일하면서 여행하고, 게다가 맛난 것도 먹고!'

TV 속 리포터도 어느새 내 마음의 동경이 되었다.

나는 경상도 시골에서 태어났다. 지금은 여러 대학교도 들어오고 많이 발전했지만, 어릴 적 내가 다닌 읍내는 초등학교도 하나, 중학교,

고등학교도 하나였다. 다른 선택지가 없었다. 여자면 여자 중고등학교로, 남자는 남자 중고등학교로 갔다. 지금도 여고 동창 친구들은 대부분 같은 초등학교부터 여중, 여고까지 쭈욱 이어진다. 그래서인지 친구들과의 우정은 남다르다.

여고 1학년을 마치고 2학년이 되면서 문과, 이과로 나뉘었다. 내가 좋아하는 과목들은 대부분 문과였다. 막연히 신문방송학과를 가고 싶다는 생각이 들어 문과로 지원했다. 그러나 일주일 공부하다가 다시 선생님을 찾아갔다.
"선생님, 저 이과반 가고 싶어요. 바꿔 주세요."
"왜 일주일밖에 안 되었는데, 무슨 일이니?"
"친구들이 마음에 안 들어요. 학습 분위기도 안 좋고, 영~ 공부에 집중을 못 하겠어요."
나는 내 진로나 적성보다 친구가 중요했다. 친한 친구들이 대부분 이과를 지망했다. 문과에 일주일 있다 보니 옆 반에 있는 친구가 생각났다. 내 적성 따라 문과는 왔지만 막상 친한 친구도 없고, 아이들도 공부에 집중을 안 하는 것 같아 그냥 그 반에 있기가 싫었다. 친구 따라 강남 가듯 문과 교과서를 몽땅 반납했다. 선생님께 떼쓰듯 이과 교과서를 바꿔 들고, 이과 반으로 옮겼다.
부모님은 막연히 문과보다는 이과가 취직도 잘된다고 생각하셨는지 별 말씀 없으셨다. 수학을 정말 싫어하는데 또 나름 푸는 재미는 있어서 억지로 공부를 하니 수학도 따라갈 만했다. 시골에서 나름 잘한다는 소리는 들으며 공부를 했다.

심지어 어떤 모의고사 때는 성적이 잘 나와 "혜경이는 서울대도 가 겠어요."라는 말도 들었다.

학부모 상담 때 선생님의 한 말씀이 우리 아버지 어깨 뽕을 한없이 올라가게 했다. 그러나 내 성적은 롤러코스터였다. 오르락내리락이 정말 심해서 마지막 원서 쓸 때까지도 조심스러웠다.

막상 원서를 쓰려니 가고 싶은 과가 이과에는 단 한 군데도 없었다. 교육학과나 심리학, 신문방송학과를 가고 싶었지만 모두가 문과였다. 그래서 겨우 생각한 것이 어떤 학교는 문과에 있고, 어떤 학교는 이과에도 있는 통계학과란 요상한 학과를 발견했다.

'통계학과는 문이과가 다 있네. 뭔가 문이과를 통합하는 학과인가?'

지금 와서 생각해보면 그때 그 시절, 적성검사도 없었고, 오직 성적 따라 진로를 선택하던 시절이었다. 때마침 다니던 교회에서 대학생과 고등학생 일대일 멘토를 연결해 주는 마니또 프로그램이 있었다. 내 마니또 오빠가 통계학과를 다니던 교회 오빠였다.

나는 늘 사람을 좋아했다. 내 적성 대신 친구 따라 이과를 선택했다. 대학 입시를 앞두고는 전공이 통계학과인 마니또 오빠를 만나, 전망이 좋은 과라는 이야기에 무작정 지원을 했다. 통계학과가 어떤 학과인지도 모른 채 덜컥 합격을 했고, 순진한 시골 처자는 합격의 기쁨을 마구 들이켰다.

슬기로운 강사 생활 1 : 곡선도 길이다

살다 보니 친구 따라 강남 간 적은 없는가? 내 뜻이 아니라 타인의 기준에 따라 내 삶을 살아간 일은 없는가? 살아보니 결론은 그래도 괜찮다. 잠시 돌아가도 되고, 쉬어가도 된다. 다만 내가 내 길을 포기하지 않으면 된다. 우연은 없다. 친구 따라 간 길이 범죄의 길만 아니면 된다. 그 길 끝에 무엇이 있는지 아무도 모른다.

방황이 삶이다. 괴테는 노력하는 한 인간은 방황한다고 했다. 직선이 아니라 곡선의 길이어도 좋다. 그 길 끝에 새로운 선물이 기다리고 있을 지도 모른다. 이 길이 아니라 저 길이었으면 어떠했을까? 누구나 한 번쯤 고민한다. 강사의 모든 삶은 실패조차 좋은 경험이자 자산이 된다.

강사의 길은 어떨까? 함께 떠나보자.

02_어느 엔지니어의 비애

　대학의 전공 공부는 정말 싫었다. 대신 교양과목은 너무 재미있었다. 결국 전공 따라 억지로 공부하며 '이렇게 싫은 전공도 공부했는데 앞으로 어떤 일이나 학문도 부딪치며 살아가 보리라.' 하고 억지로 긍정의 힘을 짜내며 공부했다. 교양과목은 거의 A+, 전공 성적은 간신히 그저 그랬다.

　졸업 후 친구들은 전공 따라 기업 전산실이나 IT, 빅데이터 관련 업종으로 취업을 했다. 나도 부푼 꿈을 안고 드디어 첫 직장을 나갔다. 엔지니어 회사였다.

　포항이 첫 직장이었고, 첫 업무는 포항공대 재물관리 시스템을 맡았다. 같은 조가 된 선배가 탁월하게 프로그램을 잘 짜서 난 조금만 거들면 되는 입장이라 편했다. 마침 잘 아는 선배와 팀이 되어 마음도 잘 맞았고, 선배가 프로그램을 짜면 나는 사용자 매뉴얼을 만들고 발표를 맡았다. 프로그램 개발은 잘 못해도, 발표는 좋아했다. 남들은 떨린다는 발표가 나는 두근거리면서도 묘한 희열을 느꼈다. 가끔 포항공대를 서성이며 캠퍼스를 돌아다니는 것도 좋았다. 프로그래밍도 못 하고 적정에 안 맞아도 다행히 잘 살아남았다.

문제는 다음 프로젝트였다. POSCO 전산실로 출퇴근하게 되었다. 우리 회사는 POSCO 자회사로 제2고로 전산실 업무를 맡았다. 집에서 포항은 출퇴근하기 만만한 거리는 아니었다. 새벽 첫 고속버스를 타고 다녔다.

퇴근 후 집에 도착하면 깜깜한 밤이었다. 출퇴근이 쉽지 않았지만 그것이 힘들지는 않았다. 워낙 돌아다니는 일을 좋아해서 버스를 타고 오가는 것도, 차창 밖 세상을 보는 일도 나름 즐거웠다. 그러나 매일 하는 업무가 도무지 적성에 맞지 않았다. 첫 프로젝트는 어쩌다 선배와 단합으로 잘 넘어갔지만 두 번째 업무는 정말 힘들었다.

회사 도착하면 다들 포항제철소로 들어가는 버스로 갈아타고 길고 긴 공장 안으로 들어갔다. 쇳물 녹이는 커다란 공장 옆 매캐한 연기를 맡으며, 네모난 건물 전산실로 들어갔다. 온종일 모니터만 쳐다보고 씨름을 했다.

점심시간이면 구내식당에서 길게 늘어서 후다닥 밥을 먹고, 잠깐 하늘을 한번 쳐다보았다. 대부분 남자 직원들은 담배 한 대 피우고 다시 모니터 앞에 앉았다. 무슨 프로그램을 뭘 어떻게 하는 건지는 기억이 하나도 안 난다. 매일 맡은 묘한 연기와 밝지도 컴컴하지도 않은 형광등 아래, 아무 말 없이 타닥타닥 모니터만 두들긴 소리만 기억난다. 우리 직원들은 본사 직원과 계열사 직원 사이의 묘한 알력과 자괴감을 느끼며 불만을 토로했다.

가끔 본사 식당에서 밥을 먹다 보면 우리 과 한 친구는 정식

POSCO 직원 명찰을 달고 당당히 밥을 먹고, 난 한참 아래 계열사 직원 패찰을 달고 점심을 먹었다. 같은 밥인데 보이지 않는 계급과 계열사 직원을 하대하는 현실의 온도 차이는 컸다. 친구와 나는 업무가 달라 마주할 일이 별로 없었지만 어쩌다 만나면 괜스레 얼굴이 화끈거렸다.

우리 사장님은 본사 담당 직원에게 간이라도 빼 줄 듯 매일 영업을 다니셨다. 일부 거만한 본사 직원들은 눈빛만 봐도 오만함이 가득했다. 우리 사장님도 집에 가면 가장이고 누군가의 아빠인데 마음이 짠했다. 남자들이 늘 사직서를 품에 넣고 다니지만 차마 내밀지 못한다는 현실을 첫 직장에서 느꼈다.

이제 갓 사회로 나온 나는 거대한 산업 구조의 피라미드 같은 수직사회를 엿보았다. 똑같은 전산실에서 같은 업무를 해도 급여 명세서는 너무도 달랐다. 우리 직원들은 곧잘 자괴감에 빠졌고, 대부분 끝없는 불만을 달고 다녔다. 그런 패배자의 분위기도 싫었고, 무엇보다 일이 도통 적성에 맞지 않았다.

자연과 사람을 좋아하는 내가 늘 모니터와 함께 눈알이 빠지도록 쳐다보며 무언가를 짜내야 하는데, 머리는 안 좋은 것 같고 지금 생각하면 어떻게 그 십 개월을 버텼을까 싶다.

'첫 직장은 무조건 삼 년이야!'라고 결심하고 입사를 했지만, 결국 해를 넘기지 못하고 나왔다.

적성에 맞지 않는 대학공부는 4년이란 마감 시간이 있어 억지로 버텼지만, 직장은 그렇지 않았다. 평생직장은 없지만 평생직업 시대다. 자신에게 맞는 진로와 직업을 찾는 건 매우 중요하다. 일은 단순한 생계수단 이상의 가치를 지닌다. 좋아하는 일을 하며 삶의 보람을 찾는 일은 무엇보다 중요하다. 더구나 지금의 백세 시대는 더욱 그렇다.

그렇다면 내게 주어진 대학 4년의 시간은 헛되었을까? 그렇지는 않다. 비록 내 흥미나 적성에는 맞지 않았지만 그로 인해 수학·논리적 사고가 조금은 훈련되어 있지 않았을까? 코로나19가 오고 온라인 강의로 다 바뀌었을 때도 그나마 쉽게 적응했던 것은 프로그래머로서의 과거의 삶이 조금은 도움이 되었으리라.

글은 단순히 감성적이지 않다. 논리가 뒷받침되어야 한다. 지금 돌아보면 나의 글쓰기에도 내 전공 공부가 알게 모르게 도움을 주었다고 생각한다. 그러나 딱 거기까지다. 프로그래머의 영역은 정말 아니었다. 어찌 적응해 나갈 수는 있었겠지만 행복하지 않았다.

자퇴하지 않고, 대학 4년을 잘 버틴 것도 감사하고, 적당한 때 첫 직장을 그만둔 것도 감사하다. 가끔 청년들을 보면 적성에 안 맞는다고 금세 학교를 바꾸고 다시 공부하는 친구들도 만난다. 물론 각자의 인생 선택이지만 쓸모없는 학문은 없다. 지금 당장 아닌 듯해도 세월이 지나면 내 삶에 꼭 필요할 때가 있고, 모든 경험과 학문은 가치가 있다.

하지만 동시에 우리는 제한적인 삶을 살아간다. 시간도 에너지도 한계가 있다. 자신에게 어울리는 옷을 입고 살 때 가장 아름답고 행복하다. 어떤 일을 할 때 행복한가? 어떤 일을 주로 몰입하게 되는가? 타인의 시선이 아닌 오롯이 자신의 강점과 흥미, 좋아하는 일을 찾아서 할 때 지치지 않고 살아갈 수 있다.

슬기로운 강사 생활 2 : 나의 적성과 흥미를 찾아라

인생은 묘하다. 이 길이 아니다 싶지만 그 길 끝에 새로운 선물이 있다. 결국 자기 자신이 자신을 가장 잘 알아야 한다. 나는 누구이며, 어떤 것을 좋아하고, 어떤 것에 흥미가 있는지, 시간 가는 줄 모르고 즐겁게 몰입하는 일은 무엇인지, 사람들과 어울리는 일이 좋은지, 한 분야에 몰두하는 연구하는 일이 좋은 지. 모든 시작은 자기 탐색이다. 홀랜드 검사, MBTI, TA, 에니어그램, 다중지능 진로적성 검사 등 다양한 검사 도구들이 있다.
한 가지 도구로만 사람을 다 설명할 수 없다. 도구는 도구일 뿐이다. 자신을 보다 객관적으로 이해하고 자신을 즐겁게 탐색하며, 자신의 길을 찾아보자.

강사 일도 마찬가지다. 강의의 영역도 끝없이 많다. 어떤 분야로 강의 콘텐츠와 주제를 잡아야 할지, 스스로 끊임없이 묻고 노력해야 한다. 인생에는 끝까지 해내야 할 때가 있고, 빨리 접어야 할 때가 있다. 진지하게 내 삶의 질문 앞에 성실히 답변하고 선택하자. 내가 흥미 있어 하는 강의 분야는 어떤 것인가?

03_벼룩시장에서 만난 산업교육 강사

첫 직장을 그만두고 몇 달간 쉬었다. 한 달은 좋았다. 그다음부터는 불안이 찾아왔다. 남들은 다들 전공 따라 잘만 가는데 나는 전공 관련 일은 아닌 듯하고, 그럼 어디로 가야 하나? 한창 신앙의 열정이 불타올랐던 청년 시절, 내 삶의 주인은 하나님. 내게 꼭 맞는 일을 달라고 기도했다.

그러던 어느 날 동네 벼룩시장을 뒤지기 시작했다. 지금처럼 인터넷이 발달한 것도 아니었고, 동네 사거리에 놓인 벼룩시장과 지역 신문의 구인·구직 광고란을 유심히 찾아보았다. 그러다가 발견한 한 문장, '산업교육 강사님을 모십니다.'

학교 선생님도 아니고 대학교수도 아닌 산업교육 강사는 뭐지? 무슨 일을 하는 사람인가? 아는 정보는 없고 그저 강사라는 문구가 눈에 팍 들어왔다.

'그래, 내가 가르치는 건 좀 잘하지. 학교 친구들도 내가 가르쳐 주는 수학은 쉽고 재밌다고 했어. 일단 가보자.'

무작정 전화를 했다. 회사 정식 명칭은 사)한국인적자원개발협회

(KHRD)였다. 줄여서 인자원이라 불렀다. 조심스레 전화했더니 곧장 면접 보러 오라고 했다.

원장님과 일대일 긴 면접을 보았다. 기업체 강사인데 여기저기 많이 다닐 거라고, 그리고 공부도 많이 해야 한다고 하셨다. 다양한 기업체 직원들 대상으로 강의하는 일이라 하셨다.

"제가 여기저기 다니는 건 엄청 좋아하고요, 필요한 공부는 열심히 하겠습니다. 강의는 아직 안 해 봤지만 또래 친구들이나 동생한테 뭐든 쉽게 잘 가르치는 편입니다. 뭐, 어른들도……."

가슴은 콩닥거렸지만 덧니가 드러나는 특유의 미소로 말씀드렸다. 원장님은 그런 태도가 마음에 드셨는지 환한 웃음을 띠며 말씀하셨다.

"김 선생, 지금 당장 군위에 있는 우리 연수원으로 가 봅시다."

곧장 본사인 대구에서 군위 소보까지 1시간 남짓 달려 한 학교가 나왔다. 폐교된 초등학교였다. 지금처럼 30년 전에도 이미 시골 학교는 폐교된 학교가 늘기 시작했다. 기업 연수원으로 폐교를 새롭게 리모델링해서 이제 막 새롭게 연수를 시작하는 분위기였다. 그날로 산업교육 강사라는 낯선 세계로 빠져들었다.

첫 교육은 구미 삼성전자 전사교육이었다. 당시 이건희 회장님이 '마누라와 자식 빼고 다 바꾸어라.'라는 신경영 선언을 발표했다. 독일 프랑크푸르트 선언을 하셨고, 그 영향력이 구미 삼성전자에도 미쳤다. 우리 회사에서 '삼성 신경영 교육'을 담당하게 되었다. 담당 팀장님과 몇몇 팀원들이 한 팀이 되어 교육프로그램을 개발했다.

삼성에서 전용으로 쓰는 훈민정음 프로그램을 익히고, 모든 문서는 훈민정음으로 작성했다. 교육계획안을 몇 번이나 고치고, 학습자 교재, 강사 교안도 만들었다. 우리 집보다 군위 소보의 연수원에서 자는 날이 점차 많아졌다. 힘은 들었지만 모든 교안이 만들어지고 드디어 첫 교육이 시작될 때 보람과 흥분이 가득했다. 사전에 실험적으로 시행하는 파일럿 교육도 잘 마쳤다.

매주 월, 수에 우리 연수원으로 교육생들이 들어왔다. 거의 같은 교육을 1년 반이나 꼬박 진행했다. 팀장님의 전반적인 교육에 대한 오리엔테이션이 끝나면 다음은 내 강의 시간이다. 내가 맡은 첫 교육은 '오픈 마인드' 시간이었다. 같은 회사를 다녀도 워낙 직원이 많아 서로 잘 모른다.
그중에는 연구개발팀, 생산팀, 영업팀 등 다양한 업무의 사람들이 있다. 잔뼈 굵은 오랜 경력자도 있지만 이제 막 산업현장에 첫발을 디딘 앳된 생산직 사원도 있다. 첫 시간은 어색하고 낯설고 불편한 분위기다. 본인이 신청한 교육도 아니고, 회사에서 하는 필수교육으로 무조건 참석해야 한다. 교육을 좋아하는 분도 계시지만, 귀찮고 반기지 않는 분도 있다. 그래도 워낙 학습 태도가 몸에 밴 분들이라 매너 있게 잘 교육에 임해 주셨다. 나중에야 알았다. 기업마다 교육을 대하는 태도가 천차만별인 것을.

'오픈 마인드 시간'은 말 그대로 교육생들의, 마음의 문을 활짝 열게 하는 시간이다. 과하지도 덜하지도 않는 적절한 자기소개와 교육의 흥미와 기대, 적극적인 배움의 자세를 갖게 하는 교육의 첫 단추를 끼우는 시간이다.

대단위 그룹으로 교육을 하지만 6~8명 소그룹으로 나누어 각 분임장도 선발하고, 그림으로 글로 자신을 한 장에 종이에 표현하고 나누기도 했다. 적절한 퀴즈와 집중 박수, 변화 박수 등 다양한 스팟을 활용했다. 스팟은 사전적으로 점이란 뜻이지만 교육에서는 본 교육에 앞서 집중과 흥미를 자아내는 활동들을 말한다.

관련된 책과 매달 회사에서 구독하는 HRD 전문 책자에 교육의 흥미를 돋구는 다양한 스팟들이 있어 열심히 메모하고 익혔다. 앞선 팀장님이 시범 보인 사례에서 조금 더 창의적으로 내 것으로 만들어 소화하려고 애썼다.

감사하게도 잔뜩 긴장하거나 불만 가득한 얼굴의 교육생들도 오픈 마인드 시간이 지나면 굳은 얼굴에 점차 미소가 번졌다. 내게 다가와 교육에 대한 전반적인 내용도 물어보시고, 특히 연수원의 밥은 맛있느냐, 쉬는 시간은 많이 주느냐는 등 재미있는 질문도 주셨다. 물론 그중에는 남자 친구는 있느냐는 질문도 종종 받기도 했다.

교육생 얼굴의 작은 변화까지도 감지하고, 불편한 분이 보이면 쉬는 시간에 다가가 일부러 관심을 갖고 이런저런 질문을 하기도 했다. 약간의 불만이 보이는 분께는 더 친절한 미소로 다가가 대화를 나누면 그다음 시간부터는 교육에 임하는 태도가 달라진다.

슬기로운 강사 생활 3 : 교육 대상자의 정보를 수집하자.

강의는 매번 정성이 필요하다. 주어진 1시간 강의를 위해서도 오랜 시간 준비를 하고, 또 교안을 살펴보고, 똑같은 내용이라도 교육생이 어떤 분들인가에 따라 단어선택도 달리 해야 한다.

무엇보다 가장 먼저 교육생 대상 파악이 필요하다. 교육을 의뢰받으면 꼭 묻는 말이 교육받을 대상자에 관한 정보이다. 기업이라면 신입직원인지, 일의 연차와 경력은 어떤지, 주로 하는 일은 어떤 업무인지 알아야 한다. 그 기업의 이슈와 관심은 무엇인지도 미리 파악하면 좋다.

학교 청소년이라면 그 청소년이 스스로 자발적으로 신청한 교육인지, 문제가 있어 학교에서 받으라고 한 교육인지 파악해야 한다. 반 전체 대상인지, 그룹으로 하는 강의인지도 중요하다. 위클래스의 소그룹이면 그중 특별히 관심 써야 할 친구나 어떤 특징이 있는지 미리 교육 담당 선생님께 여쭤보는 것도 좋다. 그러나 그 정보가 차별하거나 오히려 편견을 가지면 곤란하다. 모든 정보는 파악하되 교육생을 더 잘 이해하고, 어떤 도움을 줄 수 있을지 고민하고 노력하는 것에 포인트를 주어야 한다.

교육 담당자는 본인은 너무 잘 알고 있기도 하고, 바쁜 업무로 교육생의 정보를 주는 것을 깜빡할 때가 있다. 강사에게 시간과 장소, 교육내용만 전달해 줄 때가 있다. 강사가 먼저 꼭 교육생의 정보를 묻고 파악하자. 사전에 교육 의뢰한 기업이나 학교, 복지관의 홈페이지에 들어가서 교육철학과 이념, 비전도 파악하자. 이왕 강의 PPT에도 그 기업이나 기관, 학교의 로고를 넣는 센스를 발휘해 보자. 2%의 차이가 큰 차이를 만든다.

04_땜빵 강사, 진실의 순간

우리 연수원에서 내가 하는 중요한 일 중 한 가지가 있다. 가끔 외부 초청 강사님들이 어쩌다 교통체증이나 다양한 이유로 늦어지면 얼른 시간 끌기 땜빵 강의를 해야 한다. 비상으로 준비해 놓은 퀴즈를 내며 분위기를 띄우거나, 재미있는 손 유희로 다 같이 노래 부르기, 혹은 학습자 중 특별한 장기가 있는 분을 쉬는 시간에 파악하여 '우리 회사의 숨겨진 가수왕을 초대하겠습니다.'라며 갑자기 MC로 변신, 사회 아닌 사회를 보기도 한다.

아주 가끔은 명강사님의 초청 강의보다 선생님과 함께 한 시간이 가장 즐겁고 기억에 오래 남는다는 분도 계셨다. 물론 그때는 젊고 예뻤으니, 살짝 아부성 발언이 다분했지만 칭찬해 주시는 분들이 계셔 더 신나게 비상용 땜빵 스팟들을 많이 준비했다.

때로는 강사님들이 좀 더 늦게 오길 바라기도 하면서 긴장도 했지만 은근 무대 체질이었나? 내게 주어진 강의시간을 즐기고 땜빵 강의도 좋아했다. 강사소개도 중요한 업무 중 하나였다. 오신 강사님들이 사전에 주신 이력들을 보면서 어떤 부분을 소개해 드려야 교육생들이 귀 쫑긋하고 관심 있게 반응할까 생각하며, 외부 강사님들을 멋지게 소개해 드리려고 애썼다.

간혹 강의시간에 지각하신 강사님이 오시면 너무 무안해하지 않으시도록 배려하는 멘트를 하기도 했다.

"방금 동남아, 미주순회를 마치시고 이곳까지 오시느라 다소 시간이 지체되었지만, 산 넘고 물 건너 이곳까지 오신 OOO 강사님을 힘찬 박수로 맞이해 주십시오. 기자회견은 마다하시고 여기까지 오셨습니다. 박수~~"

지금 생각하면 다분히 촌스러운 멘트지만 그때 그 시절엔 사람들이 깔깔거리며 잘 호응해 주셨다.

이왕 늦었지만 강사님이 미안한 마음으로 인해 강의에 차질이 없도록, 기다린 교육생들도 지루하지 않게 재미있는 시간을 사전에 가졌기에 너그럽고 환대하는 마음으로 강사님을 맞이하게 했다. 주어진 내 강의 시간도 있지만 우리 연수원에서는 강사와 교육생을 연결하는 연결고리 역할도 해야 했다. 오신 강사님께는 또 오고 싶은 연수원으로, 교육생에게도 다시 오고 싶은 우리 연수원이 되도록 애를 썼다.

가끔은 소위 명강사님들이 그저 연수원에 있는 한 여직원으로 생각하고 나를 함부로 대하는 분이 있기도 했다. 반면 명성만큼이나 그 인격도 훌륭하고 예의 있게 대해 주시는 분도 계셨다. 우리 연수원에서 자주 모시던 외부 강사님은 내 이름을 기억했다가 다음 번에 오실

때는 본인이 쓰신 책을 선물해 주시기도 했다. 내 이름까지 써서 저자 사인해서 주시면 더욱 감동이었다. 그래서 그런지 나도 평소 고맙고 친분 있는 교육 담당자들께는 책이 나올 때마다 꼭 이름을 써서 선물해 드리곤 한다.

때로는 강의는 큰 임팩트가 없었는데, 선물해 주신 책을 읽고 팬이 된 분도 계신다. 강의는 다소 부족해도 인격이 훌륭한 분들이 더 마음에 남기도 했다. 하지만 교육생에게는 단 한 번의 강의로 평가되니, 강사는 전문성과 인격, 모두 골고루 갖추어야 한다. 나 역시 강의 현장에 가면 그곳에 안내 데스크나 경비실에 계시는 분들께 먼저 밝게 웃으며 인사를 건넨다.

교육 대상자뿐 아니라 강의는 강의장 도착, 입구에서부터 시작된다. 내 수업에 들어오는 분들뿐 아니라 그곳에서 만나는 모든 사람들이 교육생이자 고객이란 마인드로 시작한다. 또한 그분들의 표정에서 기업이나 학교, 기관의 이미지도 느낄 수 있다. 경비실의 아저씨가 따뜻한 표정으로 "우리 학교 와 주셔서 감사합니다. 주차는 OO 쪽으로 하시면 됩니다." 하는 그 말 한마디로 그 기관의 이미지가 확 달라진다. 반대로, 마치 따지듯이 "무슨 일로 오셨나요?" 하고 험악한 표정과 퉁명스러운 톤으로 말을 건네면 일단 그 기관의 이미지가 먹구름으로 덮인다. 햇살처럼 환한 미소와 표정은 강사나 모든 고객을 대하는 분들의 기본자세다.

경영학 마케팅 용어 중 MOT(Momet of truth)가 있다. 직역하면

'진실의 순간'이다. 특히 CS(고객 서비스) 교육에서는 강조되는 부분이다. 기업과 접촉하는 첫 고객이 그 기업 전체의 이미지를 좌우하는 결정적인 순간을 말한다. 아무리 최선을 다해 '고객 만족', '고객 감동', 때로는 '고객 졸도'라는 용어를 쓰지만, 진실의 순간을 놓치면 그동안의 서비스가 물거품이 되기도 한다.

강사는 모든 순간이 진실의 순간이다. 강의장 장소로 들어가는 순간부터 나오기까지 모든 순간을 긴장하고 자신을 살펴야 한다. 억지로 하면 힘들지만 자연스레 사람에 대한 존중과 신뢰, 따뜻한 태도, 기본 인성이 있다면 어렵지 않다. 강사의 평소 삶 속에 묻어나는 태도나 자세는 누구나 그 향기를 느끼게 된다. 인성을 갖춘 강사, 너무 기본이라 간과하기 쉽지만 이 기본조차 아쉬운 강사들도 많이 봐 왔다. 나도 늘 조심스레 돌아보게 되는 부분이다.

연수원에서 또 하나의 중요한 나의 일은 교육장 밖에 준비해 놓은 커피나 종이컵, 사탕이나 간식이 떨어지면 얼른 보충해 놓는 것이다. 불편한 잠자리나 이불 교환 등 여러 민원을 접수받는 일도 했다. 딱히 누가 해야 한다는 정해진 몫은 없었지만, 직원들은 모두 주인의식으로 일했다.

교육 중에는 마이크 들고 말끔한 정장을 차려입은 폼 나는 강사가 되었다가, 교육이 끝나기가 무섭게 일제히 편한 옷으로 갈아입고 다음 교육생을 맞이하기 위해 교육장을 청소하고 정리정돈을 했다.

의자를 밀고, 엄청난 교구와 교재를 세팅하고, 가끔은 무거운 이

불 말리고 개는 일도 했다. 물론 우리 연수원에는 인근 마을에 계시는 어르신들로 따로 청소하는 분들도 계셨지만 같이 도와드렸다. 숙소와 강의장을 두루 다니며 다음 교육에 차질 있는 부분은 없는 지 점검했다.

어쩌다 화장실도 급하게 뚫어야 했다. 대부분은 남자 직원들이 더 많이 수고하고 애썼다. 여자 강사는 나 혼자라 많이 배려해 주시기도 하셨다. 워낙 붙임성이 좋았나, 식당 아주머니와 영양사 언니와도 사이가 좋아서 연수원에서 집으로 돌아가는 날에는 남은 반찬도 풍성히 챙겨 주셨다. 우리 연수원 밥과 반찬은 정성이 가득했고, 정말 맛있었다. 교육 오신 분들이 연수원 밥맛에 홀딱 반하셔서 또 교육받고 싶다고 했을 정도였다.

슬기로운 강사 생활 4 : 강사는 우아한 백조

강사는 사람들의 앞에 나서서 말하는 직업이다. 깔끔한 정장을 차려입고 곱게 화장도 하고 사람들 앞에 나선다. 배우나 연주자, 공연자처럼 자신에게 주어진 무대를 멋지게 연주하고 기획해야 한다. 오로지 강사, 단 한 사람에 의해 울고 웃는 시간이 된다. 누가 지휘하느냐에 따라 곡의 해석이 천차만별이듯, 같은 강의안을 갖고도 어떤 강사가 강의하느냐에 따라 결과는 천차만별이다.

강사는 백조처럼 우아한 동작으로 박수갈채를 받기도 하지만, 물 밑에서는 수없이 버둥대며 발짓을 해야 하는 고단한 직업이기도 하다. 강사의 세계도 천차만별이다.

시간당 2~3만 원에서 30~50만 원까지 다양하다. 물론 A급 강사는 몇백만 원이 될 수도 있다. 때로는 '내가 이거 벌려고 이것까지 하나?' 하고 현타가 올 때도 있고, 한 시간 강의를 위해 몇 시간 장을 보고 재료 준비를 해야 하는 경우도 있다. 재료를 손질해야 하거나, 미리 물건을 주문하고, 체험식 교육은 더 많이 손이 간다.

매일 강의가 있는 것도 아니다. 안정된 직업이 아니다 보니 강의 비수기인 1~3월까지는 쉽지 않다. 그 비수기 동안 자기 계발과 더불어 어떻게 잘 견뎌내야 할지 지혜도 필요하다. 강사들 사이에서는 "시간이 많으면 돈이 없고, 돈이 많으면 시간이 없어요." 하며 우스갯소리로 나눌 때가 있다. 이 둘 사이를 잘 조화롭게 헤쳐가야 한다.

무대 위의 화려함뿐 아니라 무대 아래의 험난한 일도 기꺼이 감당해야 한다. 그럼에도 불구하고 강사의 길을 가는 이유는 무엇일까?

05_살며 배우며, 가르치며 그리고 쉬며

내 청춘을 온전히 함께 한 공간, 시골에 있는 소보의 연수원을 참 좋아했다. 지금은 어떤 모습일까? 언젠가 훌쩍 가보고 싶기도 하다.

밤하늘에 별도 많았고, 특히 연수원 내 작은 연못에는 연꽃도 피고, 연못가에는 상사화도 피었다. 평생을 살아도 꽃잎과 꽃이 만나지 못한다는 전설 같은 이야기에 혼자 가슴 에이기도 했다. 또 연수원 인근에는 커다란 호수가 있었다.

가을이면 곱게 물들어 온 산이 통째로 호수에 담겼다. 데칼코마니처럼 절묘하게 대칭되는 모습에 탄성도 질렀다. 많은 사람들과 북적이는 교육장도 좋았지만, 인근의 나만의 아지트를 만들며 시 쓰는 것을 좋아했다. 무엇보다 한적한 시골길이 참 좋았다. 목적 없이 발길 닿는 대로 걷다가 이름 없는 들꽃을 보며 꽃에게 인사를 건네기도 했다.

매번 좋은 기억만 있을 수는 없다. IMF가 터진 그해는 온 기업들이 심각한 경영난과 어려움에 부닥쳤다. 대규모 고용해고가 일어나고 각자 살길을 찾기 위해 고심했다. 고용노동부에서는 일거리가 없어 쉬고 있는 기업을 대상으로 장기 직원 교육과 연수를 지원해 주었다.

대부분 2박 3일 교육이 많았다. 일거리가 없어진 직장인들은 5박 6일 혹은 2주간 연속되는 교육을 받기도 했다. 우리도 급하게 장기 프로그램을 준비해야 했다. 심리적으로 위축되고 힘든 분들이라 그동안 대그룹 교육만 주로 하다 소규모로 나누어 소그룹 집단상담 교육으로 전환했다. 그룹별 10명 내외로 잠자는 숙소가 각 교육장으로 변신, 지역 인근 상담심리학과 대학원과 연계하여 치유 프로그램으로 진행했다.

전문 상담 선생님들을 초청하고 감수성 훈련으로 프로그램을 구성했다. 이전 집합식 교육과는 전혀 다른 성격의 프로그램이었다. 그동안 품질개발, 변화와 성장에 대해 교육이 주를 이루었다면, 자신의 삶을 성찰하고, 내면을 돌아보는 치유 성격의 프로그램으로 진행되었다. 다양한 전문 상담사 선생님들을 만나면서 나도 이 분야로 더 공부하고 싶다는 생각을 했다.

몇 년간 현장에 있다 보니 좀 더 깊이 공부를 하고 싶었다. 대학원 진학을 준비하며 산업심리, 상담심리 중 고민하다 개인을 더 깊이 이해하고 내 내면도 치유하고 싶은 상담심리로 정했다.

당시 우리 연수원으로 출강 오시는 교수님과 전문 강사님들을 초빙했던 학교로 대학원을 가기로 했다. 이후 드라마 치료도 경험하고, 특히 집단상담에 더 관심을 가졌다. 당시 집단상담의 대가, 고 이형득 박사님의 워크숍도 참여했다. 사람과 사람이 주는 집단 응집력과 대화로 이 모든 것을 풀어가는 변화의 과정에 매력을 느꼈다. 낮에는 직장에서 일하고 저녁에는 교육대학원 상담심리학과를 다니며 바쁜 나날을 보냈다.

강사는 끊임없는 배움과 적절한 휴식과 자기관리가 필요하다. 늘 새롭게 변하는 교육 트렌드와 세상을 향해 열린 마음으로 시대를 리드해가는 자세가 필수다. 과거 100년의 정보가 하루에 쏟아지고, 코로나 이후로 디지털은 가속화되었다. 생성형 AI, 챗GPT, 새롭게 쏟아지는 정보들로 어지럽다.

한때 전자책 쓰기를 진행한 적이 있다. 몇 가지 기능만 익히면 하룻밤에도 몇 권씩 뚝딱 콘텐츠를 생산해 내는 시대가 되었다. 다양한 툴들을 이용해서 한결 책 쓰기는 편해졌지만, 결국 최종적인 결론은 사람이 내리며 사람이 판단한다. 얼마나 툴들을 잘 사용하는가 하는 기술은 배우면 되지만, 그것을 활용하는 능력과 판단력, 창의력은 단순한 기술로만 길러지지 않는다.

강사라면 자신이 하는 일의 전문성을 위해 연구하는 자세, 끊임없는 배움과 적절한 휴식과 자기관리가 필요하다. 우리는 한계를 지닌 존재다. 모든 것을 다 잘할 수는 없다. 자신의 관심분야에서 조금 더 넓게 깊게, 또한 다른 영역과 융합하여 제2, 제3의 콘텐츠로 확장해 나갈 수 있다.

"강사님은 어떤 분야가 제일 좋으세요?"

워낙 다양한 콘텐츠의 강의를 하다 보니 누군가 나에게 물었다. 한때는 나도 고민스러웠다.

'뭘 잘하지? 뭐 이렇게 많은데 딱히 잘하는 건 없는 것 같고…….'

혼자 괴롭다고 생각한 적도 있었다. 그러다 생각을 바꿨다. 한 분야의 1인자 되기는 어려워도 2인자가 되고, 또 다른 분야의 2인자가 되어 두 영역을 합치면 새로운 콘텐츠의 전문가가 된다.

굳이 1인자가 되는 것이 내 삶의 목표는 아니기에 크게 관심을 두지 않았다. 푸드테라피, 아트테라피, 부모교육, 대화법, 감정코칭, 다문화교육, 세계시민교육, 인문학, 인성강의, 생명존중, 책쓰기, 글쓰기, 다중지능평가, 성격진단 및 진로코칭 등 다양한 분야로 강의한다. 하나님의 형상으로 사람을 살리고 회복하는 일이라면 다 의미를 두고 즐겁다.

청년 때는 기업강의만 주로 했지만 결혼 이후 지금은 군부대, 복지관, 지역아동센터, 학교, 쉼터, 교회, 도서관, 육아종합지원센터, 심리상담센터, 교육청과 기업 등 다양한 기관으로 강의를 나간다. 대상도 유아부터 시니어까지 남녀노소, 나이를 불문하고 거의 매일 많은 사람들을 만난다.

최근에는 푸드테라피로 부모교육을 하고, 글쓰기로 단순히 글 잘쓰는 기능이 아니라 마음치유 글쓰기, 아트테라피로 치매예방 등 다양한 분야와 접목을 한다. 자살 예방을 위한 푸드테라피, 감정코칭을 위한 푸드테라피, 그림책이 도구가 되기도 하고, 푸드와 글쓰기가 도구가 되기도 한다. 인성 강의를 푸드테라피나 글쓰기로 풀 수도 있고, 공감소통 대화법으로 풀 수도 있다. 각 기관이 원하는 니즈대로 모듈식 교육을 진행할 때가 많다.

한 프로그램이 마음에 들면 푸드테라피로 시작했다가, 이어서 아트테라피, 글쓰기, 자서전 쓰기, 생명존중까지 한 기관에서 다양하게 진행하기도 했다. 믿고 맡겨 주시니 감사할 따름이다. 그러나 가끔은 지칠 때가 많다. 정해진 시간에 회사에 출근하지 않아 좋지만 온전히 내 시간과 내 체력, 나 자신을 더 잘 관리해야만 한다. 오래 즐겁게 이 일을 하기 위해서는 강사의 자기관리는 필수다.

슬기로운 강사 생활 5 : 강사의 자기관리

여러 사람들 앞에 서는 직업인 강사는 은근 긴장과 스트레스도 많다. 여러 사람들과 잘 지내려면 무엇보다 내가 나와 친해야 한다. 기업의 사내 강사나 특정한 연수원의 강사라면 몰라도 대부분 프리랜서 강사들은 자기 자신이 살아있는 회사이자 기업이다. 소위 1인 기업가이다.

강사 이름 자체가 자신의 브랜딩이다. 그래서 강사의 브랜딩은 정말 중요하다. 모든 직업이 그렇지만 자기 관리가 필수이다. 본인이 아파도 약속된 강의 장소에 가야 하고, 아이가 아파도 아픈 아이를 뒤로 하고 강의하러 가야 할 때도 있다. 그러기에 자신의 건강관리뿐 아니라 마음도 잘 관리해야 한다. 아무도 간섭하지 않으나 스스로 사업을 관리하고 배나 더 부지런해야 한다. 무엇보다 일과 쉼을 잘 조절해야 한다. 그래야 장기전으로 오래 뛸 수 있다.

자기가 좋아하는 취미 생활은 꼭 하자. 산책, 글쓰기, 운동 등 좋은 취미생활은 몸과 마음을 늘 새롭게 하고, 강사의 길을 잘 달리게 하는 충전소가 된다. 특히 독서는 늘 새로운 트렌드를 파악하고 배움의 길에 서는 강사에게는 필수이다. 나는 매일 성경으로 하루를 시작한다. 말씀과 기도로 든든하게 장착해야 하루가 편하다.

내가 생각하는 강사란 자신의 있는 모습 그대로 받아들이고, 타인에게 도움을 주려는 따뜻한 사람, 새로운 배움을 즐거워하는 사람이다. 무엇보다 스트레스 관리를 지혜롭게 잘해야 한다. 알리바바 마윈은 우리는 일하기 위해 태어난 사람이 아니라 경험하기 위해 태어났다고 했다. 살며 일하며 배우며, 건강한 방법으로 잘 쉬고 잘 놀자.

강사가 행복해야 교육생이 행복하다.

06_은빛 갈치와 잊지 못할 선물

경력이 쌓이면서 연수원에서 내 강의 영역도 점차 늘어나기 시작했다. 책임연구원으로 승진도 하고 '오픈 마인드' 진행에서 '자기이해 타인이해' 강의를 맡았다. 자신을 이해하고 기업 조직원들 간 서로 다른 성향을 알고 이해하는 MBTI, 에릭 번 심리학자가 만든 TA(교류분석), '공감과 커뮤니케이션' 조직 간의 소통을 원활하게 하는 대화법, '조직 활성화', '생존전략 기획' 다양한 기업의 현안을 두고 브레인스토밍으로 토론하며 창의적 과제를 해결하는 분임토의, 때로는 '직장예절', '고객만족 CS교육', '직장인의 자기 계발' 등 여러 강의에 도전했다.

주로 첫 교육 시작 특강은 우리 원장님이 하셨고, 마지막 날 마무리 특강은 외부 명강사님을 모셨다. 대부분은 우리 연수원의 팀장님과 연구원들이 모든 강의를 소화했다. 당시 우리 연수원에는 여자 강사가 별로 없었다. 강의하러 왔다가도 힘들었는 지 다른 업무로 바뀌기도 했다. 결국 강의 분야는 여자 강사로는 내가 유일했다. 다른 지부에는 여자 강사님들도 있었는데 별로 교류는 없었다.

대부분 남자 팀장님과 남자 연구원들 강의 속에 내 강의는 여성 특유의 다소 부드러움과 따뜻함이 느껴졌는지, 매번 교육 후 실시하는 만족도 설문 조사에서 감사하게도 넉넉한 점수를 주셨다.

전국을 다니며 재미있는 추억도 많이 쌓았다. 한번은 거제 조선소를 갔을 때였다. 교육 후 그곳 인재개발원 원장님과 우리 원장님, 또 교육 담당 직원분들과 갈치 밤낚시를 갔다. 태어나서 처음 해 보는 밤낚시, 시장에서 길게 늘어진 간혹 껍질이 벗겨진 갈치만 보다 내 눈앞에서 생생한 은빛 갈치를 보았을 때 그 감동은 아직도 잊혀지지 않는다.

은빛 갈치 여러 마리가 동시에 밤바다에 춤을 추듯 날아오르는 모습은 장관이었다.

"와, 갈치 은빛이 이렇게 아름다운가요?"

그렇게 갈치 빛깔이 반짝이고 빛나는 건 처음 보았다. 배 위에서 즉석 회로 먹는 갈치회도 신선한 새로운 경험이었다. 요즘도 시장 가서 갈치를 고를 때면 그때 본 은빛 갈치가 아른거린다.

'나도 한때는 은빛 갈치의 빛나는 청춘이 있었지.'

구미 삼성전자 전사교육 중 한 생산직 여사원이 있었다. 삼 일간 교육 후 우리 연수원으로 매주 내게 사랑의 편지를 보내왔다. 맏딸로 태어나 동생들 공부시키느라 자신의 삶을 희생하며 가족들의 생계를 책임지는, 마음 따뜻한 여직원이었다.

이제 막 고등학교를 졸업하고 열심히 산업현장에서 일하던 친구, 나도 그녀에게 용기를 주고 싶어 서로 오랫동안 펜팔친구로 언니 동생하며 편지를 주고받았다. 회사에서 혹은 가족들 간에 있었던 크고 작은 일들을 나누며 서로를 응원했다. 편지 속에 힘들고 지친 마음이 전해오면 함께 기도하자고, 명품 빽 중의 빽, 든든한 하나님 빽을 같이 가져보자고 복음을 전하기도 했다.

이와 반대의 경험도 있었다. 모 회사 교육 후 소감문을 작성하고 마칠 무렵 한 남자분이 선물이라고 작은 봉투를 내밀고 떠나셨다. 꽤 나이가 있으신 간부 사원으로 기억된다. 모든 교육생이 돌아가고 조심히 봉투를 열어보니 지금까지 내가 본 성경책 중 가장 작은 포켓 성경책이 들어 있었다.

"선생님, 이 성경책 보시고 꼭 하나님을 만났으면 좋겠습니다. 선생님의 미소가 참 좋습니다. 덕분에 3일간 정말 행복했습니다."

정확한 글귀는 생각나지 않지만 선생님 덕분에 교육이 즐거웠고, 좋은 사람 만나 행복한 가정 이루면 좋겠다는 내용도 있었다. 칭찬과 격려가 가득한, 감사의 마음을 전하는 내용으로 기억된다. A4용지에 빽빽하게 쓰신 편지를 딱지 모양으로 접어 성경책 속에 넣어 두셨다.

'어머, 나도 믿음의 사람인데 내가 너무 티를 안 냈나?'

괜히 죄송한 마음이 들었다. 지금은 이름도, 얼굴도 생각나지 않는다. 다만 집과 회사를 떠나 교육받으러 오시면서 성경책을 챙겨 오신 것이 너무 귀했다. 또 한참이나 어린 강사에게 깍듯하게 선생님이라 부르며, 얼마나 주님 사랑을 전해 주고 싶으셨으면 읽으시던 성경책을 건네주셨을까? 그 감동은 벌써 30년의 세월이 지났지만 생생히 살아 있다.

최근 자서전 쓰기를 진행한 인천의 한 노인복지관에서는 "선생님 꽃길만 걸으세요. 언제나 훌륭한 작가님으로 남아주세요." 하며 내 강의하는 모습을 그림으로 그려 액자로 선물해 주신 분도 계셨다.

"선생님 덕분에 내 인생 이야기를 다 써 봅니다."

"요즘 우리가 어디 가서 칭찬받을 나이는 아닌데, 선생님이 우리 같은 늙은이에게 매주 칭찬을 해 주시니 너무 행복합니다." 하시며 두 손 꼭 잡아주시는 모습은 뭉클하고 감동이었다.

작년 말 작곡가로 문화기획 일도 하는 아들이 북스타(Book Sweet Tim: 책과 함께 달달한 시간) 콘서트를 열었다. 첫 회 강사로 나를 초청했다. 평일 저녁 8시에 시작하는 북콘서트였는데, "아이고, 우리 선생님 북콘서트인데……" 하시며 의정부에서 홍대 공연장까지 그 어두운 밤에 지하철을 몇 번이나 갈아타고 오신 80대 어르신이 계셨다. 얼마나 감사하고 황송했는지 모른다. 그 어르신은 요즘도 내게 가끔 당신이 쓰신 글을 이메일로 보내신다. 멋진 인생 첫 책을 잘 만들어 드리고 싶다.

슬기로운 강사 생활 6 : 강사의 사명과 보람

강의를 하다 보면 교육생과 크고 작은 에피소드들이 생긴다. 학교 가면 아이들이 수업 후 작은 메모지에 삐뚤삐뚤하게 "선생님 또 오세요."라고 건네주는 쪽지도 있고, 강의 중에 TV에 출연한 적이 있다는 말에 강의 끝나기가 무섭게 모두가 노트를 우르르 들고 사인해 달라고 줄을 늘어서기도 해서 곤혹스러운 적도 있었다.

작은 쪽지 한 장이든, 감사의 카톡 한 줄이든, 교육담당자나 교육생들이 보낸 사랑의 표현들은 고단한 강사의 일을 계속하게 만드는 가장 큰 힘이 된다. 모든 교육이 안타나 홈런을 칠 수는 없지만 다시 일어나게 하는 힘은 아이가 보낸 작은 미소 하나, 거친 두 손으로 내 손을 꼭 잡아주시며 "선생님 덕분에 정말 행복했습니다." 그 말 한마디가 번거로운 재료 준비도 다 잊고, 또 일하게 한다.

강사가 받는 피드백이 그러하다면 그와 반대로 강사인 우리의 말 한마디의 힘은 교육생에게 엄청나다. 하나님은 말씀으로 세상을 창조하셨다. 강사도 말 한마디로 교육장을 들었다 놓았다 한다. 평생 누군가에게는 잊지 못할 삶의 터닝포인터가 되기도 한다. 그 엄청난 특권과 부담이 우리 강사들에게 있다.

말뿐 아니라 표정, 미소, 다시 만나고 싶은 매력 있는 강사로 잘 가꾸자. 여자는 약하나 엄마는 강하고, 푸른 햇살 김 강사의 미소는 따뜻하고 강인하다. 그분들의 달라지는 표정과 변화 속에 강사의 사명과 매력을 느낀다. 이 매력에 함께 빠져 보실 분, 이미 빠지신 분, 손 들어주세요. 강사, 매력적인 직업이 아닐 수 없다.

07_경력단절이 아닌 멀티 경력자로 거듭나다

　서른에 결혼을 하면서 새로운 인생이 펼쳐졌다. 그동안의 경력은 다 잊고, 심지어 다니던 교육 대학원도 곧바로 휴학도 아닌 자퇴서를 내고 결혼이란 새로운 문으로 들어갔다. 목사인 남편을 만나 자연스럽게 목사 사모가 되었다.

　청년 시절, 일한 만큼 물질로 보상받는 강사 생활은 중단되었지만, 여전히 가르치는 강사의 일은 계속되었다. 새 가족을 교육하고, 가정 세미나를 열고, 소그룹 자녀 행복 교실, 아내 행복 교실, 성경공부, 신앙서적을 읽고 나누는 독서 모임 등 꾸준히 사람들을 가르치고 양육하는 일들을 했다.

　그러나 작은 교회라 동시에 생활비도 벌어야 했다. 아이를 키우며 할 수 있는 일을 찾았다. 우선 교회 내 도서관을 만들었다. 책을 좋아해서인지 주변 이웃들의 책을 기부받거나, 어느 신문사에서 산간벽지에 책 보내준다는 기사글을 읽고, 공모전에 글을 냈다. 축, 당선! 새 책이 우리 도서관으로 한가득 왔을 때 뿌듯했다.

　'무지개 도서관'이라 이름 짓고, 평일에 누구나 와서 책을 볼 수 있도록 공간을 만들었다. 또 아이들을 모아 독서 논술 지도를 시작했다.
　모 회사의 독서지도사 과정을 공부하고, 자격증을 땄다. 최우수 교사상도 받았다. 멀리 양재까지 자격시험을 치러간 기억도 어렴풋이 난다. 잠시 아이를 맡기고 혼자 버스를 타는 느낌은 참 묘했다.
　늘 등에 붙어 있던 아이 없이 나 혼자 버스를 타는 날도 오다니, 괜스레 감격했던 기억, 그런데 왠지 모르게 차창 밖 버스 풍경을 보며 한없이 눈물이 차올랐다. 양육의 힘겨움과 개척교회 사모의 고단함, 이렇게 내 인생이 끝나는 건 아닐까 하는 두려움도 오버랩되었다. 무사히 시험에 통과하고 독서지도사 자격증 따서 돌아오는 어느 봄날, 기쁨보다는 흐드러지게 핀 개나리가 슬프게 다가오기도 했다.

　그 이후 어린 둘째 아이는 작은 바구니에 담아 이웃집에 종종 맡겼다. 그 사이 초중등 논술지도를 시작했다. 어린 두 아이 양육에, 교회 일에, 잠은 쏟아지고, 그래도 내가 논술 선생님인데, 책은 읽어야지. 반은 졸며 책을 읽었다.
　오직 수업을 위해 청소년 필독서를 읽고, 추천하는 세계문학 전집도 읽었다. 책 읽기와 글쓰기를 좋아했지만 오로지 의무감으로 읽는 독서는 즐겁지 않았다. 그래도 글쓰기가 재미있어졌다고, 독서 논술 시간이 즐겁다고 달려오는 아이들이 고마웠다. 그때 만난 친구들은 어느새 시집, 장가를 갔다. 나 역시 그 시간으로 인해 지금의 작가의 길로, 독서경영 박사과정을 공부하고 있는 지도 모르겠다.

　세상이 알아주는 경력은 단절되었지만, 아이를 키우는 양육의 시간만큼 소중한 시간은 없다. 사람만이 유일하게 누군가가 돌봐주어야만 자라고 성장할 수 있는 존재이다. 누군가의 희생과 사랑으로 우리는 지금 홀로서기를 하고 있다. 그 절대적 시간의 가치를 평가절하하거나, 스스로 무가치하게 여기는 문화는 사라지면 좋겠다.

아이를 키우는 그 시간 자체로 소중히 여겨주고, 기다려주는 사회, 너무 조급해하지 않아도 된다고 말해 주고 싶다. 강사들 중에는 어린 자녀로 고민하는 분들을 종종 만난다. 우선 아이에게 집중하라고 말씀드린다. 내가 포기하지 않으면 기회는 찾아오지만, 훌쩍 자란 아이는 돌아오지 않는다. 아이마다 기다려줘야 하는 성장의 속도와 길이는 다 다르다.

나 또한 '이 또한 지나가리라! 언제 아이가 쑥 클까?' 하고 매일 잠자는 아이를 들여다보며 빨리 컸으면 좋겠다고 기도한 적이 있다. 돌아보니 미안하고, 눈물 나게 고맙고 그리운 시기이기도 하다.

힘들지만 소중한 육아의 시간, 경력단절의 시기가 아니다. 멀티 경력자로 거듭나는 시기다. 아이를 키우며, 빨래하며, 청소하며, 동시다발적으로 해야 하는 육아의 시기를 통해 여성들은 강인해진다. 그 경험들이 1인 지식 사업가, 멀티 플레이어 강사로 살아가는 데 큰 자양분이 된다.

강사는 소정의 자격증과 강의 기술만 준비하면 큰 자본 없이 도전할 수 있는 분야다. 어떤 분야든 준비하고 도전하면 자신의 때가 온다. 작은 가게를 하나 내어도 엄청난 자본이 들어간다. 강사라는 지식 산업은 내가 나에게 투자하는, 배신하지 않는 가장 확실한 투자다. 자신만 건강하면 정년도 없다.

돌아보니 육아의 시기 동안 바쁜 남편은 거의 집안일을 돕지 못했고, 혼자서 발버둥을 친 시간이었다. 하지만 짬짬이 우리 아이들을 돌봐준 소중한 이웃이 있었기에 가능했다. 이제는 아이들도 훌쩍 자기만의 길로 잘 자라고, 남편과 아이들이 나의 가장 큰 후원자가 되었다.

슬기로운 강사 생활 7 : 내 편을 만들어라

낮에 온종일 강의하고 나면 파김치가 될 때가 있다. 손가락 하나 까닥하기 싫고 밥 하기도 힘든 날도 있다. 그럴 때는 밀키트를 이용한다. 결혼한 여자가 강사라면 너무 완벽한 엄마, 완벽한 아내이면서 완벽한 강사까지 되기란 쉽지 않다. 내조의 여왕도 되어야 하지만, 외조의 왕도 필요하다.

평소 관계통장을 잘 적립하여 내 편을 만들자. 대신 집안일도 나누어 할 수 있고, 아내의 꿈을 응원하고 함께 고민도 나눌 수 있는 내 편을 만들자. 배우자와 아이들에게 도움을 요청하자. 이 일을 왜 하는 지, 이 일을 함으로 얻는 유익으로 가족이 함께 나누는 것을 말하며, 밖에서 벌어진 일도 편하게 나눌 수 있는 채널을 만드는 것이 좋다.

물론 남자들도 그렇다. 혼자서 끙끙 앓다, 퇴직을 했는데도 양복을 입고 혼자 산으로 간다는 이야기도 들었다. 실제 그런 남자들도 만나봤다. 슬픈 일이다.

인생은 혼자 살 수 없다. 서로 나누며 함께 걸어가는 긴 마라톤이다. 이제 120세 시대다. 더 긴 호흡으로 함께 마음을 나누며 걸어가자. 강사는 혼자가 아니다. 함께 지지하는 동료 강사들, 가정이라면 지혜롭게 도움을 구하며 사막 같은 세상, 광야 같은 세상, 내 편과 함께 걸어가자.

어린 자녀가 있다면 조금 욕심을 줄이고 템포를 늦추어도 좋다. 동료 강사들과 비교하지 않아도 된다. 저마다가 속도가 있다. 다만 꿈을 포기하지 않으면 아이도, 엄마도 성장한다.

08_암, 내게로 와 별이 되다

　다시금 세상을 향한 강사로의 발걸음은 뜻하지 않은 결혼 15년 차 찾아온 암 때문이었다. 꼭 죽을 것만 같았던 44세, 유방암! 그때 처음으로 진지하게 내 인생을 다시 돌아보았다. 삐거덕거리는 철 침대에 누워 종이 한 장을 꺼냈다. 죽기 전에 꼭 하고 싶은 일, 소위 버킷리스트를 적어 내려갔다. 쓰다 보니 11가지를 썼다.
　첫 번째로 책 쓰기라고 적었고, 다음으로 합창단, 강사 되기 등 몇 가지를 적었다. 마지막으로 부부 '데이트학교' 특강이라 적었다. 문득 11년이 지난 지금, 돌아보니 놀랍게도 거의 다 이루어 주셨다.
　전국적인, 세계적인 강사 되기라고 썼는데 아들도 작가로 등단, 모자 작가로 아침마당에 출연했다. '내 아이를 이해하는 길'이란 프로그램이었다. 늘 피 터지게 싸우고 으르렁거린 모자란 모자가 어떻게 친구 같은 모자가 되었는지 방송에서 나누었다.
　어릴 적 모자란 엄마인 나로 인해 큰 아이는 ADHD, 소아우울증으로 힘든 시기를 보냈다. 최근에는 이집트로 나란히 해외강의도 같이 가고, 나를 대신 해 운전도 척척 해 주는 든든한 지지자가 되었다.
　올해 초에는 작곡을 전공한 아들이 공연기획을 하는 홍대 '수상한거리 2호점'에서 백종범교수님의 배려로 '세대공감 대화학교'를 열었다. 우리 부부가 10회기 부부특강을 진행했다. 아들의 후원 덕분이었다. 힘들게 한 아이라고 생각했는데, 지금은 힘 나게 하는 아이가 되어 감사하다.

살다 보니 살아지고, 지지고 볶다 보니 근사한 볶음밥도 되고, 인생은 참 묘하다. 그때는 죽을 만큼 힘들었는데, 내 등의 짐이 살아갈 힘이 되었다. 물론 지금도 또 다른 인생의 짐을 지고 산다. 죽을 때까지 인생의 파도는 거세게 몰아닥친다. 이젠 그만 멈추었으면 하지만, 내 인생의 시간표를 잘 아시는 그분께 맡기고 묵묵히 나의 길을 간다.

암 투병 후 '펀펀힐링센터'라는 교육원을 세웠다. 나와 같이 강사가 되고 싶다는 분들이 찾아왔다. 한두 분씩 강사 코칭을 시작했다. 지금은 청출어람 강사님들이 되셨다. 처음에는 조금 먼저 한걸음 앞선 나의 강의 경험을 나누었지만, 지금은 오히려 후배 강사님들께 더 많이 배운다. 또 여러 인연으로 찾아와 주셔서 가족처럼 통하는 소중한 연구원들이자 강사님들이 함께 하고 있다.

'재미. 의미, 감동'이란 키워드로 여러 교육현장에서 다양한 강의를 한다. 혼자였으면 지쳤을 텐데 함께 하기에 여기까지 올 수 있었다. 평생 동료 강사로 함께 성장하고 배우길 소망한다.

앞으로 작은 소망이 있다면 통일한국을 바라보며 북한 주민과도 펀펀하게, 즐겁게 교육하는 센터로 쓰임 받기를 꿈꾼다. 언제부터인가 북한에 대한 관심과 기도를 하게 하셨다. 막연하지만 이 일에 우리 펀펀

힐링센터가 남북한의 징검다리로, 힐링교육을 할 수 있기를 소망한다.

피카소는 우리의 삶의 목적을 '자신의 재능을 발견하고 나누는 일이다.'라고 했다. 하나님이 내게 주신 재능을 발견하고 그분의 기쁘신 뜻대로, 꼭 필요한 곳에 잘 나누는 삶이 되기를, 말하는 대로 사는 강사, 사는 대로 글쓰는 작가가 되길 소망한다.

슬기로운 강사 생활 8 : 우분트, 동료 강사의 힘

우분트(Ubuntu)는 남아프리카 반투어 언어로 "당신이 있어 내가 있다."라는 뜻을 가진 말이다.
대부분은 혼자 강의를 가는 경우가 많지만, 어떤 강의 프로젝트는 여러 강사님들과 함께 가기도 한다. 군부대 인성교육 강의를 가거나 반별 대단위 푸드테라피 강의를 갈 때가 그렇다. 평소 혼자 강의할 때보다 동료 강사님들과 함께 강의 갈 때 더 즐겁다. 마치 강의여행을 떠난 듯 신난다. 하지만 여기서 강사로서 주의해야 할 점이 있다.
동료 강사들과 너무 친한 나머지 쉬는 시간에 서로 반말을 하거나, 지나치게 사담을 나누는 것을 조심해야 한다. 교육생들은 쉬는 시간에도 강사들에 대한 관심을 갖고 지켜보고 있다.
같은 여자 강사님들끼리는 언니, 동생하며 친하게 지낼 수도 있지만 강의 현장에서는 꼭 "OO 선생님, OO 강사님" 하고 서로에 대해 깍듯하게 예의를 지켜 불러야 한다. 지나치게 자기들만의 대화로 박장대소를 하는 것도 금물이다. 교육장 밖을 나오기까지는 서로 간에 예의를 지키며 긴장을 늦추면 안 된다. 하지만 서로 배려하고 사이좋은 모습은 교육생들에게도 좋은 영향력을 미친다.

한편 다른 강사님이 주강사로 강의를 하고 내가 보조해야 할 때가 있다. 이때도 주강사를 잘 도와 주강사의 손길이 미치지 못한 부분을 잘 보조해야 하고, 선을 넘지 않아야 한다. 주강사님의 강의 모습을 사진으로 잘 찍어주는 것도 센스 있는 행동이다.

강사 마케팅에는 강의현장 사진이 필요할 때가 많다. 동료 강사가 강의할 때 서로 포인트를 잘 담아 사진을 찍어주는 것도 좋다. 핵심을 담은 강의 영상도 짧게 촬영해 주면 금상첨화다.

후배 강사님을 대할 때도 예의 있게, 언제 그 후배가 훌쩍 나를 앞질러 성장할지 모른다. 서로 존중하며, 힘껏 박수쳐 주고, 함께 축하할 일은 축하해 주자. 또 힘들어할 때는 손 내밀어 주자. 늘 겸손하게 당당하게 서로의 위치를 지키자.

푸른나무 재단의 군부대 인성교육 중 내가 소속된 우리 팀(일명 배려팀)과 펀펀힐링센터 연구원님들과 함께 하는 강의는 늘 지치지 않고, 즐겁게 강사의 길을 가게 하는 윤활유가 된다.

강사의 세계는 혼자 뛰는 세계가 아니다. 혼자 가면 외롭고 지치지만 여럿이 함께 가면 빨리, 바르게, 끝까지 간다. 동료 강사들과 좋은 유대관계를 맺자. '강사 이펙트'도 그러했다. 8인이 함께 했기에 우린 빠르게 바르게 여기까지 왔다. 소중한 인연에 감사하다.

:: 에필로그

 **박정원**

글나무정원사의 길을 걸으며

강사의 길은 언제나 질문과 성찰의 연속이었습니다. 학원과 학교, 도서관에서 수많은 아이들을 만나며 깨달았습니다.

교육은 단순히 지식을 전달하는 일이 아니라, 사람과 사람을 잇는 다리라는 것을.

책을 집필하며 지난 시간을 돌아보니, 이 길은 결코 쉽지 않았습니다. 배움 하나를 붙잡고 묵묵히 걸어온 시간들이 결국 저를 지금의 자리로 이끌었습니다. 서툴고 낯설었던 순간들조차 지나고보니 누군가의 삶에 작은 씨앗이 되어 있었습니다.

그 모든 경험이 오늘의 저를 만들었습니다. 이제 저는, 그동안 쌓아온 경험과 배움을 함께 나누는 자리에 서고자 합니다.

'강사이펙트'가 강사의 길을 고민하는 분들에게 작은 등불이자 따뜻한 응원의 손길이 되기를 바랍니다. 막막한 시작 앞에 선 누군가에게 이렇게 전하고 싶습니다.

"당신의 걸음도 누군가에겐 울림이 됩니다."

언젠가 '교육'을 삶의 방식으로 선택한 분들과 함께 강사 양성과정이라는 또 하나의 길도 열고 싶습니다. 단단한 뿌리를 내릴 수 있도록, 곁에서 함께 걷겠습니다.

끝으로 꼭 전하고 싶은 말이 있습니다.

"당신의 경험은 의미가 있습니다."

오늘의 작은 경험이 내일의 강의가 되고 누군가에게 영감이 될 수 있습니다. 저는 여전히 강사라는 이름으로, 그리고 글나무정원사라는 이름으로 배움의 길을 걷고 있습니다. 당신의 '강사 이펙트'는 지금부터 시작입니다. 우리 함께 걸어가 봅시다.

 이금순

코칭은 친한 친구처럼 서로의 마음을 응원하는 것이다. 나는 한국에서 시작해, 전 세계의 많은 사람들에게 도움을 주고 싶다. 모든 사람이 자신의 꿈을 찾고, 그 꿈을 이루는 여정에 함께하는 것. 그것이 나의 목표다.

내가 소중히 여기는 가치는 사랑, 믿음, 성장이다. 이 가치들은 내가 코칭과 강사로서 다른 사람들을 돕고자 하는 이유이기도 하다. 우리의 삶은 예기치 못한 변화를 겪곤 한다. 때로는 감당하기 힘든 시련 앞에 놓이기도 한다. 나는 믿는다.

그 모든 경험은 언젠가 우리 삶의 자원이 되고, 좋은 일이든, 힘든 일이든 모두가 우리를 더 강하게 만드는 배움이 된다는 것을.

강사로서 나는 앞으로도 많은 사람들과 함께하며, 그들이 자신의 경험에서 의미를 찾고 배울 수 있도록 돕고 싶다.

서로의 이야기를 나누고 지지하는 과정에서 우리는 함께 성장할 수 있다.

나의 꿈은 모든 사람이 자신만의 길을 찾아, 조금 더 자유롭고 행복하게 살아가는 것이다.

그 꿈을 향해 나는 계속해서 걸어갈 것이다.

한국 코칭이 대중화를 넘어 세계화가 되는 그날까지!

 **조나민**

글쓰기, 춤, 외국어로 글로벌 치유 강사테이너를 꿈꾸다

"쇼! 끝은 없는 거야. 지금 순간만 있는 거야. 난 주인공인 거야. 세상이라는 무대 위에."

가수 김원준의 '쇼'라는 노래다. 가사가 딱 내 스타일이다. 아이들 한 명 한 명이 능동적인 인생의 주인공이 되었으면 하는 바람을 담아 수업 전 이 노래를 불러준다. 율동도 함께 한다. 쉬는 시간에 한껏 풀어졌던 아이들의 눈빛이 초롱초롱해진다.

'이런 강사는 처음인데? 신선한데?'

강사와 엔터테이너를 합친 '강사테이너'에게는 이런 반응이 참 좋

다. 이렇게 노래를 부르고 나면, 뒤에 전달하려고 하는 내용이 아이들에게 훨씬 더 설득력 있게 다가간다. 노래와 율동을 수업 중간이나 마무리 시간에도 활용한다.

앞으로 중점적으로 진행하고 싶은 강의는 '조금 예민한 사람들을 위한 글쓰기 레크리에이션'이다. 마음을 치유하며 다소 어렵게 느껴질 수 있는 '글쓰기'를 재미있게 풀어내는 콘셉트다.

거기에 외국어를 활용해서 교육의 사각지대에 놓일 수 있는 한국의 다문화 가족들에게 강의를 하고 싶다. 한국에 사는 외국인들이 점점 많아지고 있다. 세계적으로 K 컬처 붐도 일고 있다. 최근 이집트 카이로에서 푸드테라피 강의를 하고 오신 김혜경 센터장님처럼 나에게도 해외에서 강의할 기회가 올 것이다. 영어, 중국어, 일본어, 가능하면 아랍어도 사용해 강의를 하는 것이 나의 목표이다.

'자연은 서두르지 않고 모든 것을 이룬다.'라는 노자의 말을 기억하며 조급함은 내려놓고 나만의 속도로 꽃을 피워보려 한다. 내가 오기 전보다 떠날 때 조금이라도 더 행복한 대한민국, 더 행복한 세상이 되었으면 좋겠다. '강사 이펙트'를 읽는 분들이 자기만의 색깔과 향기를 찾는 여러 다양한 강사의 빛을 만나기를 소망한다.

이숙희

캘리그라피를 쓰다 보니, 가끔 글도 쓰고 독서 관련 수업도 하면서 '나도 책을 쓸 수 있을까?' 하는 생각이 들었다. 그때 마침 '강사 이펙트' 출판 제의를 받았다. 강사로서는 할 말이 많다고 생각하고 발을 뻗어 봤는데…… 그 많은 구슬을 꿰어 목걸이를 만드는 일이 보통 일이 아니란 걸 알았다.

혼자서 하라면 못 했을 것이다. 유광선 대표님이 출판할 날짜도 정해 주시고 책 표지까지 제시해 주셨기에 가능했다. 함께 매주 과제를 해가며 격려하고 도전을 준 멋진 작가님들이 계셨기에 가능했다. 무엇보다 이 과정을 잘 이끌어가며 가르쳐주고 격려해 주신 존경하는 김혜경 강사님이 있어 여기까지 올 수 있었다.

앞만 보며 걸어온 길들을 돌아볼 수 있어 감사하고, 더 나아갈 미래에 아직은 보이지 않는 꿈을 그려볼 수 있어 감사하다. 그리고 책을 쓴다고 했을 때 기대해 주고 격려해 준 이들에게 감사하다. 내가 걸어온 강사로서의 길에 스스로 칭찬하고 위로해 주는 시간이었다.

해야 할 바를 찾아보고 노력하다 보면 기회가 오고 우연처럼 그 기회는 나를 더 나은 쪽으로 인도해 주었다. 이 책을 읽는 누군가에게도 자신만의 '강사 이펙트'를 만드는 데 도움이 될 수 있기를 기대해 본다.

유정아

거센 파도를 마주할 용기가 없다면, 끝없는 바다 너머의 진실에도 닿을 수 없다.

삶은 얼마나 많은 양을 가지느냐의 문제가 아니다. 얼마나 깊이 있게 살아내느냐가 삶의 본질을 결정한다. 나는 화려하거나 대단하지 않더라도, 내 삶의 결을 사랑한다. 조금 느리고 굽이진 길이지만, 그 안에 나만의 고유한 향기가 있다. 스스로에게 솔직한 삶은 외적인 기준과는 무관한 충만함을 준다.

누구와도 똑같을 필요가 없다. 세상의 바람이 거세질수록, 흔들릴지언정 결코 무너지지 않는 나만의 중심을 믿어야 한다. 어떤 틀에도 억지로 맞추지 않아도 된다. 변화가 강요될수록 우리는 더 단단해지고, 도전할수록 더 빛난다.

삶은 정해진 답이 아니라, 각자가 써 내려가는 이야기다. 지금 당신의 걸음이 느리더라도 괜찮다. 그 길 위에 있는 당신은 이미 충분히 잘 가고 있다. 거센 파도가 와도 방향을 잃지 않고, 고요한 물결 위에서도 흔들림 없도록 나의 삶은 내가 건너야 할 바다이며, 나만이 도달해야 할 항구이기 때문이다. '강사 이펙트'가 그런 길을 찾는 작은 길잡이가 되면 좋겠다.

 **임미옥**

'강사 이펙트' 글을 쓰면서 내 삶을 참 많이 돌아보게 되었다. 한 자 한 자 글을 써 내려가며 내 인생의 마디마디마다 소중하게 간직되어 있는 추억의 이야기들, 가슴 저리도록 그리운 그 시절 그 사람들에 대한 애틋한 감정, 그리고 베풀어주신 사랑에 대한 감사가 밀려왔다. 내 인생의 퍼즐 조각 하나하나 어쩜 이렇게 잘 맞추어졌을까 싶을 만큼 하나님께서 이루게 하신 나의 삶! 나를 나답게 살아가게 하심이 참 감사했다.

나는 오늘도 꿈을 꾼다. 그림책푸드원예테라피 강의를 통해 만나는 모든 이들이 보석처럼 빛나는 자기 자신을 만나고 행복을 누리며 살아갈 수 있기를! 그리고 내가 걸어온 이 길을 또 다른 누군가 나처럼 행복하게 걸어갈 수 있도록 '강사 이펙트'가 희망의 날개를 달아주길 꿈꾸어 본다. 이 분야에 더욱 많은 강사들이 세워져서 나와 함께 세상의 모든 사람들의 마음을 미소짓게 하는 선한 도구가 되기를 바라본다.

어제보다는 오늘이, 오늘보다는 내일이, 더욱 반짝반짝 빛나는 강사!
작은 친구들에게는 '나를 정말 사랑해 주셨던 스마일 선생님'으로….
큰 친구들에게는 '나를 따뜻한 사랑과 위로와 격려함으로 세워주셨던 마음 친구로….'

그리 오래도록 간직하고 싶은 잔잔한 향기로 기억되고 싶다.

송경희

컬러 바틀의 아름다움을 느끼며 오늘도 컬러 강사의 길을 걷고 있는 나는 행복하다. 하나님께서 선물로 주신 아름다운 컬러는 다양한 사람들과의 소통의 도구로 다양한 강의에 활용할 수 있는 도구이다.
어디에도 잘 어울린다. 작은 나의 가방 속에도 다양한 컬러가 있다. 나의 작은 공간에도 다양한 컬러가 있다. 눈에 보이는 컬러뿐만 아니라 함께하는 사람들에게도 컬러를 볼 수 있다.

내가 컬러를 만나 다양한 분야에서 행복의 도구로 활용하듯 이 컬러의 세계에 여러분의 꿈을 실어보길 권한다.

김혜경

살다 보면 생각지도 않은 기회에 자신에게 맞는 천직이나 인연을 만나기도 한다. 가만히 있을 때는 모른다. 그러나 내가 무언가를 꿈꾸고 꿈틀대고 있으면, 내 꿈의 지지자, 응원자가 나타난다. '강사 이펙트'가 강사의 길을 걷고자 하는 이들에게 그러한 응원자가 되며 준비된 우연한 만남이기를 소망한다.

잠시 잊고 있었던 나의 20대 첫 강사 시절의 이야기를 주로 썼다. 다 잊은 줄 알았는데 하나, 둘 하늘의 별처럼 떠올라 내 가슴에 안겼다.

"혜경아 애썼네. 토닥토닥, 잘했어. 여기까지 잘 왔어."

강사의 초심을 다져보며, 잊고 있었던 청년 혜경이와 마주하는 의미있는 시간이었다. 언젠가 기회가 된다면 결혼 이후 강사의 삶에 대해 더 자세히 나누고 싶다. 소중한 추억소환을 준 동료 '강사 이펙트' 저자님들께, 멋진 출판으로 힘이 되어주신 와일드북 유광선 대표님께 감사드린다. 또한 내 삶의 무한한 응원자인 사랑하는 가족과 여러 교육 현장에서 만난 이름 모를 고운 눈빛들, 이 글을 읽어 주시는 독자님들께 진심으로 감사드린다. 무엇보다 지구별에 나를 보내신 나의 하나님께 감사를 드린다.